U0529487

国宏智库青年丛书

乡村振兴：农业现代化发展
市场机制与政策体系研究

Xiangcun zhenxing: nongye xiandaihua fazhan

卞 靖 ◎ 著

中国社会科学出版社

图书在版编目(CIP)数据

乡村振兴:农业现代化发展:市场机制与政策体系研究/卞靖著.—北京:中国社会科学出版社,2019.9

(国宏智库青年丛书)

ISBN 978-7-5203-4758-7

Ⅰ.①乡… Ⅱ.①卞… Ⅲ.①农村—社会主义建设—研究—中国 Ⅳ.①F320.3

中国版本图书馆 CIP 数据核字(2019)第 149152 号

出 版 人	赵剑英
责任编辑	喻 苗
责任校对	胡新芳
责任印制	王 超
出 版	中国社会科学出版社
社 址	北京鼓楼西大街甲 158 号
邮 编	100720
网 址	http://www.csspw.cn
发 行 部	010-84083685
门 市 部	010-84029450
经 销	新华书店及其他书店
印 刷	北京君升印刷有限公司
装 订	廊坊市广阳区广增装订厂
版 次	2019 年 9 月第 1 版
印 次	2019 年 9 月第 1 次印刷
开 本	710×1000 1/16
印 张	18.5
字 数	285 千字
定 价	88.00 元

凡购买中国社会科学出版社图书,如有质量问题请与本社营销中心联系调换
电话:010-84083683
版权所有　侵权必究

前　言

实施乡村振兴战略是党的十九大做出的重大决策部署,是写入党章的重大国家战略,也是全面建设社会主义现代化国家的重要历史任务。从新中国成立以来农业发展历史的角度看,这是继新中国成立后开展农业社会主义改造、改革开放实行家庭联产承包责任制之后我国农业发展史上的第三次大变革,是中国农业的3.0版。在"产业兴旺、生态宜居、乡风文明、治理有效、生活富裕"的20字总要求中,产业兴旺是乡村振兴战略有效实施的重点和基础,是乡村振兴的内源性动力支撑。那么,在乡村振兴战略背景下,我国农业发展存在哪些突出问题?主要矛盾是什么?体制约束有哪些?应该建立什么样的体制机制来确保战略的长期有效实施?这些都是乡村振兴战略实施必须正面回答的问题,也是本书的主要研究内容。

乡村振兴战略既管当前,又管长远。确保战略的高质量实施,短期可以依靠政策,但长期必须有科学的制度安排作为保障。本书认为,这种体制安排就是党的十九大报告所提出的"市场机制有效、微观主体有活力、宏观调控有度"的"三有"经济体制。与"三有"经济体制相对应的,正是乡村振兴战略所需要的要素供给、主体供给和制度供给等三个层面的高质量供给。市场机制有效的前提是要素的市场化配置;微观主体有活力就是要求培育和发挥好各类市场主体的积极性与主观能动性;宏观调控有度的实现途径主要是依靠科学合理的制度体系,科学界定政府和市场的边界,发挥好各自的有效作用。因此,本书的研究框架主要是从要素供给、主体供给和制度供给三个层面构建的,并在此基础上将乡村振兴的研究视角扩展到全球范围，力求更好地统筹利用两个市场两种资源，实现开放条件下粮食安全保障能力和农业国际竞争力的有效提升。基于这样的思路，本书的主要内容大体可以分为理论篇、要素篇、主体篇、制度篇和开放篇五大部分。

第一章是总论，也是本书的理论篇。本章首先从纵向维度对乡村振兴战略在新中国成立70年中的历史定位进行研判，提出乡村振兴战略是我国农业发展的第三次大变革，并从历史使命、发展理念、变革路径、发展模式等方面与前两次进行对比区分。在此基础上，提出构建农业"三有"经济体制是实现农业要素市场化配置、持续激发新型农业经营主体活力、确保各项农业改革协调有效推进的关键所在，进而提出本书的逻辑框架（见图1）。

第二至第五章是关于土地、资本、劳动力和科技等农业要素有效供给的研究，是本书的要素篇。从理论和实践来看，农业生产要素的获取主要有两个渠道：一是通过政策和市场引导，从农业外部引进所需的生产要素；二是通过体制机制改革创新，激活农业农村内部的闲置要素。但无论哪种渠道，其核心都在于实现自由流动、平等交换基础上的城乡要素市场化配置。

第二章研究土地要素。本章以城乡二元理论为支撑，从城乡二元土地制度的历史形成入手，对由此导致的农村土地交易成本较高、农民合理权益难以得到有效保障、土地配置和使用效率较低等问题进行分析。并在总结相关国际经验的基础上，提出以建立城乡统一的土地要素市场为目标，以破解城乡二元土地制度、降低农村土地交易成本为核心，以完善农村集体土地产权制度、健全法律法规体系、优化农民土地流转利益保障机制、营造良好市场交易环境等为主要抓手的政策思路。

第三章研究资本要素。本章以交易成本理论为支撑，将农村金融机构的交易成本进一步分解为融资成本、经营成本和风险成本三部分。通过对比分析可知，农村的这三项成本均高于城市，从而论证了我国农村融资交易成本明显高于城市、农业农村经济始终处于货币短缺状态的结论。基于这一思路，在借鉴相关国际经验的基础上，以有效降低农村金融的融资、经营和风险成本为核心，以强化农村合作组织建设、加大政

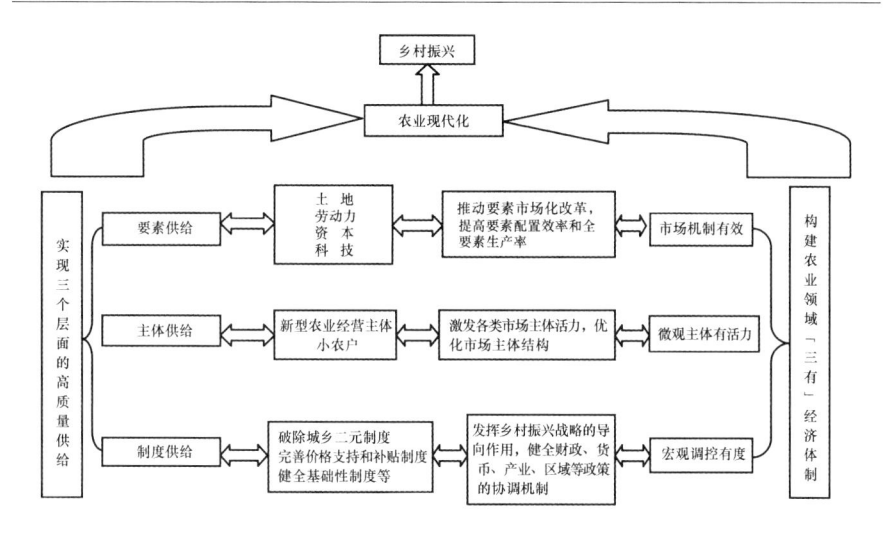

```
                            乡村振兴
                               ↑
                          农业现代化
    ┌─────────────────────────────────────────────────────┐
    │                                                     │
    │          ┌─土地─┐   推动要素市场化改革,              │
  实 │ 要素供给 ←→│劳动力│←→提高要素配置效率和 ←→ 市场机制有效  构
  现 │          │资本 │   全要素生产率                    建
  三 │          └─科技─┘                                  农
  个 │                                                    业
  层 │          ┌新型农业┐   激发各类市场主体活力,         领
  面 │ 主体供给 ←→│经营主体│←→优化市场主体结构    ←→ 微观主体有活力 域
  的 │          │ 小农户 │                               "三
  高 │          └───────┘                               有"
  质 │                                                   经
  量 │          ┌破除城乡二元制度┐ 发挥乡村振兴战略的导             济
  供 │ 制度供给 ←→│完善价格支持和补贴制度│←→向作用,健全财政、货 ←→ 宏观调控有度 体
  给 │          │健全基础性制度等 │ 币、产业、区域等政策             制
    │          └──────────────┘ 的协调机制
```

图1 本书逻辑框架

策性银行支农力度、规范农村民间金融发展、完善农业保险体系和农村信用体系建设等为主要抓手，提出科学引导金融资源流向农业农村发展重点领域和薄弱环节的政策建议。

第四章研究劳动力要素。本章以劳动力价格扭曲理论为支撑，从农村转移劳动力价格扭曲的现状入手，对形成扭曲的原因和影响进行分析，并结合相关国际经验，提出以有利于劳动力自由流动和人力资源合理配置为原则，以破解城乡二元劳动力市场为目标，以推进农村一二三产业融合发展为契机，以建立城乡统一劳动力要素市场、加快户籍制度改革、完善低收入群体保障体系等为主要抓手的政策建议。

第五章在研究科技要素的同时，对科技研发和转化应用的主体——新型农业经营主体也进行了分析。因此，本章既是本书的要素篇，又是主体篇。本章在对农业科技研发和转化过程中存在的主要问题分析的基础上，从促进农业科技成果转化的视角，对发展和壮大我国新型农业经营主体进行了论述。此外，针对当前民众和媒体高度关注与重视的农业绿色发展、农产品和食品质量安全监管等问题，从如何利用现代科技更科学有效地解决上述问题的视角进行了研究。

第六章和第七章分别对农产品价格支持政策和农业补贴政策进行研

究，是本书的制度篇。第六章在分析我国重要农产品价格支持政策发展状况的基础上，对存在的问题及主要成效进行了分析，并结合相关国际经验，提出了政策优化完善的思路和建议。同时，以玉米产业为例，对价格支持政策调整对下游产业的影响进行了分析。此外，针对重要蔬菜种品这类虽没有专门的价格支持政策，但同样需要对其价格进行调控的农产品，围绕其价格波动加大原因、逐步凸显的主要矛盾、采取调控的思路方向等进行了系统研究。

第七章研究农业补贴政策。本章在对2004年以来我国实施的一系列农业补贴政策回顾和评价的基础上，对当前政策存在的主要问题进行剖析，并结合相关国际经验，提出以绿色化市场化为导向来优化农业补贴的政策建议。此外，针对小农户群体是我国农业保险主要短板的情况，进一步围绕如何破解小农户农业保险排斥问题进行研究。

第八章从开放视角研究如何提升我国粮食安全保障能力和农业国际竞争力，是本书的开放篇。经过几十年的努力，我国的粮食安全保障层次已经跨过"吃得饱"阶段，正从"吃得好"向"吃得健康，吃得安全"的阶段迈进。随着我国开放程度不断提高，如何在开放条件下有效保障粮食安全、提升产业竞争力成为乡村振兴战略在新时代面临的新课题、新挑战，同时也是我国农业发展面临的新机遇。本章在对不同时期我国粮食安全保障水平变化情况分析的基础上，对未来面临的主要问题和挑战进行研判，并结合当前国际农产品贸易格局变化的新趋势，提出开放条件下保障我国粮食安全、提升农业全球竞争力和影响力的政策建议。此外，在中美贸易摩擦背景下，以我国开放程度较高的大豆产业为例，对如何在开放条件下保障重要农产品产业安全问题进行了研究。

结论部分是对本书研究过程中形成的主要观点和思路的总结提炼，主要包括：农业"三有"经济体制是确保乡村振兴战略在实施过程中实现要素、主体和制度三个层面长期高质量供给的制度保障。我国经济社会发展中最大的结构性问题就是城乡二元结构问题，破解城乡二元制度是实现土地、资本、劳动力和科技等要素资源在城乡间自由流动、平等交换的根本所在。农产品价格支持政策和农业补贴政策应按照高质量发展的要求，充分考虑相关政策对上下游产业链的直接和间接影响，树立政策的"成本—收益"理念，以更加市场化的方式实施。农业发展要树立开放思维，在开放条件下，农业发展挑战与机遇并存，要发挥我们的比较优势，利用好国际资源和国际市场，实现粮食安全保障能力和农业国际竞争力的有效提升。

乡村振兴战略是一项复杂的系统工程，需要各方力量共同努力、协作完成。在提出一年多的时间里，社会各界特别是理论界纷纷围绕乡村振兴开展研究和讨论，形成众多好的观点和成果。本书以构建农业"三有"经济体制，确保实现乡村振兴战略所需的要素、主体和制度的长期高质量供给为主线，并对在新时代开放水平不断提升条件下，如何更加有效保障粮食安全、提升农业国际竞争力进行研究，也算是对乡村振兴理论建设的一次研究探索和学术尝试。值此新中国成立70周年之际，将本人一些不成熟的研究思考出版成书，希望借此抛砖引玉，期盼更多的读者关心"三农"问题，关注乡村振兴。

由于本人研究水平和时间有限，本书还存在一些不足和疏漏之处，敬请各位专家学者批评指正。

卞　靖
2019年2月

目　录

第一章　以"三有"经济体制促乡村振兴战略高质量实施 …………（1）
　第一节　乡村振兴战略：中国农业3.0 ………………………（2）
　第二节　乡村振兴战略实施过程中须解决的三大问题 …………（6）
　第三节　构建农业"三有"经济体制是解决三大问题的
　　　　　关键所在 ……………………………………………（9）
　第四节　农业"三有"经济体制的科学构建与提升完善…………（13）

第二章　破除城乡二元土地制度　盘活农村土地要素资源 …………（17）
　第一节　城乡二元土地制度概述 ………………………………（18）
　第二节　我国农村土地制度的形成与演变 ……………………（25）
　第三节　城乡二元土地制度产生的主要问题 …………………（31）
　第四节　促进城乡土地平等交换的国际经验 …………………（36）
　第五节　加快构建城乡土地自由流动、平等交换的体制机制 ……（40）

**第三章　以降低农村融资交易成本为核心　健全农村
　　　　金融服务体系** …………………………………………（47）
　第一节　金融机构交易成本相关概述 …………………………（48）
　第二节　我国农村金融机构交易成本分析 ……………………（55）
　第三节　降低农村金融交易成本的国际经验 …………………（61）
　第四节　以降低交易成本为核心　健全农村金融服务体系 ………（68）

第四章 消除农村转移劳动力价格扭曲　强化乡村振兴人才支撑 …………………………………………………（76）

第一节　农村转移劳动力价格扭曲概述 ………………………（77）
第二节　农村转移劳动力价格扭曲的原因分析 ………………（84）
第三节　农村劳动力合理有序转移的国际经验 ………………（91）
第四节　完善体制机制　强化乡村振兴人才支撑 ……………（97）

第五章 健全农业科技成果转化机制　依托市场主体强化科技支撑 …………………………………………………（104）

第一节　更好地发挥科技要素在现代农业发展中的
　　　　关键作用 ……………………………………………（105）
第二节　壮大新型农业经营主体　加快农业科技成果
　　　　转化应用 ……………………………………………（115）
第三节　依托现代科技促进农业绿色发展 ……………………（121）
第四节　依托现代科技　加强农产品和食品质量安全监管 ……（130）

第六章 以市场化为导向　完善农产品价格支持政策 ………（144）

第一节　我国农产品价格支持政策改革进展及成效评价 ………（145）
第二节　优化农产品价格支持政策的国际经验 ………………（155）
第三节　农产品价格支持政策调整对下游产业影响研究
　　　　——以玉米产业为例 ………………………………（162）
第四节　完善重要蔬菜品种价格调控机制研究 ………………（169）

第七章 以推动农业高质量发展为目标　完善我国农业补贴政策体系 …………………………………………………（182）

第一节　我国农业补贴政策发展概况 …………………………（183）
第二节　农业补贴政策优化的国际经验 ………………………（193）
第三节　多管齐下完善我国农业补贴政策体系 ………………（201）
第四节　补齐小农户参保短板　全面提高农业保险保障水平
　　　　——我国小农户农业保险排斥问题研究 …………（205）

第八章　开放条件下提升我国粮食安全保障能力和国际竞争力研究 …………………………………… (215)

第一节　粮食安全内涵演变及我国粮食安全保障状况历史沿革 ………………………………………… (216)

第二节　开放条件下我国保障粮食安全面临的主要问题 ……… (228)

第三节　提升粮食安全保障水平的国际经验 ………………… (237)

第四节　国际重要农产品贸易格局变化及应对思路 ………… (244)

第五节　统筹利用两个市场两种资源　提升开放条件下粮食安全保障能力和产业竞争力 ……………………… (261)

第六节　开放条件下保障重要农产品产业安全研究
——以我国大豆产业为例 ……………………… (266)

结　论 ……………………………………………………………… (277)

后　记 ……………………………………………………………… (281)

第一章

以"三有"经济体制促乡村振兴战略高质量实施

乡村振兴战略意义重大,从历史角度看,这是新中国成立70年来,继开展农业社会主义改造、实行家庭联产承包责任制之后我国农业发展的第三次大变革,是中国农业的3.0版。此次变革在历史使命、发展理念、变革路径、发展模式等方面,均与前两次有明显区别。为确保该战略既能顺利实现2020年的短期目标,又能沿着中长期目标将农业现代化扎实有序持续推进,就必须从体制机制层面解决好三大问题,即如何实现农业要素的市场化配置,如何持续激发新型农业经营主体活力,如何提升各项改革措施和调控政策的有效性、协同性等。本书认为,解决这些问题的核心在于,科学构建以"市场机制有效、微观主体有活力、宏观调控有度"为标准的、符合农业发展规律和特点的体制机制,即建立农业领域的"三有"经济体制。为了实现这一目标,我们需要发挥好市场在土地、资本、劳动力、科技等农业要素资源配置过程中的决定性作用,激发好家庭农场、专业合作社、农业产业化组织等各类新型农业经营主体的市场活力,完善好农产品价格支持、农业补贴等农业政策体系,同时还要处理好保障粮食安全与扩大农业开放的关系等。

2017年10月，党的十九大报告首次提出实施乡村振兴战略，并将其作为新时代国家七大发展战略之一写入党章。2018年中央一号文件发布《关于实施乡村振兴战略的意见》，对战略的重大意义、总体要求和重点任务进行了说明和部署。2018年9月，中共中央、国务院印发《国家乡村振兴战略规划（2018—2022年）》，成为第一个中央层面推进乡村振兴战略的五年规划，对于发展基础、发展目标、遵循原则、主要任务等进一步细化，我国农业农村迎来了新的发展高潮。那么，从历史来看，乡村振兴战略的历史定位是什么？从未来来看，实施过程中面临着怎样的突出问题，如何能够确保其长期高质量推进实施？这些都是我们需要认真思考并正面回答的问题。

第一节　乡村振兴战略：中国农业3.0

乡村振兴战略是在全面建成小康社会目标即将实现、距离农业农村现代化目标越来越近的历史背景下提出的具有跨时代意义的重大战略。在新中国农业发展历史上，它是与农业社会主义改造、家庭联产承包责任制并列的第三次农业大变革，是中国农业的3.0版，在历史使命、发展理念、变革路径、发展模式等方面均具有鲜明的时代特征。

一　乡村振兴是我国农业发展的第三次大变革

（一）第一次农业变革以新中国成立后的农业社会主义改造为标志

新中国成立之初，农业经济总体呈现以生产资料私有制为基础的个体农业经济。为把小农经济逐步改造成为社会主义集体经济，在党的领导下，经过互助组、初级社、高级社等阶段，最终将农业改造为以生产资料公有制为基础的农业合作经济。自此，农业完成了由农民个体所有制到社会主义集体所有制的转变，成为社会主义制度在我国确立的重要基础。这一阶段，实现了战后农业的恢复与发展，粮食基本需求得到低水平保障，并以工农业产品价格剪刀差的形成为工业发展提供积累。

（二）第二次农业变革以改革开放确立家庭联产承包责任制为标志

1978年，一场由农民自发掀起的、自下而上推动的农业大改革轰轰烈烈开展。这场变革突破了原有"一大二公""大锅饭"的旧体制，形成以家庭为单位向集体组织承包土地等生产资料和生产任务的农业生产责任制。其间，在坚持市场化导向的基础上，实现了多次理论和实践的创新，有效地激活了农业的各种生产要素。这一阶段，我国农业进入市场化发展的新起点，粮食生产能力大幅提升，粮食产量实现首次"十二连增"，主要农产品产量居世界前列，供求关系得到根本性扭转，实现了从温饱向小康的跨越。同时，伴随着城镇化过程，为城市和工业化建设提供了大量的原材料、劳动力、土地和资本等物质基础。

（三）第三次农业变革以乡村振兴战略的提出为标志

乡村振兴战略虽然是党的十九大首次提出的，但其实是与党的十八大以来，中央坚持把解决好"三农"问题作为全党工作重中之重，贯彻新发展理念，推动"三农"工作实现理论创新、实践创新、制度创新的思想是一脉相承的，是在总结过去5年我国"三农"工作实践经验基础上提出的。这一战略强调以坚持和加强党对农村工作的领导作为政治保障，实现农业全面升级、农村全面进步、农民全面发展的乡村全面振兴，坚持高质量发展的导向，突出人与自然和谐共生的绿色发展理念，明确提出2020年、2035年和2050年的目标任务，为基本实现我国农业农村现代化和全面实现农业强、农村美、农民富的目标提供指引。

二 第三次农业变革的四大显著特征

（一）新的历史使命

第一次农业变革的使命，是要解决新中国成立后农业该走什么样的道路、如何能够体现社会主义制度优越性的问题。通过这次变革，实现了我国农业资料的集体所有，其间虽有波折，但总体上推动了农业农村在集体经济条件下的持续发展。第二次农业变革的使命，是要以市场化改革为手段，实现农业生产力的重大解放和发展，并通过大幅提高农产品供给能力，满足人民群众日益增长的物质文化需求。通过这次变革，极大地激发了农民和各类农业主体的活力，根本性地扭转了主要农产品几十年来紧缺的局面，粮食安全问题得到有效解决，成为世界上重要的农业大国。第三次农业变革的使命，是在全面小康社会即将建成、社会主要矛盾已经转化为人民日益增长的美好生活需要和不平衡不充分的发展之间矛盾的新时代，如何通过各种新技术新模式新业态，提供优质、安全、高效、便捷的农产品，实现农业高质量发展的问题。同时还要回答，新中国成立后几代人为之努力奋斗的农业农村现代化如何实现，以及这一目标实现后农业该往哪里走等问题。

(二) 新的发展理念

第一次农业变革是以毛泽东思想为指导、以苏联模式为参照、以实现共产主义为目标开展的，其理念是希望通过农业农村公有化程度的不断提升，消灭剥削和阶级，实现经济效率与分配公平的绝对统一，为实现社会主义乃至共产主义奠定基础。第二次农业变革是以邓小平理论为指导，明确提出中国特色社会主义的发展道路，坚持"发展才是硬道理"的思想，在搞清"什么是社会主义的农业现代化"的基础上，开展不断市场化的农业改革。第三次农业变革是以习近平新时代中国特色社会主义思想为指导，树立新发展理念，落实高质量发展要求，不仅聚焦于农业现代化，还对农村农民发展进行全面部署。

(三) 新的变革路径

第一次农业变革是在人民民主专政条件下、由中央提出、通过行政手段自上而下推进的变革，以《关于发展农业生产合作社的决议》（1953年）、《关于农业合作化问题的决议》（1955年）等文件加以明确，经历了从互助组、初级合作社、高级合作社再到人民公社的过程。第二次农业变革是在党的十一届三中全会决定实行改革开放背景下，首先是由安徽省小岗村实行"分田到户、自负盈亏"大包干制的基层实践开始的，是一次自下而上的变革。它以中央第一个关于农业的一号文件《全国农村工作会议纪要》（1982年）、《关于进一步加强农业和农村工作的决定》（1991年）等文件加以明确，经历了"包产到户、包干到户"的农业生产责任制、以家庭联产承包为主的责任制和统分结合的双层经营体制、农村土地承包经营权流转再到农村土地所有权承包权经营权分置的过程。第三次农业变革是在中国特色社会主义进入新时代背景下、由顶层设计与基层创新良性互动，实现了自上而下和自下而上改革的有机结合。它以2018年中央一号文件、《国家乡村振兴战略规划（2018—2022年）》

等文件加以明确,将经历制度框架和政策体系基本形成、农业农村现代化基本实现以及农业强、农村美、农民富全面实现的过程。

(四)新的发展模式

第一次变革形成了以体力劳动为主、在生产资料完全集体所有基础上的小规模集体经营发展模式,农业生产、经营等活动主要通过行政指令进行统一指挥和管理。第二次变革形成了以机械化生产为主、在家庭承包经营基础上的、适度规模经营的发展模式,农业生产、经营等活动逐步实现市场化、专业化发展。第三次变革将逐步形成以智能化、网络化为主,在农业农村各项产权进一步明晰基础上的各种新模式新业态不断迸发的发展模式,农村一二三产业实现深度融合,互联网、物联网、智能生产等技术在农业农村全面应用,农业生产和经营实现以信息技术为支撑的模式再造(见表1—1)。

表1—1　　　　　　我国农业三次变革情况比较

大变革	开始时间	主要标志	指导思想	实现路径	成就使命
第一次	新中国成立后	开展农业社会主义改造	毛泽东思想	自上而下	1. 公有制成为我国社会经济基础和形式 2. 农业得到恢复发展,粮食基本需求得到低水平保障 3. 通过工农业产品价格剪刀差,为工业发展提供积累
第二次	实施改革开放	实行家庭联产承包责任制	邓小平理论	自下而上	1. 突破旧体制,极大地解放和发展了农业生产力 2. 促使传统农业经济开始朝着专业化、商品化和社会化的方向发展 3. 粮食生产能力大幅提升,供求关系得到根本性扭转 4. 为工业化建设提供了原材料、劳动力、土地、资本等物质基础

续表

大变革	开始时间	主要标志	指导思想	实现路径	成就使命
第三次	党的十八大以来	实施乡村振兴战略	习近平新时代中国特色社会主义思想	上下结合	1. 实现农业小康 2. 实现农业农村现代化 3. 全面实现农业强、农村美、农民富 4. 城乡融合发展，实现共同富裕

第二节 乡村振兴战略实施过程中须解决的三大问题

乡村振兴战略是指导我国农业农村未来30多年发展的总方针和总抓手。在这个过程中，需要解决好如何实现农业要素的市场化配置、如何持续激发新型农业经营主体活力、如何确保各项改革的有效性和协调性三个关键问题，从而确保战略方向始终不偏离，实施政策不落空。

一 如何实现农业要素的市场化配置

生产要素是维系国民经济运行所必需的基本因素，是开展社会生产经营活动必不可少的重要资源，其配置效率直接决定了经济发展的速度和质量。党的十九大报告明确提出，经济体制改革必须以完善产权制度和要素市场化配置为重点，实现要素自由流动、价格反应灵活、竞争公平有序。在当前我国城乡二元结构问题仍较为突出的情况下，如何实现农业要素的市场化配置，促进城乡要素自由流动、平等交换，是乡村振兴战略实施过程中必须解决好的首要问题。

当前，我国农业要素市场化进程较慢，要素质量和配置效率相对较低。农业生产要素是涉农经济主体生产经营过程中必备的基本因素，由于具有稀缺性，其配置的合理有效程度，决定了农业生产力水平和劳动生产率等。目前，我国农业领域要素配置效率不高、供给质量较低的问题较为突出。一是由于农村土地"三权分置"改革利益协调机制不配套，土地交易成本偏高，城乡土地价格剪刀差较大，城乡统一的土地流转交易平台不足等问题，造成了村土地交易流转不畅，影响了配置效率。二是由于农村青壮年多外出务工，留守务农人员老龄化、兼业化、副业化现象明显。同时，由于各项基础设施、公共服务等均落后于城市，难以吸引人才进入农业留存农村，造成农村劳动力总体素质较低，且配置不合理。三是由于农村金融机构的融资成本、经营成本和风险成本均高于城市，现代农业生产经营所需要的融资、保险、评估、期货等金融支持明显不足，资金供给长期短缺且配置效率不高。四是农村信用信息体系建设缓慢，农业科技服务体系不健全，农业生产科技含量相对较低，农业科技总量供给不足与配置结构不合理等问题并存。

二 如何持续激发新型农业经营主体活力

市场主体是在市场上开展各种要素组合、加工等经济活动的个人和组织体。作为整个社会经济活动的基本单元，市场主体在经济运行中占有重要地位，其活跃程度直接反映了市场活力和发展动力情况。党的十九大报告提出，要激发各类市场主体活力，激发和保护企业家精神。在加快推进农业农村现代化背景下，如何科学培育和持续激发新型农业经营主体活力，促进农业劳动生产率和竞争力提升，是乡村振兴战略实施需要解决的突出问题。

我国新型农业经营主体活力相对不足，竞争力总体不高。近年来，我国农户家庭农场、农民合作社、农业产业化经营组织、农业社会化服务组织、新型职业农民等各类新型农业经营主体发展较快，总体发展态势较好，但与成熟的工商业主体相比，活力仍显不足。一是农业市场主体总量不足。第三次全国农业普查数据显示，2016年，我国各类新型农业经营主体共280万户，虽然增长较快，但与全国8700多万户的市场主体相比，占比仅约3%。这不仅远低于我国农业人口占全国人口的比重，也低于农业增加值在国民经济中的比重，总体数量仍显不足。二是农业市场主体规模较小，竞争力不强，带动能力较弱。截至2018年2月底，进入农民合作社的农户占全国农户总数的比重仅为48%，许多合作社运行不规范，组织管理较为混乱。并且，在全国204万家合作社中，实施标准化生产和通过"三品一标"农产品质量认证的合作社比重分别不到5%和3%，总体竞争力和带动引领能力不强的问题较为突出。此外，农业市场主体结构不合理，社会化服务组织明显不足。提供生产、加工、销售相关服务的社会化组织难以满足市场需求，市场主体了解行情、对接市场、搭建平台的能力总体较弱。

三 如何确保农业政策的整体性、协调性和有效性

农业是人类赖以生存和发展、关系国计民生的基础产业，世界上绝大多数国家都建立了保护本国农业、支持农业发展的补贴政策体系。发挥好政府规划和调控的积极作用，在农业领域显得尤为重要。在我国人多地少水更少、粮食安全必须依靠自我保障的现实情况下，一方面要增强农业政策的顶层设计和统筹协调，确保上百项农业补贴和支持政策能够形成合力，发挥出"1+1>2"的效果；另一方面，在政策实施过程中，要探索采取更多市场化的政策和实施方式，尽可能地减少调控对市场的影响。因此，如何妥善处理好政策手段与市场机制、政策时滞与需求变化、政策存量与改革增量、提升效率与保障公平等关系，非常有技巧地把握好农业政策尺度，也是乡村振兴战略实施过程中需要高度重视并亟待解决的难点问题。

农业农村面临的一些突出问题，部分是政策不当造成的。中央对农业的重视程度一直很高，特别是近年来中央坚持把解决好"三农"问题作为全党工作重中之重，农业农村发展取得了历史性成就。但是，随着我国社会主要矛盾的变化，之前一些农业政策不适应新形势新要求、政策间不协调不配套的问题越来越突出。一是一些生产补贴政策加剧了农产品供求结构失衡，激化了增加产量与提升品质之间的矛盾。二是一些粮食收储和价格政策对市场干预程度过深，粮食高库存、高进口、高价格并存和周期性反复等问题未能得到根本解决。三是一些体制机制束缚了农业人才引进、农业科技创新的步伐。四是一些以增产为主要目标的政策造成部分地区农业资源开发过度、面源污

染严重，资源环境压力加大。

第三节　构建农业"三有"经济体制是解决三大问题的关键所在

解决农业要素市场化配置，激发新型农业经营主体活力，增强农业政策整体性、协调性和有效性等问题，必须通过构建符合市场经济发展规律、体现我国农业发展特点、反映时代发展特征的经济体制，从而确保各种关键问题能够从根本上得以解决，农业实现长期健康发展。党的十九大报告提出，要着力构建"市场机制有效、微观主体有活力、宏观调控有度"的经济体制，这就为构建乡村振兴的体制机制指明了方向。即要通过构建农业"三有"经济体制，来解决农业发展过程中面临的突出问题，从根本上提升农业要素供给、产品供给和制度供给的质量与效率，加快推进农业现代化，为乡村振兴战略的高质量实施保驾护航。

一　市场机制有效是提高农业要素供给质量的重要前提

我国农业要素配置效率和供给质量不高的根源在于城乡二元的制度安排。当前，我国农业要素的市场化进程不但慢于产品市场化进程，更滞后于城市的要素市场化程度，其根源就在于多年来形成的城乡二元制度安排。虽然城乡二元差距几乎是所有国家在发展过程中都曾遇到的共性问题，但我国的情况无疑更为严重。以劳动力为例，城乡二元制度定型于20世纪50年代，历经60多年未有彻底改变，现阶段仍然存在限制农村人口向城市流动的各类隐性壁垒，农民工及其家属有质量的市民化进程依然较慢。随着城乡发展差距不断扩大，城市特别是一二线城市对农业要素的虹吸效应越来越明显，要素净流出态势持续数十年，极大地影响了城乡间的要素配置结构。此外，即使在农业农村内部，要素市场又被各行业部门和行政辖区所限制，大量农业资源要素被条块分割，难以自由流动，市场竞争不充分，导致土地、劳动力、科技等要素错配，存在严重短缺与大量闲置并存的情况。

这就要求我们必须以完善市场决定价格机制为抓手，确保市场机制有效。价格机制是市场机制的核心，通过破除阻碍要素培育和城乡间自由流动的城乡二元制度，建立城乡统一开放、竞争有序的现代要素市场体系，从而发挥好价格机制在农业市场中的决定性作用，实现农业要素的市场化配置。一是破除各种限制要素资源在城乡间自由流动的体制机制障碍，加快建立由价格反映农业市场供求关系、资源稀缺程度的价格形成机制。二是探索和完善促进农业绿色发展的价格机制，加快推进农业水价综合改革，结合地方实践探索建立农业绿色保险，逐步建立农村垃圾处理收费制度等，力求通过发挥价格调节作用，实现农业节水增效、农业污染减少、生产生活环境改善。三是完善农村土地利用管理政策体系，深化农村集体产权制度改革，统筹农村土地制度改革三项试点，加强乡村土地利用规划管理，建立城乡统一公开的土地交易市场和公共信息平台，健全土地流转监管机制和节约集约利用考核评价机制，盘活存量，用好流量，辅以增量，提高土地使用效率。四是健全金融支农组织体系，加强农村信用体系建设，在支农产品和服务方式等方面进一步创新，综合运用奖励、补贴、税收优惠、涉农贷款差别化考核、结构性调控等政策手段，稳步扩大涉农贷款的规模，有效提升"三农"金融服务的质量，同时持续推进农业保险扩面、增品、提标。五是建立城乡统一、规范有序的劳动力市场，加快推进城乡基本公共服务均等化，完善农村人力资源开发培训机制，大力培育新型职业农民，加强农村人才队伍建设，建立健全鼓励各类人才投身乡村的激励机制，促进人力资源在城乡间双向流动。六是推进农村一二三产业融合发展，加快引导先进科技进入农业领域，提升农业生产加工的机械化、信息化、规模化和标准化水平，完善以市场需求为导向的农业科技研发和转化机制，健全农业科技转化的有效激励机制，加大对新型农业经营主体和涉农专业技术人员的培训力度，建立更加紧密的利益联结机制，将企业与农民对于新技术新模式的需求形成合力。

二 保障微观主体有活力是充分激活新型农业经营主体的主要途径

多重复杂因素制约了我国新型农业经营主体活力的释放。农业主体活力不足，既有农业农村产权保护不力的问题，又受农业自身特点及相关设施配套不足的影响。首先，农村土地"三权分置"改革和农村集体产权制度改革尚未完成，部分资产产权界定依然不清，企业进入时对可能由此产生的纠纷顾虑较多。同时，由于农业农村特殊的乡土人情文化，企业对于自身合法权益能否得到有效保护心存疑虑，进而影响了主体活力的释放。其次，由于农作物生长周期一般较长，受气候影响较大，农业不仅有二、三产业都面临的市场风险，还存在着特有的自然风险和质量安全风险，由此导致农业市场主体面临更高的总体风险。市场主体在决定是否进入或扩大生产规模时，需要考虑更多因素。最后，城乡二元的制度安排导致企业在进入农业领域时，在土地、工商、雇工、融资、科技、装备等方面，均面临着与进入二、三产业不同的要求和环境，使得市场主体难以自由顺畅地进入农业领域，从而限制了新型农业市场主体的数量规模。此外，农业农村基础设施和配套公共服务水平明显落后于城市，企业难以吸引和留住专业人才，农业社会化服务体系不健全。许多地区平原少山地多，难以开展规模化经营等问题也较为突出。

激发微观主体活力的关键，在于营造统一开放、公平竞争的市场环境，这需要完善现代市场监管体系建设和现代产权制度建设。一是针对农业农村产权面临的主要问题，有效落实农村土地承包关系稳定并长久不变的政策，深入推进农村集体产权制度改革，加强产权保护力度，对新型农业经营主体的财产权、承包权、经营权、农业科技知识产权等进行有效保护，从而充分激发企业家精神，增强各类市场主体特别是工商资本进入农业领域发展的意愿和信心。二是着力改善农业农村市场环境，深入推进针对农业农村的"放管服"改革，破除各种农业领域的歧视性限制和隐性障碍，努力构建法治稳定、公开透明、可预期的营商环境。三是建立健全农业农村市场监管相关法律规定，加强跨部门跨区域联合执法力度，加大财政对基层市场监管的支持力度，保障在农村基层开展市场监管所需的资金、人力和技术等投入。四是以食品安全监管为重点，建立农产品全程可追溯监管机制和责任追究机制，借鉴发达国家相关经验，努力实现从事后被动监管处置向事前主动防范、事中积极控制事态转变。五是着力加强农村基础设施和公共服务体系建设，进一步提升各类主体规模经营水平，探索创新农业投融资方式，优化农业保险制度，加强农村专业人才队伍建设，依托新技术新业态新模式，加快构建现代农业的产业体系、生产体系和经营体系。

三 宏观调控有度是全面深化农业农村改革的客观要求

当前，如何增进政策协调和利益平衡是进一步深化改革的难点与重点。进入质量兴农、绿色兴农的发展新阶段，我国农业的主要矛盾已由总量不足转变为结构性矛盾，迫切要求涉及农业生产、分配、交换和消费的政策同步转向提高农业供给质量上来。但从实践看，相关政策的调整明显滞后。首先，目前的农业改革政策更注重短期效果，长效机制建设相对滞后。如近两年玉米种植面积调减速度很快，但如何建立玉米、大豆、水稻等有替代种植关系的农作物种植面积的市场化长效调节机制尚未形成。其次，农业农村改革进入深水区，改革政策涉及的利益相关方越来越多，各级政府与市场主体，农户与新型经营主体，城镇与乡村，农业与二、三产业，种养殖者与存储、加工、销售各方，国际市场与国内保护等各种关系相互交织、串联、叠加，出台各方都受益的政策方案越来越难。此外，由于城乡差距客观存在，实现乡村振兴就需要对农业农村政策的支持倾斜力度较城镇更大更实。但在实际操作过程中，重工业服务业轻农业、重城镇轻农村的思维和政策导向仍难以完全转变。农业农村的硬软件设施都与城镇差距较大，农业农村优先发展的政策导向在实践中体现得不够充分。

宏观调控有度，是对政府部门更高的要求和考验。这不仅需要决策部门对调控方向、力度和节奏的精准把握，更需要通过法律手段，明确政府调控与市场的边界、调控主体和权力责任、调控方式和实施程序等，以确保宏观调控的合法性、权威性和有效性，进而从体制机制上保障宏观调控有度。一是加强顶层设计，更多依靠规划引领、政策引导的方式，重点解决农产品市场失灵、维护农业市场公平竞争环境、保护新型农业经营主体权益等方面的问题。坚持市场化导向，完善农业相关制度安排，消除干扰、阻碍市场和价值规律起决定性作用的体制机制，重点加强促进农业高质量发展的长效机制建设。二是根据乡村振兴战略发展需要，修订我国《农业法》，特别是针对农业农村的土地、信贷、补贴、经营、环境、储备等涉及宏观调控方面的内容，进一步加以细化和明确。三是在制定和实施价格支持、财政补贴、金融支持、收储调控等政策过程中，要加强对其投入成本、影响群体、政策效果、社会效益及对其他产业影响等的综合评估，广泛征求相关部门、专家学者、行业协会以及其他利益相关方的意见建议，从而不断优化政策安排和执行方式。四是健全和完善农业宏观调控政策实施效果评估机制，定期或不定期对乡村振兴战略实施过程中出台的相关调控政策进行汇总评估，通过委托第三方机构和对利益相关方进行问卷调查等方式开展政策效果评价，及时发现实施过程中出现的突出问题，加以不断改进完善。

第四节 农业"三有"经济体制的科学构建与提升完善

确保农业领域"三有"经济体制的有效构建，除对市场机制、微观主体、宏观调控等体制本身的建设外，还须从法律规则、组织机构、市场监管、政策评估等方面形成一套完整的体系保障，从体制机制上确保农业"三有"经济体制能够科学构建，并持续提升和完善。

一 建立清晰明确、预期性强的法律规则体系

市场经济是法治经济，乡村振兴需要依法制定规则实施，市场主体和消费者也要依据清晰明确的规则开展生产经营等经济活动。例如，在农村土地制度改革和农村集体产权制度改革过程中，虽然国家和相关部委出台了众多具有改革精神和前沿探索性的文件，但在落实过程中，与一些国家法律、行政法规、地方规定等有所冲突，从而影响了政策效果。这就迫切需要国家加快修订和完善《农村土地承包法》《土地管理法》等相关法律，研究制定《土地利用总体规划法》等，从而为新时代全面推进农业市场化改革、开展总体调控等，提供法律依据和保障。再如，在推进农业绿色发展、加强农村生态保护过程中，仅仅依靠某个部门的标准规定进行要求和处罚，难免会有所偏差，应建立对农业生产者、经营者行为规范和约束的法律法规与技术标准体系，让其有明确的政策和后

果预期，增强法制观念。

二 完善权责统一、协调力强的组织机构

乡村振兴战略承担着重塑城乡关系、质量兴农、农村重大改革、农民增收、基本公共服务均等化、乡村文明、乡村治理、脱贫攻坚等多项重大任务，涉及农业农村部（中农办）、国家发展改革委、财政部、国土资源部、住建部、教育部、人社部、文化部等众多部门，对多部门沟通协调的通畅性和有效性提出更高要求。党的十九届三中全会以来，党和国家机构进行了重大改革，农业农村部的组建有助于加强党对"三农"工作的集中统一领导，有助于涉农管理体制的统筹优化，形成推进乡村全面振兴的强大合力。但由于乡村振兴战略涉及范围很广，因此需要在发挥好农业农村部积极作用的同时，结合重大资金安排、重大项目实施、重大战略和文件起草等，进一步提升中央相关部门机构的政策协同性和有效性，加强各部门相关政策和数据信息的开放对接与机制化沟通，形成更科学有效的政策合力。在中央和地方权责方面，构建权责一致、分工合理的管理体制，给予地方政府更多的自主权，充分调动地方政府落实乡村振兴各项任务的积极性和创造性。此外，加强跨部门跨区域联合执法力度，严格农业生产资料和农产品质量安全行政执法，形成监管执法合力。

三 加强政府公开公正、覆盖全程的市场监管职能

农业供给侧结构性改革作为乡村振兴的主线，关键是要走质量兴农之路。要保证农产品质量，特别是确保食品安全，除依靠企业自律外，更重要的是，要在政府做好宏观调控有度的同时，更好地发挥政府的监管职能，特别是社会性监管职能。2017年发生的欧洲"毒鸡蛋"事件提醒我们，食品安全监管是一个复杂过程，只有进行时，没有完成时，需要根据情况的变化和新科技新模式的应用不断发展完善。首先，在健全法律规则体系的基础上，建立农产品全程可追溯监管机制，借助信息化手段建立食品源头追溯制度。如德国号称在市场上看不到"无码"的鸡蛋，所有进入德国市场的鸡蛋均有严格的监管，通过编码可追溯到这个

鸡蛋来自哪个国家哪个地区的哪个养殖场，甚至能具体到哪个鸡笼的某只母鸡。其次，需要建立各环节相关主体的具体责任追究机制，明确农产品的生产者、加工者、经营者、行业协会、第三方检验检测和评估机构、政府监管机构等相关各方的具体责任，特别要强调生产经营企业作为第一责任人的直接责任。最后，由于食品安全事关生命安全，应努力实现从事后被动监管处置向事前主动防范、事中积极控制事态的转变。可借鉴发达国家实施的"危害分析的临界控制点"（HACCP）体系，对食品的生产、加工、制造、储藏、运输等每一过程都进行监控和风险评价，从而降低食品安全事件发生的概率。此外，加快推进农产品"三标"体系建设，逐步实施农产品市场准入制、农产品进销台账查验制度，建立农产品质量安全诚信评价制度，强化企业保障农产品安全的责任意识。

四 形成公开透明、多方参与的政策评估机制

任何政策的实施都是有成本的，政府应尽量提高资金的使用效率，提升政策的有效性。因此，在乡村振兴战略实施过程中，要树立成本—收益观念。一方面，在乡村振兴具体政策实施前，要对其投入成本、影响群体、政策效果、社会效益以及对其他产业影响等进行综合评估分析，并广泛征求相关部门、专家学者、行业协会和其他利益相关方的意见，不断优化政策安排和执行方式；另一方面，在乡村振兴战略实施过程中，要建立对实施成效的定期评估机制，通过委托第三方机构和对利益相关方进行问卷调查等方式开展政策效果评价，及时发现实施过程中出现的突出问题，加以不断改进完善。

综上，"三有"经济体制有助于实现农业要素资源的市场化配置，激发各类新型市场主体参与农业生产经营的活力和创新动力，科学合理发挥政府的积极作用，为农业农村现代化高质量发展，提供源源不断的内生动力，由此从根本上保障乡村振兴战略的顺利落地实施和预期目标实现。

主要参考文献：

［1］《习近平在中共中央政治局第八次集体学习时强调：把乡村振兴战略作为新时代"三农"工作总抓手 促进农业全面升级农村全面进步农民全面发展》，《人民日报》2018年9月23日。

［2］韩长赋：《用习近平总书记"三农"思想指导乡村振兴》，《学习时报》2018年3月28日。

［3］韩俊：《关于实施乡村振兴战略的八个关键性问题》，《中国党政干部论坛》2018年第4期。

［4］杜鹰：《小农生产与农业现代化》，《中国农村经济》2018年第10期。

［5］马晓河等：《农村改革40年：影响中国经济社会发展的五大事件》，《中国人民大学学报》2018年第3期。

［6］陈锡文：《从农村改革四十年看乡村振兴战略的提出》，《中国人大》2018年第15期。

［7］刘守英等：《乡村振兴制度供给与路径选择》，《中国自然资源报》2018年10月18日。

［8］魏后凯：《实施乡村振兴战略的目标及难点》，《社会发展研究》2018年第1期。

［9］姜长云：《准确把握实施乡村振兴战略的重点》，《全球化》2018年第8期。

［10］叶兴庆：《实施好乡村振兴战略的原则与抓手》，《农村工作通讯》2018年第7期。

第二章

破除城乡二元土地制度
盘活农村土地要素资源

  生产要素是维系国民经济运行所必需的基本因素，是开展社会生产经营活动必不可少的重要资源，其配置效率直接决定了一国经济发展的速度和质量。具体到农业领域，除受自然环境和气候条件等因素影响外，其发展水平和质量主要取决于土地、资本、劳动力和科技等要素的投入规模与配置方式。因此，从本章开始，将分章对这四种关键要素进行论述，本章主要研究土地要素。土地制度是国家的基础性制度。由于历史文化、社会环境、发展水平等多方原因共同作用，我国农村土地在产权制度、入市制度、增值收益分配制度等方面均形成了与城镇土地有所差异的二元制度，从而造成农村土地交易成本较高、损害农民合理权益、配置和使用效率较低等一系列问题，城乡土地难以实现自由流动、平等交换。为破解这一难题，本章在回顾我国农村土地制度演变历程和总结相关国际经验的基础上，提出了以建立城乡统一的土地要素市场为目标，以破解城乡二元土地制度、降低农村土地交易成本为核心的总体思路，并进一步在完善农村集体土地产权制度、健全相关法律法规体系、优化农民土地流转利益保障机制、营造良好市场交易环境等方面提出具体政策建议，力求形成更为科学合理、更加高效公平的城乡土地交换机制。

劳动是财富之父，土地是财富之母。对农民而言，土地是最重要的生产资料和生活保障，也是其生存和发展最重要的物质基础。土地制度是国家的基础性制度。受多种因素影响，我国形成了较为明显的城乡二元土地制度，农村土地在流转过程中的城乡不平等交换问题较为突出。随着经济社会的发展，这种城乡分割的土地制度已经越来越成为城乡协调联动发展、乡村振兴战略有效实施的重要瓶颈和突出问题。必须加快农村土地制度改革，打破原有土地利益结构关系，通过构建新体制新机制，真正实现城乡土地要素平等交换。

第一节 城乡二元土地制度概述

早期的二元经济理论，主要针对城乡经济特别是劳动力大规模跨部门转移进行研究的。随着研究的深入，经济学家们进一步将二元结构引申至土地要素，形成一系列关于城乡二元土地制度的相关论述。

一 关于农村土地流转的相关论述

我国农村的土地政策在改革开放之后发生巨大变化，从开始禁止流转到后来逐步放开，再到加快流转。学者们根据政策实践的变化，围绕农村土地流转的产权确定、推进情况、存在问题和政策建议等方面开展了持续深入的研究。

（一）关于农村土地产权

大多数学者都认同农村土地集体所有这个前提，并根据物权理论，较早提出了农村土地产权的自物权、他物权和从物权的概念（沈守愚2002）[①]。在此基础上，一些学者认为，改革开放以来农村土地所有权不断弱化、使用权不断扩张，并且随着土地流转，使用权由单纯耕作权扩展至包括占有、使用、收益和处置在内的多种权力（王景新2001、钱忠

---

① 沈守愚：《论设立农地发展权的理论基础和重要意义》，《中国土地科学》1998年第1期。

好 2005 等)①。一些学者认为,从法律上看农村土地所有权属于集体,为维护这种集体所有制,就不得不剥夺农民对土地的长期使用权(姚洋 2000)②。同时,有的学者认为,应将土地承包权物权化,同时建立"国家失地农民账户"、"国家失地农民保障基金"等配套制度(党国英 2003、张杰 2007)③。

但也有一些学者主张实行土地私有化,从而提高农村土地产权的流动性,提升土地配置效率,减少社会纠纷,稳定地方财政,遏制官员圈地,实现还产于民(周其仁 1995、杨小凯 2002 等)④,还有部分学者认为,不但要摸清集体资产的全部家底,还要将产权明确到农户,同时配套乡村治理结构改革,确保农民合理权利得到保障(张晓山 2013)⑤。

此外,还有一些学者避开农村土地所有权归属问题,认为土地的使用权而非所有权关系更能提升资源配置效率(温铁军 1998)⑥,农村土地的所有权归集体还是归个人并不是关键,关键是要确保土地的使用权、收益权和转让(资产)权能够永久地赋予农户(刘守英 2000)⑦。

随着 2014 年《关于农村土地征收、集体经营性建设用地入市、宅基地制度改革试点工作的意见》(中办发〔2014〕71 号)等文件的提出,学者们围绕"三块地"改革开展进一步研究。一些学者对集体经营性建设用地入市和征收这两种模式不同主体获益的差异进行了测算,认为集体经营性建设用地入市有效体现了土地价值,实现了土地增值收益,并且农民集体获得收益的比重不但高于征收模式时的比重,还高于政府获

---

① 王景新:《新形势下赋予农民长期而有保障的土地使用权尤为重要》,《中国农村经济》2001 年第 10 期。钱忠好,《现行土地征用制度的理性反思》,《南京社会科学》2005 年第 1 期。
② 姚洋:《中国农地制度:一个分析框架》,《中国社会科学》2000 年第 2 期。
③ 党国英:《关于深化农村土地制度改革的思考》,《国土资源》2003 年第 6 期。张杰:《构建"三位一体"的农村土地制度》,《国家林业局管理干部学院学报》2007 年第 3 期。
④ 周其仁:《中国农村改革:国家和所有权关系的变化(上)——一个经济制度变迁史的回顾》,《管理世界》1995 年第 3 期。杨小凯:《中国改革面临的深层问题——关于土地制度改革——杨小凯、江濡山谈话录》,《战略与管理》2002 年第 5 期。
⑤ 张晓山:《深化农村土地制度的变革 赋予农民更多财产权利》,《财贸经济》2013 年第 12 期。
⑥ 温铁军、冯开文:《农村土地问题的世纪反思》,《战略与管理》1998 年第 4 期。
⑦ 刘守英:《土地制度与农民权利》,《中国土地科学》2000 年第 3 期。

得的增值收益比重，有利于集体经济（朱道林等 2018）①，还有一些学者认为，土地承包权应当人格化，宅基地和农村建设用地应逐步实现直接进入一级市场（马晓河 2018）②。

(二) 关于农村土地流转状况

许多学者认为，在工业化、城镇化进程中，随着农村剩余劳动力的转移，通过开展农村土地流转，可以提高土地资源配置效率，提高农业生产效率③（辜胜阻 1994 等），是大势所趋（党国英 2014）④。20 世纪 90 年代中期以前，我国农村土地流转只是在小范围内存在，流转率较低，到了本世纪初，农村土地流转市场已初步建立，但仍处于初级阶段，不够规范统一，并且随着非农收入越来越成为农民家庭经济的主要来源，农民流转土地的意愿会不断增强（钟涨宝 2003 等）⑤，通过建立所有权、承包权、经营权三权分置、经营权流转的新格局，将会有效促进农村土地合理顺畅流转（韩长赋 2016）⑥。

许多学者将地方实践经验与理论相结合，对"龙头企业 + 合作社 + 农民"等农村土地股份合作社模式进行了研究（傅广宛等 2012）⑦，并总结出成都模式（土地确权赋能）、嘉兴模式（土地换社保）、沁阳模式（土地承包经营权公开拍卖）、咸嘉模式（留地和就业相结合）天津模式（宅基地换住房）、松江模式（家庭农场）等多种流转模式，并加以比较分析（姜法芹 2009 等）⑧。

---

① 朱道林：《土地增值收益分配对比研究：征收与集体经营性建设用地入市》，《北京师范大学学报》2018 年第 3 期。
② 马晓河、刘振中、钟钰：《农村改革 40 年：影响中国经济社会发展的五大事件》，《中国人民大学学报》2018 年第 3 期。
③ 辜胜阻：《中国农业劳动力非农化的特点、思路与对策——农村剩余劳动力转移和流动问题与对策研讨会综述》，《农村经济与社会》1994 年第 6 期。
④ 党国英：《农村土地流转是大势所趋》，《农村实用技术》2014 年第 11 期。
⑤ 钟涨宝：《农地流转过程中的农户行为分析》，《中国农村观察》2003 年第 6 期。
⑥ 韩长赋：《土地"三权分置"是中国农村改革的又一次重大创新》，《中国合作经济》2016 年第 10 期。
⑦ 傅广宛：《农村土地股份合作模式：潜在问题及对策——以"龙头企业 + 合作社 + 农民"模式为研究对象》，《学习与实践》2012 年第 8 期。
⑧ 姜法芹：《农村土地流转中的几种典型模式》，《经济研究导刊》2009 年第 21 期。

(三) 关于农村土地流转过程中存在的主要问题

一些学者对出现的乱象进行了总结，认为农村土地流转过程中存在着任意改变土地的承包关系、不尊重农民流转意愿、损害农民权益（陈锡文、韩俊 2002）[①]、村委会过度介入土地流转事务，产生较大寻租空间（孔祥智 2013）[②]、造成耕地质量和生态环境破坏（石冬梅等 2013）等问题[③]。还有一些学者从体制层面提出农村土地流转存在着市场机制不健全、流转程序不完善、流转行为不规范、资本化程度低等问题（钱忠好 2002 等）[④]。还有学者从代际公平的视角开展研究，认为农村土地流转的过度集中，会损害后代农民在土地上的生存权和发展权，不利于农业的可持续发展（李长健 2014）[⑤]。此外，一些学者从其他角度进行研究，认为由于农村缺乏养老保险与失业保险，从而降低了农户流转土地的意愿（孔祥智 2010）[⑥]。

(四) 政策建议

学者们普遍认为，作为一种生产要素，农村土地应当能够合理自由流动（蒋满元 2006）[⑦]，实现这一目标的关键是要保证土地承包关系长久不变，防止公权侵犯产权（刘守英 2017）[⑧]，要通过保证农村土地产权的流动性、稳定性及收益权的完整性，来提高农民流转土地的意愿（黄贤金 2005）[⑨]。同时，要进一步完善农村土地流转市场，减少供需双方信息

[①] 陈锡文、韩俊：《如何推进农民土地使用权合理流转》，《中国改革（农村版）》2002 年第 3 期。

[②] 孔祥智：《土地流转中村委会的角色及其成因探析》，《东岳论丛》2013 年第 5 期。

[③] 石冬梅等：《农村土地流转主体的成本—收益分析》，《广东农业科学》2013 年第 3 期。

[④] 钱忠好：《农村土地承包经营权产权残缺与市场流转困境：理论与政策分析》，《管理世界》2002 年第 6 期。

[⑤] 李长健等：《代际公平视域下农村土地流转过度集中的风险防范》，《上海财经大学学报》2014 年第 1 期。

[⑥] 徐珍源、孔祥智：《转出土地流转期限影响因素实证分析——基于转出农户收益与风险视角》，《农业技术经济》2010 年第 7 期。

[⑦] 蒋满元：《影响农村土地流转的原因及其有效途径探讨》，《华中农业大学学报（社会科学版）》2006 年第 4 期。

[⑧] 刘守英：《长久不变、制度创新与农地"三权分置"》，《改革》2017 年第 12 期。

[⑨] 黄贤金：《区域农户农地流转意愿差异及其驱动力研究——以上海市、南京市、泰州市、扬州市农户调查为例》，《资源科学》2005 年第 11 期。

不对称程度，规范土地流转过程，延长流转年限（吕世辰 2011）①。

关于流转方式，一些学者认为，土地股份合作制是有利于推动土地规模化经营、实现低成本和高效率有机结合的方式（岳意定 2010）②。还有学者提出中央要对各地出现的各种农村土地流转新模式宽容对待，给予其改革创新的空间（莫于川 2007）③。

二 城乡二元土地相关理论

二元经济的思想，最早可以追溯到重农学派。亚当·斯密、大卫·李嘉图等古典经济学家都提出过将经济生产分为农业和工业两类的二元想法。但二元理论的真正建立，主要是经济学家们在"二战"后对发展中国家经济社会发展的研究过程中逐步形成的。所谓二元，是指发展中国家普遍存在的，以传统生产方式为主的农业部门和以现代生产方式为主的工业部门并存的经济现象。最早提出"二元结构"这一概念的是荷兰社会学家伯克。1953 年，他出版了《二元社会的经济学和经济政策》一书，提到他在对"二战"后印度尼西亚经济社会调研过程中发现，摆脱了荷兰殖民统治的印度尼西亚是一个典型的"二元结构"社会，传统农村部门主要依靠人力生产，现代城市部门则主要依靠机器生产。虽然他仅仅对这种客观存在的二元现象进行了描述，并未进一步做深入系统的研究、分析，但所提出的二元结构的独特视角，为后来研究发展中国家的经济学家们开辟了新的思路和途径。

真正引发二元经济研究热潮的是英国经济学家刘易斯。1954 年，刘易斯在曼彻斯特大学学报上发表了一篇具有里程碑意义的论文——《劳动无限供给条件下的经济发展》，首次提出完整的二元经济结构理论，奠定了发展经济学的理论基础，其本人也因该理论荣获诺贝尔经济学奖。刘易斯认为，发展中国家并存着以农业为代表的传统部门和以工业为代

---

① 吕世辰：《准市民参与耕地流转的现状及影响因素》，《中国农村经济》2011 年第 4 期。
② 岳意定：《基于网络层次分析法的农村土地流转经济绩效评价》，《中国农村经济》2010 年第 8 期。
③ 莫于川：《土地流转制度创新六人谈——重庆土地新政争议引出的思考讨论》，《河南省政法管理干部学院学报》2007 年第 6 期。

表的现代部门。传统部门是"劳动的边际生产率很小或等于零,甚至为负数"的部门,因而会出现大量的劳动力剩余,由于两部门工资差异,诱使农业剩余人口向城市工业部门转移。同时,由于农业部门劳动力无限供给,随着工业部门扩张,劳动力的工资会在所有过剩农业劳动力被吸收之前保持不变,即形成所谓的"制度工资"。这一理论后经费景汉和拉尼斯加以发展,形成"刘易斯—费景汉—拉尼斯"模型。之后,乔根森、托达罗、迈因特等经济学家结合当时的经济社会发展情况,对二元理论进行了进一步的完善和发展。

二元经济理论最早关注的,是劳动力作为生产要素被各种制度安排分置于城乡两个部门,形成二元制度安排。之后,随着研究的深入,越来越多的经济学家将二元结构引申至土地要素,形成一系列关于城乡二元土地制度的相关论述。一些学者认为,农村和城市的土地因为地理空间上的分隔,自然地呈现出二元结构,这是二元土地结构的重要成因和基本特征。一些学者认为,与大多数发展中国家相比,我国由于土地产权残缺,使得城乡二元土地问题更为严重。还有一些学者进一步指出,政府有意识的制度安排,形成了我国土地市场城乡二元分割、政府居于主导地位的格局,成为全世界最独特、最复杂的制度。

三 我国存在着较为严重的城乡二元土地现象

无论是从理论还是实践看,我国长期以来存在着较为突出的城乡二元土地现象。

(一)城乡二元的土地产权制度

在城乡土地产权方面,《宪法》明确规定,土地实行国家所有和集体所有两种所有制形式。其中,"城市的土地属于国家所有","农村和城市郊区的土地,除由法律规定属于国家所有的以外,属于集体所有;宅基地和自留地、自留山,也属于集体所有"。《土地管理法》中也明确规定,"中华人民共和国实行土地的社会主义公有制,即全民所有制和劳动群众集体所有制","城市市区的土地属于国家所有","所有权由国务院代表国家行使";"农民集体所有的土地,由县级人民政府登记造册,核发证书,确认所有权"。其中,"依法属于村农民集体所有的,由村集体经济组织或者村民委员会经营、管理;已经分别属于村内两个以上农村集体经济组织的农民集体所有的,由村内各该农村集体经济组织或者村民小组经营、管理;已经属于乡(镇)农民集体所有的,由乡(镇)农村集体经济组织经营、管理"。但根据《宪法》规定,村民委员会是"基层群众性自治组织",不具有法人资格,单个农民可以拥有土地的承包权、经营权,却没有处置权。在实际操作过程中,农村土地流转过程中的行政因素较多,很多流转不是农民自愿和通过市场进行的,而是基层政府、村委会通过行政命令强行推动的。

(二) 城乡二元的土地使用制度

在城乡土地使用方面,《土地管理法》明确规定,"国家实行土地用途管制制度","将土地分为农用地、建设用地和未利用地"。其中,"国有土地可以依法确定给单位或者个人使用",主要方式有划拨供应和有偿使用两种。除国家机关用地和军事用地,城市基础设施用地和公益事业用地,国家重点扶持的能源、交通、水利等基础设施用地以及法律、行政法规规定的其他用地等四种情况以外,建设单位使用国有土地,均要以出让等有偿使用方式取得。农地流转用于农业生产的,主要通过出租、转包、入股、流转等方式完成。"农民集体所有的土地的使用权不得出让、转让或者出租用于非农业建设。"[①] 农用地转为建设用地的,应先按"规定先行办理农用地转用审批",在纳入用地计划后,再"按土地利用年度计划分批次由原批准土地利用总体规划的机关批准",其中,基本农田、基本农田以外的耕地超过三十五公顷的、其他土地超过七十公顷的,征收须经国务院批准。农用地一旦转为建设用地,原土地所有者将失去土地转性后的土地使用权、经营权、收益权和发展权。农村宅基地实行一户一宅的原则,最新政策允许宅基地自愿有偿退出或转让,但范围仅限于本集体经济组织内部。[②]

---

① 符合土地利用总体规划并依法取得建设用地的企业,因破产、兼并等情形致使土地使用权依法发生转移的除外。

② 2016年9月,国土部、发改委、公安部、人社部、住建部联合发布《关于建立城镇建设用地增加规模同吸纳农业转移人口落户数量挂钩机制的实施意见》中提出,"结合农村宅基地制度改革,允许进城落户人员在本集体经济组织内部自愿有偿退出或转让宅基地"。

（三）城乡二元的土地增值收益分配制度

在城市征地补偿方面，有《〈国有土地上房屋征收与补偿条例〉实施细则》作为依据，明确提出"应当广泛征求被征收人的意见"，补偿费用"足额到位、专户存储、专款专用"，补偿标准"不得低于房屋征收决定公告之日被征收范围内商品房的市场平均价格"，基本保障了城镇居民在征地过程中所获得的合理收益比重。而农村土地在征用过程中，自身利益难以得到有效保护。首先，由于建设用地都要使用国有土地，因此农村征地的过程是集体所有土地变性为国有土地的过程，谈判主体是代表集体的村集体，农民个人诉求难以完全有效表达。其次，《土地管理法》规定，在农地转为非农用地的过程中，"土地补偿费和安置补助费的总和不得超过土地被征收前三年平均年产值的三十倍"，补偿完成后，被征地农民将失去未来土地增值收益的分享权。此外，由于各级政府是当地土地一级市场的供给主体，垄断了建设用地市场，农村土地的供给方（农民）和需求方（企业或单位）不能直接自由交易，必须通过当地政府。凭借这一垄断地位，政府在土地用途转换过程中，可以一次性获得很高的增值收益，但这部分收益基本与被征地农民关系不大。虽然近年来集体经营性建设用地入市改革正在探索推进，但由于存在产权不清、市场化程度不高、法规政策不明确、地方财政影响较大、存在社会风险等一系列问题，制约了入市的顺利实现，还需要在实践中不断探索完善。

第二节　我国农村土地制度的形成与演变

新中国成立后，从土地所有制的实现形式看，城市土地一直为国家所有，农村土地大体经历了私有制、人民公社下的集体所有制和集体所有制下的家庭联产承包责任制以及进一步细化农村土地各种权能和有效盘活土地资源等四个阶段。

一　没收地主土地平均分配给农民的私有制阶段（1949—1952 年）

土地是农民最重要的生产生活资料。1946 年 5 月 4 日，中共中央发布《关于土地问题的指示》（以下简称《五四指示》），决定将减租减息改为没收地主土地分配给农民,从而拉开土地立法的序幕。1947年10月,中国共产党正式颁布《中国土地法大纲》,在肯定《五四指示》将没收地主土地分配给农民的同时,改正了对于地主的一些照顾政策。它明确提出,"按乡村全部人口,不分男女老幼,统一平均分配,在土地数量上抽多补少,质量上抽肥补瘦,使全乡村人民均获得同等的土地,并归各人所有","分配给人民的土地,由政府发给土地所有证,并承认其自由经营、买卖及在特定条件下出租的权利",事实上承认了农民对于土地的私人所有。

在1949年9月29日通过的起临时宪法作用的《中国人民政治协商会议共同纲领》中也明确提出,"有步骤地将封建半封建的土地所有制改变为农民的土地所有制",保护农民的"经济利益及其私有财产""保护农民已得土地的所有权"。

新中国成立前后,这种通过"没收地主土地分配给农民"的土地改革,实质上形成了农民土地私人所有的制度,实现了千百年来农民"耕者有其田"的梦想,极大地调动了农民的积极性。1952年,我国粮食总产量达到当时历史纪录的16392万吨,比1949年增加5074万吨,在短短3年的时间内增长了45%,年人均粮食产量也增加76.3千克,达到285.2千克(见表2—1)。

表2—1　　1949—1952年粮食总产量和年人均产量增长情况

年份	粮食总产量(万吨)	增长率(%)	年人均粮食产量(千克)	增长率(%)
1949	11318	—	208.9	—
1950	13213	16.74	239.4	14.6
1951	14369	8.75	255.2	6.6
1952	16392	14.08	285.2	11.8

资料来源:《中国统计年鉴2016》。

二　完成社会主义改造的人民公社集体所有制阶段(1953—1977年)

受当时政治经济制度和苏联模式等方面影响,从1953年起,我国开始全面对农业、手工业和资本主义工商业进行社会主义改造,以实现生产资料从私有制向社会主义公有制的转变。在此背景下,农村也同步开展了合作化运动，先后历经互助组、初级社、高级社和人民公社四个阶段。

最初，农业的改造形式是成立农业生产互助组。在这一阶段，农民的土地和主要生产资料仍是私人所有，只是在生产过程中，本着自愿互利的原则，互换人工或畜力，互助合作，共同劳动，从而解决农业生产中存在的劳力、耕畜、农具等缺乏的问题，提高劳动生产率。互助组具体可分为农忙临时互助组和常年互助组。

随后，在互助组基础上逐步发展成为初级农业生产合作社。在这一阶段，农民的土地和主要生产资料虽仍是私人所有，但农民要按照自愿互利原则，逐步将土地和耕畜、大型农具等生产资料交由合作社统一使用和经营，农民作为社员根据土地的质量和数量以及投入的生产资料进行分红，所有社员统一集体劳动，劳动报酬根据劳动成效进行分配。初级社较好地解决了由于农户分散经营带来的生产效率低下问题，在当时促进了生产力的发展，也让农民感受到合作社的优越性，加入合作社的自觉性和积极性都较高。到 1955 年年底，初级社数量近 140 万个，覆盖农户超过 1 亿户，约占当时全国农户总数的 90%。

很快，在初级社的基础上形成了高级农业生产合作社。1956 年，社会主义改造步伐明显加快，政策更加激进。在初级社的基础上，以行政命令的方式，把农民私人所有、交由合作社统一使用经营的土地和主要生产资料改为集体所有，同时取消了土地报酬和生产资料入股分红制度。初级社很快被高级社所取代。到 1957 年，全国初级社的数量已不足 4 万个。

之后，高级社进一步发展成为人民公社。1958 年 7 月 1 日，陈伯达在《红旗》杂志发表署名文章《全新的社会、全新的人》，提出要"把合作社办成一个既有农业合作，又有工业合作的基层组织单位，实际上是农业和工业相结合的人民公社"。1958 年 8 月，"大跃进"和人民公社化运动进入高潮，在很短时间内，农村地区就实现了政社合一的人民公社管理体制。[①] 农民的土地、生产资料乃至一些生活资料都被收归集体所

[①] 1958 年的中央农村工作部报告显示，到 1958 年 10 月底，全国农村共有人民公社 26576 个，入社农户占总农户的 99.1%。在 1956 年上半年刚建立起来的 70 多万个高级社，仅两年时间就被 2 万多个政社合一的人民公社所代替，平均约 28 个高级社合并成一个人民公社。

有。在确定"集体"的范围时,经历了从人民公社集体所有制到生产大队所有制再到生产队所有制的过程,最终实行公社、大队、生产队三级所有制,即"三级所有,队为基础"。同时,实行绝对平均主义,严重打击了农村劳动力的积极性,降低了生产效率。

专栏 2—1

"大跃进"背景下的人民公社大食堂

作为"大跃进"的产物和平均主义的典型,大食堂成为人民公社时代的标志之一。1958 年 8 月,中央政治局扩大会议通过了《关于在农村建立人民公社问题的决议》,提出要在人民公社建立"公共食堂、幼儿园、托儿所、缝衣组、理发室、公共浴室、幸福院、农业中学、红专学校等等,把农民引向了更幸福的集体生活,进一步培养和锻炼着农民的集体主义思想"。根据这一指示,人民公社纷纷建立了吃饭不花钱、一日三餐集体统做统吃的公共食堂。到 1958 年年底,全国共办农村公共食堂 340 多万个,在食堂吃饭的人口占全国农村总人口的约 90%。随着三年自然灾害粮食减产和效率低下负面影响越来越大,勉强维持三年之久的公共食堂相继解散。

三 实行家庭联产承包责任制的逐步确权阶段(1978—2011 年)

1978 年 12 月召开的党的十一届三中全会,拉开了我国改革开放的大幕。会上同意将《中共中央关于加快农业发展若干问题的决定(草案)》发到各省、市、自治区讨论和试行,并于 1979 年党的十一届四中全会正式通过。该《决定》明确提出,"绝对不允许无偿调用和占有生产队的劳力、土地、牲畜、机械、资金、产品和物资",要执行"各尽所能、按劳分配的原则,多劳多得,少劳少得,男女同工同酬","坚决纠正平均主义",社员自留地、自留畜"是社会主义经济的附属和补充,不能当作所谓资本主义尾巴去批判"。这标志着对人民公社绝对平均主义和"一大二公"的反思与改正。

随着 1980 年邓小平同志公开肯定安徽省凤梨公社小岗村"大包干"

的做法，农村土地改革的大势已经形成。1982年1月1日，中国共产党历史上第一个关于农村工作的一号文件正式发布，认可了"包干到户"的模式。1983年1月，中共中央印发《当前农村经济政策的若干问题》，进一步肯定联产承包责任制的积极作用，称其"是在党的领导下我国农民的伟大创造，是马克思主义农业合作化理论在我国实践中的新发展"。在此背景下，这一模式在广大农村地区得到迅速推行。到1983年年底时，家庭承包经营的土地面积占耕地总面积的比重已达到约97%。[①] 1984年中央一号文件进一步确定了农民15年的土地承包期。

总体来看，虽然这一时期土地的所有权仍归集体所有，农民只是拥有了一定期限内的土地使用权，且禁止使用权流转，但由于实现了土地所有权和使用权的分离，仍然极大地调动了农民的种粮积极性，粮食产量实现快速增长。1984年粮食产量首次突破40000万吨，创新中国成立以来新高，比1977年增长44%，人均粮食产量达到390千克（见图2—1）。

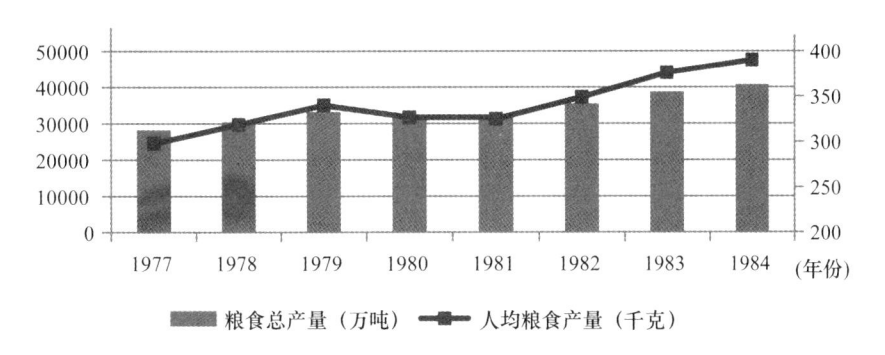

图2—1 粮食总产量和人均粮食产量变化情况

资料来源：《中国统计年鉴2016》。

20世纪80年代中后期，随着城市建设的快速发展和乡镇企业的异军突起，大量农民进城务工，形成一波农村人口大量向城市转移的浪潮。伴随农村人口的转移，出现农村土地大量闲置的现象。针对新的问题，

---

① 张莉萍、王鼎：《二元经济转型视角下土地流转制度的变迁及其问题分析》，《商》2015年第41期。

中央于1986年出台《土地管理法》，提出集体所有土地"使用权可以依法转让"，"可以由集体或个人承包经营"，从而将土地的所有权、使用权和经营权进一步分离，为土地更加市场化流转提供了条件。

1993年发布的《关于当前农业和农村经济发展的若干政策措施》提出，"在原定的耕地承包期到期之后，再延长三十年不变"，极大地稳定了农户对土地承包到期后的预期。同时，鼓励对承包土地进行调整，实行适度规模经营，对农村劳动力进城务工逐步形成规范和鼓励的态度。之后的一系列相关法律法规和文件规定，都针对土地流转过程中出现的问题进行总结和修正，对农民的相关权益进行保障，推动了土地的规模化经营。

2008年党的十七届三中全会通过了《中共中央关于推进农村改革发展若干重大问题的决定》，提出现有土地承包关系要保持长久不变。同时，提出要"完善土地承包经营权权能，依法保障农民对承包土地的占有、使用、收益等权利"。在保持现有土地流转形式的基础上，"允许农民以转包、出租、互换、转让、股份合作等形式流转土地承包经营权"，推动农村经营性集体建设用地在符合规划的前提下进入市场，"逐步建立城乡统一的建设用地市场"，对推进和完善农村土地流转制度产生深远影响。

四　进一步细化农村土地各种权能和有效盘活土地资源阶段（2012年至今）

党的十八大以来，中央对"三农"问题高度关注，特点是针对农村土地在流转、交易过程中相关功能迫切需要进一步明确界定的问题，在"三权分置"改革和"三块地"改革等方面形成重大突破。2014年中央一号文件明确提出农村土地"三权分置"；2016年11月，中办国办印发《关于完善农村土地所有权承包权经营权分置办法的意见》，正式以中央文件形式提出要坚持农村土地集体所有权的根本地位、严格保护农户承包权、加快放活土地经营权的"三权分置"办法，这是深化农村土地制度的一项重大改革。

2015年1月印发的《关于农村土地征收、集体经营性建设用地入市、宅基地制度改革试点工作的意见》（简称"三块地"改革），进一步明确了农村土地制度改革的方向和任务。一是缩小土地征收范围，规范土地征收程序，完善征地补偿标准，建立被征地农民长远生计的多元保障机制。二是在符合规划和用途管制前提下，赋予农村集体经营性建设用地出让、租赁、入股权能，建立集体经营性建设用地增值收益分配机制。三是建立健全依法公平取得、节约集约使用、自愿有偿退出的宅基地管理制度，解决农村宅基地资源浪费问题。

党的十九大进一步提出要"保持土地承包关系稳定并长久不变，第二轮土地承包到期后再延长三十年"。可以说，党的十八大以来开展的农村土地制度改革，抓住了问题的关键，有效地盘活了土地存量，激活了增量，提升了农村土地资源资产的配置效率。

第三节 城乡二元土地制度产生的主要问题

改革开放以来，以家庭联产承包责任制为基础的农业农村改革，并未从根本上解决土地集体所有产权缺失的问题，反而在城镇化推进过程中，由于城乡二元土地制度，土地要素难以实现城乡间的平等交换，造成土地交易成本较高、损害农民合理权益、配置和使用效率较低等一系列问题。

一 农村土地流转的交易成本过高，降低要素配置效率

由于农村土地产权残缺，农村土地在流转交易过程中的信息搜寻成本、谈判成本和履约成本较高，造成农村土地流转的交易成本过高，影响土地要素配置效率。

（一）农村土地交易的信息搜寻成本较高

对作为供给方的农户而言，由于其生产生活范围和社交圈子较小，周边的经济社会环境相似，土地质量和规模相近，即使有意将土地转让出去，也很难在其生产生活半径内找到合适的交易对象。同时，受知识和技术水平、生活背景等方面的限制，农户扩大交易半径所产生的信息搜寻成本将快速上升。从土地需求方看，不管是用于规模化农业生产还是转为非农建设用地，一般都要求是条件适宜的较大的连片土地。而当前农地市场信息不完全，需求方选中的土地可能涉及两个甚至多个村镇的土地，每村情况各不相同，每个农户转让土地的意愿也不尽相同。想要精确获取所需土地的边界、产权、涉及人员、是否符合总体规划和土地使用规划等各种信息较为困难，从而形成较高的信息搜寻成本。

(二) 农村土地交易的谈判成本较高

农村土地入市涉及多方主体，既包括农户、村集体等供给方，又包括生产大户、企业等需求方，还包括基层政府和相关部门等。在谈判过程中，需求方既要符合相关政府部门的要求，又要与村干部达成一致，同时还要与每个村民进行协调谈判。由于我国人均耕地面积较少，随着土地流转面积越来越大，农户、村集体和政府相关部门等谈判对象就会越来越多，跨区域、跨部门沟通协调、达成一致的难度也越来越大，常常需要旷日持久的反复磋商、讨价还价。一些地区村集体权力过大，还容易形成寻租空间，从而提高了交易的谈判成本。

(三) 农村土地交易的履约成本较高

受相关法律法规不够完善细致，一些地区基层干部和农民的法律意识、合同意识淡薄，相关专业中介服务组织较为缺乏，有关政府部门监管不到位等多方面因素影响，农村土地交易在合同签订后常常会出现因各种原因而产生的拒绝履约现象，从而推高了交易的履约成本。一方面，出于惠农支农政策力度加大、农民工返乡要地等原因，一些农户在看到土地的现实收益和预期收益比签订合同时有大幅提高后，产生反悔行为，影响规模化生产经营或施工建设。但由于单个农户流转的土地面积较小，因而毁约代价较低，常常还由于文化习惯、人情地缘等方面的关系难以将惩罚真正落到实处。另一方面，需求方有时会为获取短期利益而对土地进行破坏性、掠夺性经营，有时不能按时足额交纳签订的补偿费用，农户举证维权较为困难，通过司法程序所需时间较长、费用较高，这些都抬高了交易的履约成本。

二 损害农民的土地权益，增加城乡差距缩小难度

(一) 农民难以获得农用地转为非农用地的巨额增值

由于城乡二元的土地制度，农民对于集体土地的所有权弱化，主要权益被限定在宅基地的使用权和耕地的承包权、经营权上。其流转存在许多限制，如宅基地只能在村集体范围内流转，土地经营权不得用于抵押贷款，不得建设小产权房等。农村集体土地想要变成城市建设用地，首先得纳入城市总体规划和用地规划，其次必须在一级市场卖给政府，从产权上由集体所有变为国家所有，而真正的巨额增值部分是在土地变为国家所有之后的开发阶段。也就是说，同一块土地，由于产权不完全，政府一方面限制农民开发和用于其他用途，另一方面通过垄断一级土地市场，使得征地成为农村土地变为城市建设用地的唯一合法途径，通过较低的补偿价格从农民手中买下，再高价出售或进行商业开发，与开发商或企业共享其中的巨大增值。

这种二元的土地制度无疑侵害了农民利益，以城乡土地价格剪刀差的形式，进一步扩大城乡居民收入差距。一些专家测算，在最近20年，国家征用农民集体所有土地约1亿亩利用垄断一级土地市场，通过土地价格剪刀差，获得土地增值收益规模超过2万亿元。[①] 2015年，中央虽在政策上提出要建立农村集体经营性建设用地入市制度，但相关规划衔接、入市范围和途径、市场交易规则、市场监管制度等具体要求尚未完全明确。加之各种历史遗留问题的存在，农村集体经营性建设用地入市在操作过程中仍存在不少问题，特别是中西部一些地区，问题更为突出。

(二) 从农村征地过程中获得的土地出让金大部分用于城市建设和发展

在农村土地征收过程中，各级政府获得了大量的土地出让金，成为地方财政收入的重要组成部分。2000—2017年，全国土地出让金总额超

[①] 吴理财：《乡村振兴不是工业化而是农业化》，《中国农业大学学报》（社会科学版）2018年第3期。

过 36 万亿元，平均每年超过 2 万亿元，其中 2017 年达到历史最高的 52059 亿元（见图 2—2）。

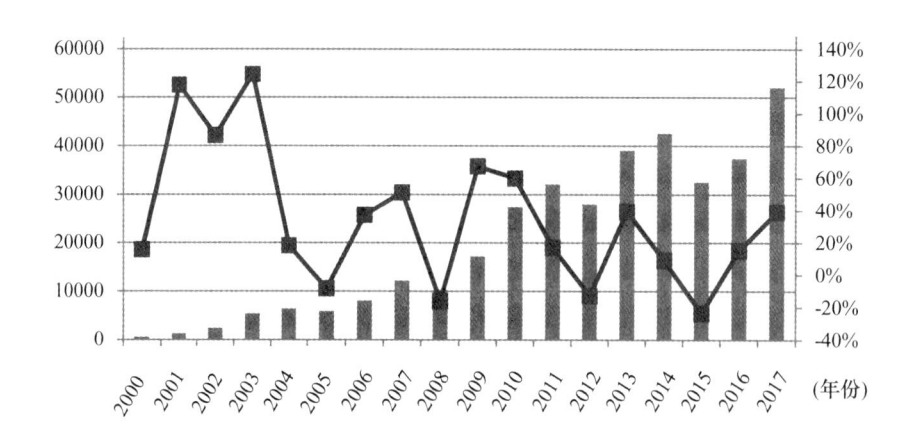

图 2—2　我国土地出让金规模及增速变化情况（亿元，%）

资料来源：根据财政部公布的年度财政收支情况整理。

在土地出让金的支出安排上，存在严重的城乡失衡。多年来，从农村征地过程中获得的土地出让金主要用于城市建设和提升城市基本公共服务水平，对农村建设、被征地农民的补偿和社会保障等方面投入明显不足，从而进一步扩大本就较严重的城乡差距。从城乡居民收入比的变化情况看，改革开放初期实施的家庭联产承包责任制曾一度将城乡收入比缩小至 2 以内。从 20 世纪 80 年代中后期农民进城务工开始，由于农民工工资水平较低，城乡居民收入比又扩大到 2 以上。但城乡收入差距重新快速扩大，并上升到 3 以上的阶段，是从 21 世纪初开始的。城乡收入差距曾达到 3.33，这段时间正是地方政府开始大规模征地的阶段。可见，城乡土地价格剪刀差远比城乡产品价格剪刀差、城乡工资剪刀差产生的影响更大，程度更深。近年来，城乡收入比有所收缩，2017 年的城乡居民人均收入倍差为 2.71（见图 2—3）。

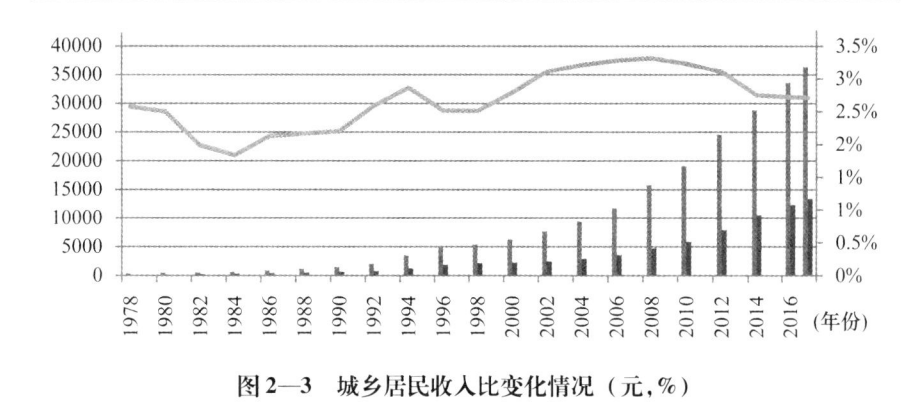

图 2—3 城乡居民收入比变化情况（元，%）

资料来源：1978—2014 年数据来自 wind，2015—2017 年数据来自《中国统计年鉴 2018》。

三 政府和企业征地成本偏低，导致使用效率总体不高

（一）征地成本偏低

我国《土地法》规定，"征用土地的，按照被征用土地的原用途给予补偿"，"征用耕地的补偿费用包括土地补偿费、安置补助费以及地上附着物和青苗的补偿费"。其中，土地补偿费为该耕地被征用前三年平均年产值的 6—10 倍，安置补助费为该耕地被征用前三年平均年产值的 4—6 倍，土地上附着物和青苗的补偿费由省、自治区、直辖市规定。土地补偿费和安置补助费的总和不得超过土地被征用前三年平均年产值的 30 倍。在实际操作过程中，由于被征土地前三年平均年产值难以有效确定，且倍数标准存在较大幅度调整空间，一些地方政府或征地单位常常在法定范围内，压低平均年产值数额，降低征地补偿倍数。特别是一些地方为推进重大基础设施建设项目，常常采取内部协议、政府定价的方式来确定补偿标准，而非根据实际情况给予补偿，从而大幅降低了征地成本。近年来，随着中央对这一问题的不断重视，特别是农村集体经营性建设用地入市制度改革的提出，这一情况有所好转。

（二）用地效率总体不高

当前，我国人均城镇用地达 145 平方米，超过国家标准上限。城镇工矿建设用地中，低效用地约 5000 平方公里，占全国城市建成区

的11%。农村居民空闲和闲置用地面积达3000万亩左右,相当于现有城镇用地规模的四分之一,低效用地达9000万亩以上,相当于现有城镇用地规模的四分之三。① 工业用地容积率平均仅为0.3—0.6。② 土地利用粗放扩张,节约集约利用水平较低,仍是我国土地利用的主要矛盾。

第四节 促进城乡土地平等交换的国际经验

经过几十年乃至上百年的时间,主要发达国家基本实现了城乡土地的平等交换。这些国家为保障农民土地权益,形成了较为完善的经营、流转、征收等配套制度体系,并通过养老金制度、流转补贴基金等方式,有效保障了农民在土地流转后的生活水平。同时,农村土地市场发育成熟,各类专业中介服务组织发达。政府通过市场化的激励政策推动土地流转形成规模经营,在提高土地使用效率的同时,促进农村劳动力向城市转移。

一 农村土地产权清晰

(一)美国实行公私兼有的多元化土地所有制

大部分土地为私人企业和个人所占有,全国私有土地约占58%,联邦政府所有土地约占32%,州及地方政府所有土地约占10%。③ 不论是城市土地还是农村土地,美国法律均明确保护私有土地所有权不受侵犯,土地可以自由买卖和出租。19世纪60年代,美国农村土地开始较大规模地进行流转。由于美国建立了城乡一体化的土地市场,土地价格由市场供求关系决定,故买卖双方只需根据市场价值进行评估,通过协商达成协议。政府的作用主要是通过加强监管来维护土地市场公平秩序,依法

---

① 申兵等:《积极推进改革 降低实体经济用地成本》,《中国发展观察》2016年第10期。
② 董祚继、田春华:《〈国土资源部关于推进土地节约集约利用的指导意见〉解读之一》,《中国国土资源报》2015年8月20日。
③ 孙利:《美国的土地利用管制和特点》,《资源导刊》2008年第2期。

办理土地所有权的变更登记手续等。

(二) 英国最早提出土地发展权的概念

虽然英国《民权法》规定，英国的一切土地所有权都归英国国王所有，但这只是一个名义上的虚化概念，私人事实上拥有在尊重王权前提下的永久所有权。英国政府和公共部门所有的土地占比很小，大部分为个人和企业所有。比较有特色的是，英国政府最早将农村土地发展权从土地所有权中独立出来，认为农村土地的所有权归私人所有，但土地的发展权应归政府。所谓土地发展权，是指对土地在利用上进行再发展的权利。英国政府先后通过实施土地发展许可制度、土地开发税制度、规划义务制度、社区基础建设税制度等多种形式对发展权进行管理。虽然每种制度都因反对党不支持、管理成本过高、不透明公平、协商时间过长等而终止或修改，但其总体思想保留了下来，即政府要对土地在开发利用过程中的净利润进行统筹管理，使土地增值收益让全民共享，从而防止城乡间、地区间差距过大。

(三) 日本实行土地私有制

与我国类似，日本人口多耕地少，当地政府曾在"二战"期间对地主的土地进行强制收购，之后按统一价格卖给农户，从而实现耕者有其田的目标。1952年，日本政府发布《农地法》，明确指出农户对持有土地拥有永久所有权。到了20世纪60年代，面对产业结构重点向二三产转移、城镇化率快速提升、农民向城市流动加快的新形势[①]，日本政府多次修改《农地法》以促进农地流转，从而形成规模经营。在土地用途方面，日本政府的规定较松，除对某种土地的用途有明确规定外，一般不会硬性规定某一土地的单一用途。

在放开农村土地交易、促进城乡土地平等交换的同时，日本政府特别加强了土地利用的总体规划。它于1951年颁布《国土普查法》，对境内所有土地的类型、面积、用途、所有者等信息开展全面详细调查，为制定土地政策、明确土地规划、综合国土开发和农地配置利用

---

① 相关数据显示，这一时期日本农村就业人口从1955年的1489万人减少到1965年的1086万人，十年间减少了约27%。

等奠定基础。通过制定综合开发规划、国土利用规划、土地利用基本规划、特定地域详细规划等一系列规划，形成国土开发、利用、保护的有效体系（见图2—4）。同时，为保障农业生产稳定，日本政府执行严格的耕地保护及土地用途管制政策，使得1960—1975年间虽然日本农户数量下降约20%，但并未发生耕地锐减和农地利用率下降过快的现象。

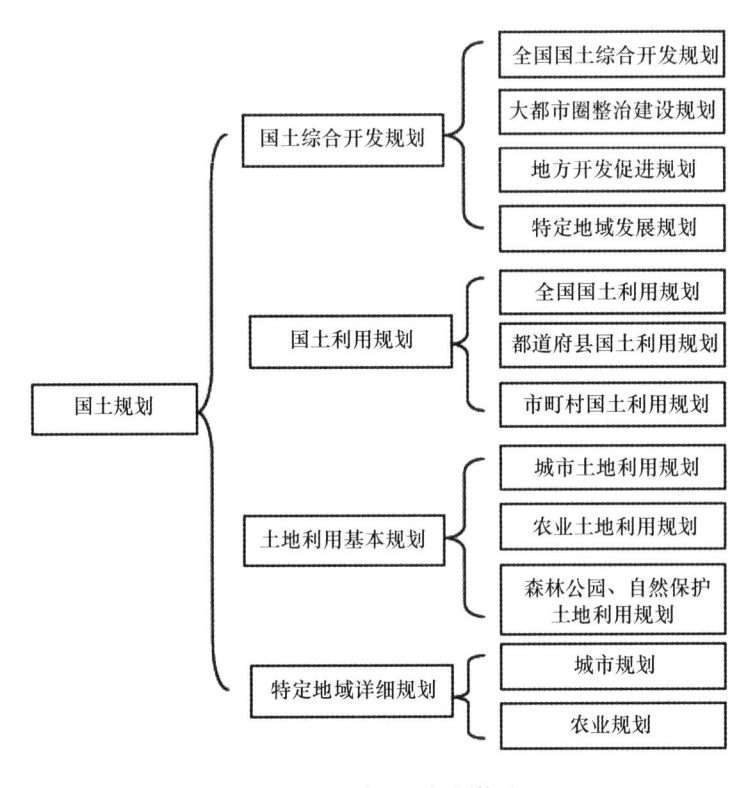

```
                          ┌─ 全国国土综合开发规划
              ┌─ 国土综合开发规划 ─┼─ 大都市圈整治建设规划
              │           ├─ 地方开发促进规划
              │           └─ 特定地域发展规划
              │
              │           ┌─ 全国国土利用规划
              ├─ 国土利用规划 ─┼─ 都道府县国土利用规划
              │           └─ 市町村国土利用规划
国土规划 ─────┤
              │           ┌─ 城市土地利用规划
              ├─ 土地利用基本规划 ─┼─ 农业土地利用规划
              │           └─ 森林公园、自然保护
              │              土地利用规划
              │
              └─ 特定地域详细规划 ─┬─ 城市规划
                          └─ 农业规划
```

图2—4　日本国土规划体系

资料来源：韩冰华：《战后日本农地非农化之启示》，《江汉大学学报》（社会科学版）2005年第3期。

二　有效保障土地流转后的农民生活水平

（一）法国为鼓励土地流转建立完善的补贴制度

法国的农村土地流转经历了由小农经济向规模经营的转变。在这一过程中，政府实施了一系列政策，以保障失地农民生活水平不下降，从而有效促进农村土地所有者积极主动将土地流转出去。如在20世纪60年代，法国政府设立了"调整农业结构行动基金"，对65岁以上将土地流转出去的农民，给予平均每年1500法郎的补贴。到了70年代，法国政府又设立了"非退休金补助金"，对不到65岁将土地流转出去的农民，给予一次性数额较高的终身补贴。

（二）日本建立农地保有合理化法人制度

为了保护农民在土地流转过程中的合理权益，日本政府建立了农地保有合理化法人制度。农地保有合理化法人是土地流转的中介组织，其作为特殊法人接受农民租出的农地，同时开展对企业的土地出租业务，成为沟通农地租借转让的重要桥梁。通过农业委员会、农协组织、农地保有合理化法人等中介组织以及其他社会力量的共同监督制约，保障了农村土地流转的合理价格，促进了城乡土地要素的平等交换。此外，日本政府还较为重视失地农民的生活保障问题。1970年，日本建立了农业养老金制度。1980年，日本政府颁布《土地利用增进法》，进一步保护农民土地出租的自主权，促进土地通过出租、转让等方式实现规模化经营。与法国类似，日本政府对符合条件的流转农户给予一次性数额较高的补贴奖励。

三　鼓励专业化中介服务机构发展

（一）法国成立土地整治和农村安置公司

法国的土地整治和农村安置公司是以推动农地流转、促进农业规模经营的机构，资金主要来源于政府资助、银行低息贷款和土地购买提成三个方面。它主要面向小农户进行土地收购，并以较低价格卖给规模经营农户，从而促进农业生产经营规模。该公司的董事会由政府官员和农业行业代表组成，是一家受国家监管的非营利性质的股份有限公司。除此之外，法国还通过设置土地事务所和土地银行等相关机构，加强对土地的租赁管理，支持和鼓励民间中介机构发展，从而实现土地有序流转。

> 专栏 2—2
>
> **法国为促进农村土地流转集中的几项措施**
>
> "二战"后，法国的城镇化进程快速推进，1945—1975年间，其城镇化率提升了近20个百分点，随之带来了农民持续外迁、大量农村土地闲置等问题。为促进农村土地有效流转，推进集中规模生产，法国政府一方面成立官办的"土地整治和农村安置公司"，高价收购农民手中的零散碎土地，形成一定规模后将其整合规划，有选择性地出售给农场主，促进规模化生产；另一方面，通过法律手段规定农场主的继承人只能是其配偶或子女中的一个，不能出现多人继承、拆分农场的情况，其他继承人可以得到其他财产，从而避免土地在传代过程中出现的分散问题。此外，法国政府还通过税收优惠、信贷优惠、优先购买权等政策，鼓励农场主将小块分散土地集中起来，开展适度规模生产或联合生产。

（二）日本成立农业土地管理公司

鼓励各类专业化中介服务机构发展，是有效促进农村土地流转的共同经验。日本政府同样成立了农业土地管理公司，作为土地流转的重要中介机构。其主要业务是从有愿意出租或流转土地的农户手中收购土地，再将收购的土地整合后出租或流转给农业生产单位。通过积极鼓励政策类和商业类专业中介机构的发展，有效地提高农地流转的速度、效率和成功率，加快推动日本实现农业的规模经营。

第五节　加快构建城乡土地自由流动、平等交换的体制机制

促进城乡土地要素自由流动、平等交换，既是社会主义市场经济体制的客观要求，也是实现要素优化配置的必然选择。要以建立城乡统一的土地要素市场为目标，以破解城乡二元土地制度、降低农村土地交易成本为核心，以完善农村土地管理制度、形成完备的法律法规

体系、优化农民土地流转利益保障机制、营造良好市场交易环境等为抓手，最终形成科学合理、公平高效的城乡土地平等交换体制机制。

一　完善农村土地管理制度

（一）完善农村集体产权确权和保护制度

完善农村土地所有权、承包权、经营权分置措施，健全归属清晰、权能完整、流转顺畅、保护严格的农村土地产权制度。充分落实2016年11月中共中央、国务院印发的《关于完善产权保护制度依法保护产权的意见》最新精神，分类建立健全集体资产清产核资、登记、保管、使用、处置制度和财务管理监督制度，规范农村产权流转交易，切实防止集体经济组织内部少数人侵占、非法处置集体土地，防止外部资本侵吞、非法控制集体土地。探索制定土地征收目录，明确界定公共利益用地范围，有效保障被征地农民合理权益。出台农村承包土地经营权抵押、担保试点指导意见，因地制宜地落实承包地、宅基地、集体经营性建设用地的用益物权，赋予农民更多财产权利。研究确定土地承包经营关系长久不变的具体实现方式，探索实行全国统一的土地承包权权属登记期限，开展土地承包权永久转让和继承试点。妥善处理第二轮承包期放弃承包地农户重新要地的矛盾，可借鉴地方经验，探索设立虚拟土地承包权，通过采取"定量不定位"的办法，使原有土地经营权的农民在不真正拥有土地的同时，享有实体土地承包权同等权益。

（二）完善土地征收制度

总结试点经验和好的做法，在缩小土地征收范围的同时，试点地区可先行探索制定土地征收目录，严格界定公共利益用地范围。结合农村集体资产股份权能改革工作，推进村集体经济组织完善规章制度，优化内部治理，以加快推进农村集体土地所有权、农村建设用地和宅基地使用权确权登记发证工作为契机，进一步明晰农村集体土地产权归属，完善集体产权权能，实现集体产权主体清晰。在土地征收、集体经营性建设用地入市、宅基地转让等重大事项开展过程中，实行充分的民主管理、民主决策、民主监督，形成产权明晰、权能完善、要素优配的以土地为核心的农村集体经济运营新机制。

（三）加快完善农村集体经营性建设用地入市制度

完善农村集体经营性建设用地产权制度，尽快明确能够入市的范围和标准，建立健全市场交易规则和监管体系，鼓励地方总结相关改革经验。在符合规划和用途管制前提下，率先对在土地利用总体规划和城乡规划中确定为工矿仓储、商服等经营性用途的存量农村集体建设用地，开展出让、租赁、入股等试点工作。结合地方成功经验，探索建立科学合理、各方兼顾的集体经营性建设用地增值收益分配机制。

（四）改革完善农村宅基地制度

尽快摸清各地宅基地总量、使用、闲置、转让等相关基础数据，建立国家宅基地信息数据库。完善宅基地权益保障和取得方式，探索总结针对不同问题和特点的有偿使用实现模式，完善农村宅基地权利登记制度，建立健全权属清晰、规则明确、自愿有偿、集约高效的宅基地管理制度，搭建宅基地流转交易平台，增值收益分配机制，保障国家、农民与村集体组织的合法权益。

二　形成完备的法律法规体系

（一）围绕土地承包经营期限修订相关法律法规

涉及农村土地承包经营期限的国家法律主要包括《农村土地承包法》和《土地管理法》两部。其中，《农村土地承包法》关于农村土地承包经营期限（耕地承包期限）为30年的提法，应修改为与党的十七届三中全会精神一致的"现有土地承包关系要保持稳定并长久不变"，从而给予土地承包经营者以更明确、更有力的法律保障，形成对土地权属关系的良好稳定预期。并且，《土地管理法》中明确规定，"农民集体所有的土地的使用权不得出让、转让或者出租用于非农业建设"，这与当前中央精神和农村土地改革方向明显不一致，类似的法律法规都应修订。同时，应以法律或文件的形式，明确和提升农村土地承包经营权确权登记颁证的法律效力，进一步明确在第三轮农村土地承包合同签订过程中，可能出现的承包价格大幅变动、原有农民不再转包等各种情况的法律规定和细化规则。

(二) 研究制定《土地利用总体规划法》

2008年实施的《城乡规划法》，主要是从城乡规划的制定、实施、修改和监督检查等方面进行规定的，其目的主要是加强城乡规划管理，协调城乡空间布局，促进城乡经济社会全面协调可持续发展，对于土地利用的具体规划实施没有详细说明。建议出台专门针对土地利用规范的法律法规，特别应对农村土地流转的规模、用途、方式、收益分配、监管等方面进行明确详细规定，以提高土地流转的规范性和有序性，保障农民的合法权益。

(三) 加快修订和完善其他相关法律法规

党的十八大以来，中央和相关部委出台了一系列涉及农村土地问题的文件办法，对推进农村土地制度改革、理顺农村土地产权关系具有非常重大的意义，如近年来的一号文件、《乡村振兴战略规划(2018—2022年)》、《关于引导农村土地经营权有序流转 发展农业适度规模经营的意见》、《关于认真做好农村土地承包经营权确权登记颁证工作的意见》、《关于推进农村一二三产业融合发展的指导意见》、《关于农村土地征收、集体经营性建设用地入市、宅基地制度改革试点工作的意见》等。但是，由于各类文件更具有改革精神和前沿探索性，相关国家法律及行政法规、地方性法规、规章办法等显得相对滞后，影响农村土地改革工作的深入开展。因此，应进一步完善法律法规，明确农民在农村土地流转中的主体地位，赋予农村土地完整的产权，给予并保障农民合法、自愿流转土地的选择权，为农村土地改革推进工作提供法律支持和保障。

三 完善农民土地流转的利益保障机制

(一) 建立城乡统一的土地交易市场

建立统一公开的城乡土地交易市场，并纳入政府公共资源交易平台，制定建设用地使用权统一交易目录，对城乡建设用地交易的信息发布、公开招投标、成交公示和交易管理等活动进行统一管理与监管，严格限制隐性交易和私下交易，加强监督检查和诚信体系建设。

结合当前实际情况，可先建立省内统一交易市场，逐步开展省际统一平台试点建设工作，条件成熟时，推出全国统一的土地交易市场平台。

(二) 完善对被征地农民合理、规范、多元的保障机制

保证农民自主自愿流转的选择权，农村土地流转始终要坚持依法、自愿、有偿原则，充分尊重农民意愿，政府不能越俎代庖，不能直接替农民做主。由相关部门制定统一的土地流转合同文本，培育农民的合同维权意识。建立县、镇、村三级土地产权纠纷调解机构，为农民权益维护提供法律援助等服务。尝试构建农村产权担保机制，降低转入土地业主因经营亏损对农民权益造成损害的风险。建立兼顾国家、集体、个人的土地增值收益分配机制，平等保护农民和农地流入业主的合法利益，合理提高个人收益。

(三) 深化财税体制改革

当前，政府向开发商或土地使用者一次性收取 40—70 年不等的土地出让金①，纳入政府型基金，使一些政府出让土地的目标变成获取土地出让收入最大化，难以有效发挥市场机制作用。应加快推进中央与地方财权事权改革，调整中央和地方收入划分，提高一般性转移支付规模和比例，适当"上移"部分地方政府基本公共服务事权，同时完善财政转移支付制度，减少地方财政对土地出让金和土地税金等土地收入的依赖。同时，开展配套的农村金融制度、社会保障制度、社会管理和公共服务体制等改革，充分发挥土地流转资金在完善社会保障制度、解除农民后顾之忧方面的作用。当然，2015 年以来，随着供给侧结构性改革提出降低企业成本等任务，以及近年来房地产市场高速增长的市场逐步消失，地方政府财政压力明显加大，政府债务问题较为突出，如何在减少地方政府对土地出让金依赖的同时，降低税负并增加公共支出，成为未来深化财税体制改革的重点和难点。

(四) 完善农村土地流转监管机制

严格限制成片土地的垄断开发，防止圈地炒地，然后高价转让土

---

① 住宅用地为 70 年，工业用地为 50 年，商业用地为 40 年。

地的行为。对不同规模流转土地实行逐级政府备案,每年调研检查农户土地流转台账情况。针对当前土地审批制度执行过程中存在的权力集中、程序繁杂、自由裁量权过大等问题,探索消减农用地转用的审批环节;探索实施从土地出让中提取一定比例作为社会保障基金,用于交纳被征地农民的社会保障费用;探索对公益性用地采用"以租代征"的方式,即政府以租借而非一次性买断的方式,每年根据物价水平和财政收支情况支持给村民租金;探索建立土地节约集约利用的考核评价,加大对闲置土地的处置力度,提高土地使用效率。

四 积极发挥专业社会机构作用

(一) 大力发展信息平台服务机构

落实 2016 年 9 月 14 日国务院常务会议关于加快推进"互联网+政务服务"的精神,探索实施各地网上政务服务平台面向公众和中介机构开放数据接口,从而形成中央与地方、城市与农村、国企与民企之间互联互通的土地承包经营权信息应用平台,有效降低农村土地流转的信息搜寻成本。进一步探索研究制定土地承包经营权登记业务系统与不动产登记信息平台的数据交换协议,逐步实现与不动产登记信息平台的信息共享。

(二) 营造民营中介机构发展的良好环境

通过法律法规的形式明确涉及农村土地流转中介机构的法人地位、机构性质、设立条件、经营范围、法律责任等事项,规范中介市场秩序。同时,加强政策引导,搭建服务平台,培育和支持农村土地流转中介组织发展壮大。

(三) 大力培育法律、咨询、评估、担保等中介服务机构

加强对土地承包合同签订的咨询服务,对承包合同丢失、残缺的,进行指导补签、完善。加强对农村土地流转的事先法律规范和事后纠纷调处,探索组建土地流转纠纷仲裁机构,依法调处土地流转中引发的各种矛盾与纠纷,保护农民、承包者、经营者各方的合法权益,促进农村土地顺畅流转。依托中介服务机构合理评估地租、地价,准确反映土地市场供求状况,帮助供需双方开展抵押、信贷、担

保等金融服务,有资格的机构还可以以土地为标的物,进一步开展土地信托、资金融通、土地保险等相关衍生服务。

主要参考文献:

[1] 刘守英、熊雪锋:《二元土地制度与双轨城市化》,《城市规划学刊》2018年第1期。

[2] 吴理财:《乡村振兴不是工业化而是农业化》,《中国农业大学学报》(社会科学版)2018年第3期。

[3] 宋洪远:《"三权分置"是深化农村土地制度改革的重要探索》,《农村工作通讯》2015年第3期。

[4] 张莉萍、王鼎:《二元经济转型视角下土地流转制度的变迁及其问题分析》,《商》2015年第41期。

[5] 张云华:《打破二元土地制度壁垒,打开制度通道,构建农村集体建设用地入市的制度框架》,《中国经济时报》2018年2月5日。

[6] 赖丽华:《基于"三权分置"的农村土地经营权二元法律制度构造》,《西南民族大学学报》(人文社会科学版)2016年第11期。

[7] 钱忠好:《农村土地承包经营权产权残缺与市场流转困境:理论与政策分析》,《管理世界》2002年第6期。

[8] 申兵等:《积极推进改革 降低实体经济用地成本》,《中国发展观察》2016年第10期。

[9] 许经勇:《我国城乡二元土地制度的负面效应与改革路径研究》,《东南学术》2016年第1期。

[10] 董祚继、田春华:《〈国土资源部关于推进土地节约集约利用的指导意见〉解读之一》,《中国国土资源报》2015年8月20日。

第三章

以降低农村融资交易成本为核心健全农村金融服务体系

　　金融是经济发展的血液和重要支撑。从资本有效供给和获取资金的难易程度看，农村经济总体上是资本短缺经济。造成农村资本供给不足的主要原因，除了农业劳动生产率较低、投入产出率较低、自我发展能力较差等之外，还与农村融资的交易成本过高密切相关。金融机构交易成本的构成和大小，是影响其市场行为的关键因素。本章从交易成本视角，将农村金融机构的交易成本进一步分解为融资成本、经营成本和风险成本三部分。农业生产和经营主体普遍存在生产规模小、贷款频率高、单次数额小、经营风险高等特点，造成融资、经营和风险三部分成本均高于城市金融机构，因而其总融资交易成本较高。基于此，在学习借鉴相关国际经验的基础上，明确以降低农村金融机构的交易成本为目标，以降低融资成本、经营成本和风险成本为重点，以强化农村合作组织建设、加大政策性银行支农力度、规范农村民间金融发展、完善农业保险体系、推进农村信用体系建设等为主要抓手，形成加快建立多层次、广覆盖、可持续的农村金融服务体系的政策建议。

2018年中央一号文件在提出实施乡村振兴战略的基础上,再次强调要"引导更多金融资源支持乡村振兴","把更多金融资源配置到农村经济社会发展的重点领域和薄弱环节"。事实上,自1983年以来,中央已有19个一号文件反复提到要大力发展农村金融,解决农民贷款难问题。但总体上看,农村金融仍是我国整个金融体系中最薄弱的环节,农村不断增长的资金需求与农村金融资源供给不足的矛盾仍然非常突出,城乡资本要素平等交换难以实现。除去我国长期实行偏向城市和工业发展战略等制度因素外,农村金融机构交易成本过高是这一问题难以得到有效解决的关键原因。

第一节 金融机构交易成本相关概述

交易成本是经济活动中为界定和维护交换双方的权益而必须支付的一笔费用,它是生产要素资源能否实现最优配置的关键因素。从交易成本的视角,同时结合商业银行贷款定价理论,可将农村金融机构的交易成本分为三部分,即融资成本、经营成本和风险成本。

一 农村金融相关理论概述

作为农业发展的重要支撑,学者们对农村金融的相关研究较多,本书从农村金融存在的主要问题、造成农村金融供求失衡的主要原因以及破解农村金融问题的对策建议三个方面进行论述。

(一) 关于存在的主要问题

从总体看,学者们普遍认为,我国的农村金融体系规模小、效率低,金融供给与需求总量缺口较大,存在着较为严重的供求失衡问题,并且这一矛盾随着城乡差距的扩大日益凸显(马晓河2003等)[1]。农村存款外流现象普遍存在,且中部农村较东部和西部更为

---

[1] 马晓河:《对低收入者和高收入者之间的收入不平等程度分析》,《管理世界》2003年第9期。

严重（周天芸 2018）①，经济进入新常态使农村金融发展面临更多困难（黄成 2016）②。农村金融市场普遍存在中低收入农户获取信贷难度较大的问题（张承惠 2017）③。金融机构在开展农村金融业务时，面临着信息和成本障碍、抵押担保障碍、针对农户服务的组织机制难以建立、农业项目低回报和长期性与资本逐利性之间存在矛盾等问题（何广文 2018）④。

从结构性问题看，一些学者认为，我国农村长期存在着正规金融和非正规金融并存的二元结构（黄祖辉 2009 等）⑤，农村民间金融包括民间借贷、私人钱庄、合会、民间集资以及其他民间借贷组织等（郭沛 2004）⑥，是我国经济体制转轨过程中的内生性金融制度安排（张庆亮 2001）⑦，同时，农村金融监管力量严重不足（王曙光 2016）⑧，且农村地区、监管部门和现代金融体系对新型农村金融机构存在着"排异"（周立 2016）⑨。还有一些学者认为，农村正规金融与非正规金融存在着替代关系，正规金融主要在满足生产发展方面，非正规金融主要用于应对非生产性应急事件和收入大幅波动的不利影响（赵振宗 2011）⑩。

（二）关于农村金融供求失衡原因

大多数学者从体制机制角度开展研究，认为农村金融受到了来自政

---

① 周天芸：《金融扶贫、存款外流与农村金融困境》，《金融发展研究》2018 年第 4 期。
② 黄成、张荣：《新常态下农村金融发展困境与突破》，《新金融》2016 年第 11 期。
③ 张承惠、郑醒尘：《农村金融发展趋势》，《中国金融》2017 年第 23 期。
④ 何广文、刘甜：《基于乡村振兴视角的农村金融困境与创新选择》，《学术界》2018 年第 10 期。
⑤ 黄祖辉、刘西川、程恩江：《贫困地区农户正规信贷市场低参与程度的经验解释》，《经济研究》2009 年第 4 期。
⑥ 郭沛：《中国农村非正规金融规模估算》，《中国农村观察》2004 年第 2 期。
⑦ 张庆亮：《转轨经济中的民有金融及其制度分析》，《南京经济学院学报》2001 年第 6 期。
⑧ 王曙光、杨敏：《农村供给侧结构性改革与县域农村金融创新发展》，《农村金融研究》2016 年第 7 期。
⑨ 周立、李萌：《放宽农村金融准入后的金融排异和金融普惠》，《福建农林大学学报》（哲学社会科学版）2016 年第 4 期。
⑩ 赵振宗：《正规金融、非正规金融对家户福利的影响——来自中国农村的证据》，《经济评论》2011 年第 4 期。

府、金融机构及外部环境等的多重压力（谢平 2001）[①]，处于过度管制状态，市场准入门槛过高，导致农村金融市场高度垄断，现行的农村金融市场制度体系是政府、金融机构相互博弈的结果，作用直接利益相关者的农户难以参与博弈，从而使得农村金融市场制度存在天然缺陷（杜彪 2007）[②]。

也有一些学者从金融机构的视角进行解释，认为由于农村信息不对称问题较为突出，金融机构为了规避逆向选择和道德风险，对没有把握的农户群体就采取少放贷或者不放贷的策略，从而减少了农村金融的供给（任常青 2016 等）[③]。马晓河（2003）等学者则认为[④]，我国农村金融在供给和需求两方面都存在抑制现象，供给方面表现为供给主体少、资金总量少、经营网点少，需求方面表现为货币化程度低、贷款难贷款贵等。

（三）关于政策建议

一些学者认为，需要健全农村组织体系，完善农村信用环境，健全风险补偿机制（于辉 2007）[⑤]，不同地区农村金融需求抑制情况差异较大，需因地施策（杨德勇 2016）[⑥]，政府必须调整涉农金融机构的功能定位，提高农村金融服务质量，建立政府监管、行业自律、机构内控和社会监督的四位一体、分工明确的监管体系（张朝锋 2010）[⑦]。一些学者提出，"互联网＋"是农信系统实现转型发展的重要手段，运用 P2P、股权

[①] 谢平《中国农村信用合作社体制改革的争论》，《金融研究》2001 年第 1 期。
[②] 杜彪《关于我国农村金融制度变迁的思考——基于诺思的国家与制度变迁的理论视角》，《农业经济问题》2007 年第 10 期。
[③] 任常青、郜亮亮、刘同山：《中国城镇化进程中农民"三权"转让问题研究》，《格理论与实践》2016 第第 5 期。
[④] 马晓河、蓝海涛：《当前我国农村金融面临的困境与改革思路》，《中国金融》2003 年第 11 期。
[⑤] 于辉农、荣宏庆：《村金融功能缺陷的根源及化解途径》，《当代经济研究》2007 年第 12 期。
[⑥] 杨德勇、岳川、白柠瑞：《基于分形理论模型对京津冀地区农村金融差异的研究》，《中央财经大学学报》2016 年第 1 期。
[⑦] 张朝锋：《构建我国"四位一体"的农村金融监管体系》，《商业经济》2010 年第 15 期。

众筹等互联网金融的新业态新手段，可有效支持农村普惠金融发展（杜晓山 2015、汪小亚 2017）①。还有学者认为，乡村振兴战略对金融服务提出新的需求，要从需求侧进行创新，促进乡村新型经营主体的联合与合作，以及在此基础上的合作金融机制构建，通过互联网等手段加强农村金融的信贷可获得性等（何广文 2018）②。

一些学者针对农村民间金融提出建议，应建立正规金融和非正规金融之间的金融联结制度（高艳 2009）③，以"供给主导"为主、"需求遵从"为辅，解除双重农村金融抑制（马晓河 2003）④，充分利用互联网技术和信息技术推进农村金融转型（马九杰 2016）⑤，充分认识综合性合作社相对于专业性合作社的制度优势，将生产合作、供销合作、信用合作等有机地融合在一起，形成"三位一体"综合合作体系来发展农村合作金融（徐祥临 2018）⑥。

二 交易成本相关理论概述

（一）交易成本理论的提出和发展

最早提出"交易"这一概念的是美国制度经济学家罗杰斯·康芒斯。康芒斯在实践的、历史的和以实验为基础的研究中发现，新古典经济学对企业的理解有偏差。新古典经济学中的厂商理论完全忽略了企业内部的所有结构和过程，将其视为一个性质稳定不变的基本分析单位。由于新古典经济学坚持经济单位的"完全理性"假设，即在此假设中的企业能够以不受其他条件约束，实施最大化行为。因此，新古典经济学将分

---

① 杜晓山：《发展农村普惠金融的思路和对策》，《金融教学与研究》2015 年第 3 期。汪小亚：《新型农村合作金融组织案例研究》，《中国城市金融》2017 年第 7 期。
② 何广文、何婧：《农村金融转型发展及乡村振兴金融服务创新研究》，《农村金融研究》2018 年第 12 期。
③ 高艳：《农村非正规金融契约实施问题研究》，《南京财经大学学报》2009 年第 3 期。
④ 马晓河、蓝海涛：《当前我国农村金融面临的困境与改革思路》，《中国金融》2003 年第 11 期。
⑤ 马九杰、吴本健、郑海荣：《政府作用与金融普惠：国际经验及中国改革取向》，《福建农林大学学报》（哲学社会科学版）2016 年第 4 期。
⑥ 徐祥临：《靠"三位一体"形成脱贫攻坚内生动力》，《人民论坛》2018 年第 3 期。

析的重点放在产品价格、消费者偏好、要素供给条件等外生条件的变化对企业的产出和定价行为的影响，以及由市场调整最终形成的均衡产量和价格上。康芒斯不满新古典经济学将经济关系只看作人与自然、与物的关系，他将交易视为"运行中的机构或制度的基本单位，犹如生物有机体是由细胞组成一样"①。

　　罗纳德·科斯接受了康芒斯关于"交易"的论述，进而认为交易活动是稀缺的，是有成本的，由此提出"交易成本"的概念，并将这一概念运用到对经济组织（主要是企业）的分析研究中。1937年，科斯在《财产权利与制度变迁》。一文中，提出了市场成本就是运用价格机制的成本这一概念，其所包含的内容就是交易成本的内容。科斯写道："利用价格机制是有成本的。通过价格机制组织生产的最明显的成本就是所有发现相对价格的工作。……市场上发生的每一笔交易的谈判签约的费用也必须考虑在内。"② 1960年，科斯在《社会成本问题》一文中，更加明确地提出交易成本的概念。在该论文中，科斯以《对市场交易成本的考察》为标题，进一步研究了交易成本与权利的界定对经济制度运行效率的影响，并对交易成本的内容做出更深入的界定。即为了进行市场交易，有必要寻找和发现交易的对象，有必要告诉他人自己交易的愿望和方式，有必要通过讨价还价的谈判缔结契约，并且督促契约条款的严格履行等，这些工作的成本常常是很高的。大体上讲，科斯认为市场交易成本应包括发现和通知交易者的费用、谈判费用、签订合同和保证合同条款履行的费用，以及检查监督的费用等。

　　奥利弗·威廉姆森在1975年出版的《市场和等级制》和1985年出版的《资本主义经济制度》两部著作中，论述他在科斯理论的基础上进一步扩展了对交易费用的分析。他从人的因素、与特定交易有关的因素以及交易的市场环境因素三个方面说明了市场交易成本产生的原因，并将合同方法作为分析交易的最基本方法。

---

① ［美］康芒斯：《制度经济学》，商务印书馆2006年版。
② ［英］科斯、德姆塞茨等：《财产权利与制度变迁》，上海三联书店、上海人民出版社1990年版。

阿罗的交易成本概念更具一般性，"交易费用是经济制度的运行费用"①。通过这个定义，阿罗将交易费用和制度选择最终融进一般均衡模型中。张五常在《新帕尔格雷夫经济学大词典》中写道："在最广泛的意义上，交易成本包括所有那些不可能存在于没有产权、没有交易、没有任何一种经济组织的鲁滨逊经济中，简而言之，包括一切不直接发生在物质生产过程的成本。"诺斯则进一步将人类的社会活动分为执行交易功能和物质转形功能两种活动。其中，花费于执行交易功能活动的耗费称为交易成本；花费于执行物质转形功能活动的耗费称为转化费用，即生产成本。

对交易成本的理解，可谓仁者见仁，智者见智。但学者们基本都认为，交易成本确实存在于交易活动中，是为界定和维护交换双方的权益而必须支付的一笔费用，它对企业的生产和管理方式、要素流动方向等都具有重要影响。

（二）科斯定理简述

虽然科斯本人从未将其理论加以总结形成定理②，但根据科斯的著作及从不同角度对科斯理论的表述，经济学家们将其理论划分为三个层次，或称三个定理。1966年，斯蒂格勒在《价格理论》一书中，首次将科斯在《社会成本问题》中表述的核心思想概括为"科斯定理"③。由于该书是一本大学教科书，科斯定理很快就被传播开来，在学术界的影响力大大加强。

科斯定理1："如果定价制度的运行毫无成本，最终的结果（指产值最大化）是不受法律状况影响的。"④ 这便是人们常常提到的：如果市场的交易成本为零，权利的初始界定与资源的最优化无关（即权利的初始界定并不重要），当事人之间总可以通过谈判达成使财富最大化的安排。

---

① 卢现祥：《现代西方新制度经济学》，中国发展出版社1996年版。
② 科斯本人在《论生产的制度结构》一书中曾说："科斯定理这一术语并非我的首创，我亦未曾对这一定理作过精确的表述。"
③ 斯蒂格勒把科斯定理的内容表述为："在完全竞争的条件下，私人成本和社会成本将会相等。"
④ ［英］科斯：《企业、市场与法律》，格致出版社1990年版。

科斯定理 2："一旦考虑到进行市场交易的成本……合法权利的初始界定会对经济制度运行的效率产生影响……我倾向于把交易成本为零当作对交易成本大于零的经济进行分析的道路上的垫脚石，以便进一步分析一个有正交易费用的经济，我的结论是，让我们研究交易成本大于零的世界。"①

科斯定理 3：在科斯的著作中没有对第 3 定理的直接表述，但它可以从第 1 和第 2 定理中推导出来。即在交易成本大于零的情况下，产权的清晰界定将有助于降低人们在交易过程中的成本，改进经济效率，这一结论又称为动态的科斯定理。也可表述为：如果市场因交易成本高不能实现资源最优配置，那么可以通过降低市场交易成本的方式达到市场配置资源的最优化。②

三　金融机构交易成本概述

根据科斯的理论可知，交易成本是市场生产要素资源能否实现最优配置的关键因素。长期以来，以国有商业银行和股份制商业银行为主体的正规金融体系，形成了城市和工业为导向的资金供给制度安排。这与我国农村的实际需求情况不匹配，从而出现"城市银行有钱贷不出去，农户缺钱却贷不到"的局面。为更好地分析资本要素在城乡间难以高效合理配置的问题，本章将从交易成本的视角，同时结合商业银行贷款定价理论，将农村金融机构的交易成本分为三部分，即融资成本、经营成本和风险成本③，以便进一步深入研究。

融资成本主要指金融机构在吸收存款时所支付的成本，是资金使用者支付给资金所有者的报酬，主要包括利息成本等。

经营成本是指金融机构从事业务所产生的费用，主要包括员工的薪金和福利、人员培训、办公室使用费用、业务履行及其他与业务相关的

---

① 科斯：《企业、市场与法律》，格致出版社 1990 年版。
② 吉余峰：《论西方经济学家对科斯定理的重构》，《中州学刊》1996 年第 2 期。
③ 西方商业银行贷款定价的一个主要模型便是由这三大要素组成的：贷款利率 = 筹集放贷资金的边际成本（即融资成本）＋ 非资金性银行经营成本 ＋ 预计补偿违约风险的边际成本 ＋ 银行预计利润水平。

费用。此外，它还包括保险费、外派访问费以及系统评估费等。

风险成本指金融机构为风险事故和预防、控制风险所支付的成本，主要包括信用风险成本（违约事件的发生）和市场风险成本（贷款企业的经营风险）等。

第二节 我国农村金融机构交易成本分析

由于历史传统、产业特征和制度安排等，与城市相比，农村金融机构的融资成本、经营成本和风险成本均较高，因而其交易成本高于城市金融机构。这也是多年来在中央政府大力支持、科技水平大幅提高、居民储蓄率保持在较高水平的情况下，我国农村金融始终供不应求、始终处于货币短缺状态的根本原因所在。

一 融资成本和经营成本较高

（一）农村金融需求特点导致经营成本较高

农村居民贷款存在频率高、额度小、抵押品少、时间性强、用途多样性等特点，金融机构不得不通过烦琐的贷款手续来甄别借款人类型，每笔小额贷款都要有同大额贷款相似的人力和物力支出。银行在审贷和放贷程序相同的情况下，小额贷款的单位成本和监督费用明显较高，进而边际利润下降，边际成本上升。相比城市金融机构，农村金融机构的经营成本会大幅度增加。

（二）金融监管政策存在"一刀切"，城乡差异化不足

当前的金融监管差异化措施仅体现在少数监管指标上。目前，监管的主要方式是按照对城市的大中型企业的授信特点来制定和实施的，银行为农村地区提供金融服务的积极性在客观上受到抑制。特别是，当前国有大型银行组织架构较复杂、管理层级较多，总行或省级分行往往控制着产品的开发。即使进行产品创新，其针对性和灵活性也无法满足农村的实际需求。加之其在信贷市场具有一定卖方优势，多数国有大型银行缺乏为农村地区提供金融服务和开展金融创新的内在动力。

（三）农村合作社内部管理不规范

农村合作社的产权关系模糊，财务制度不健全，影响了金融机构对其的评估审核。农村合作社财务管理能力较低，财务信息不透明，常常无法提供真实可靠的财务报表。尤其是一些小型的专业合作社，其经营思想和操作方式在很大程度上仍然以传统的粗放式管理为主，规章制度不健全，没有严格的财务管理制度，存在会计报表失真现象，影响了银行对其经营状况的评估。许多合作社确实也难以达到金融机构对其财务报表的审核标准。

因此，涉农类金融机构总体上经营成本比业务主要面向城市的银行要高，利润水平相对较低。从人均税后利润看，2017年，政策性银行的人均税后利润高达172万元/人，比股份制商业银行和城市商业银行的77万元/人和59万元/人高出很多。最低的全为涉农类金融机构，农村商业银行、农村信用社以及新型农村金融机构和邮政储蓄银行的人均税后利润分别为32.75万元/人、19.16万元/人和11.85万元/人，分别是政策性银行的19%、11%和7%（见表3—1）。

表3—1　　各类银行人均税后利润变化情况（万元/人）

年份	政策性银行	股份制商业银行	城市商业银行	农村商业银行	农村信用社	新型农村金融机构和邮政储蓄银行
2010	69.78	57.26	37.26	28.94	4.23	7.79
2011	87.96	72.11	48.42	32.94	9.95	14.50
2012	118.32	80.05	52.75	35.58	13.01	16.97
2013	146.23	80.89	58.94	37.64	15.39	16.80
2014	172.68	78.16	53.62	37.01	19.57	17.41
2015	184.60	83.82	53.86	32.05	17.97	18.38
2016	196.91	81.18	55.97	31.97	17.47	10.39
2017	171.95	76.86	58.87	32.75	19.16	11.85

资料来源：根据银保监会发布的各类银行税后利润和从业人数计算得出。

二 风险成本较高

农村金融机构风险成本较高,主要是三个方面造成的:一是农业生产过程中较高的自然风险成本,二是信息不对称导致较高的信用风险成本,三是产业高风险引发较高的市场风险成本。

(一) 农业自身生产特点导致自然风险较高

与第二、第三产业相比,我国农业是一个高风险、低收益的弱质产业。农村农田水利设施尚不完善,农业生产受自然条件影响较大,一旦遇到自然灾害,轻则减产减收,重则颗粒无收,自然风险较高。我国又是世界上自然灾害较为严重的国家之一,灾害种类多,发生频率高,分布地域广,造成损失大。特别是近年来,极端天气多发频发,三十年一遇、五十年一遇甚至上百年一遇的极端天气灾害如今有时一年会遇到好几次。粮食受灾面积占耕地面积的比重虽然从 2000 年前后的 40% 降至 2017 年的 14%,仍高于美欧等发达国家水平。特别是极端天气、流行病疫等的发生,在很大程度上影响了农业收入的稳定性。在我国农村普遍缺乏风险分散机制的情况下,农业生产的系统性风险必然会传递给农村金融机构,使其面临的风险成本增加。

(二) 信息不对称导致信用风险成本上升

信息不对称指交易双方中一方比另一方拥有更多的相关信息,从而对信息优势者的决策形成有利局面。由于交通条件差、远程交流工具少、信息传递不便,农村金融交易主体间往往存在较为严重的信息不对称现象。在农村金融市场中,资金供给方常常对借款人的真实贷款意愿、还款能力、资金运用等信息无法准确获知,而不完善的信用制度和财务体制也使得借款人难以向银行传递其所需求的证明信息。在农村金融领域,金融机构处于信息劣势,借款人拥有信息优势。借款人和贷款人之间的这种信息不对称,使得农村金融机构存在较高的信用风险成本。

为解决信息不对称问题,农村金融机构往往需要采取一系列措施来应对违约风险,如第三方担保、抵押、利率的风险升水等。但限于农村的经济环境,这些措施往往不能奏效。一方面,目前大多数农村居民并不能提供有效的抵押;另一方面,利率上升的风险使得那些有稳定预期但收益较低的农民不愿意接受贷款,最终导致提高贷款利率只能吸引那些有着较高风险的项目。此外,金融机构还需要对借款人的投资行为进行监控,在信贷发生后还要支付监督成本。而在农村地区,这种成本是非常高的,因为农村居民通常数量多、分布广,沟通和交流机制非常缺乏。这些无疑都加大了正规大型金融机构的信用风险成本。

由此可知,为了克服信息不对称导致的逆向选择和道德风险问题,金融机构需要支付大量的信息费用,融资合约成本巨大。当这种成本过高时,交易将无法进行。在现阶段,交易成本是银行考虑是否发放贷款的重要依据,这必将导致银行"惜贷"行为的产生。也就是说,解决借贷中信息不对称问题的办法,实际上恰恰增加了交易成本,影响了农村经济主体的贷款供给。不管是银行加强对风险和信息的甄别方法,还是提高农村经济主体贷款的门槛(严格的信用担保、信贷配给),都不利于农户融资。

(三)产业高风险引发的市场风险成本较高

一方面,由于农业生产客观上存在比较利益低、回收周期长、经营风险大等特点,各种投到农业的生产要素往往达不到社会平均利润率,导致农村居民潜在还款能力较弱;另一方面,稳定农产品价格的长效机制尚不健全,农业存在着较高的市场风险。由于农产品大部分是生命体,生产周期相对较长,存储运输成本较高。同时,农民组织化程度较低,在农产品市场上的话语权不足,在市场竞争中往往处于被动地位。一旦市场需求发生变化,农民将面临较大的收入风险。由于农村金融机构资产结构的单一性,在我国农村普遍缺乏风险分散机制的情况下,农业生产的系统性风险必然会传递至农村金融机构,使其贷款风险增大。

农业存在着较高的自然风险、信用风险和市场风险,从而导致其不良贷款率始终处于很高的水平。从行业对比看,2005 年,农、林、牧、渔业的不良贷款率曾高达 46.3%,远高于同期其他行业。经过几年改革,农、林、牧、渔业的不良贷款率快速下降,2010 年为 3.2%,但仍居全国 20 个细分行业之首。多年来,农、林、牧、渔业的不良贷款率始终处于各行业前列,2017 年又上升至 4.4%,排在批发和零售业之后,居细分行业的第二位(见表 3—2)。

表3—2　　　　　　　　分行业不良贷款率变化情况（%）

序号	行业分类	2010	2011	2012	2013	2014	2015	2016	2017
1	农、林、牧、渔业	3.15	2.35	2.35	2.27	2.64	3.54	3.57	4.40
2	采矿业	0.25	0.27	0.22	0.31	1.04	2.33	3.57	3.70
3	制造业	1.87	1.54	1.60	1.79	2.42	3.35	3.85	4.20
4	电力、燃气及水的生产和供应业	1.19	1.03	0.72	0.51	0.34	0.37	0.35	0.50
5	建筑业	0.77	0.66	0.57	0.50	0.72	1.39	1.67	1.80
6	交通运输、仓储和邮政业	0.97	1.09	0.82	0.68	0.52	0.58	0.54	0.70
7	信息传输、计算机服务和软件业	1.93	1.44	1.44	0.95	1.15	1.06	0.79	1.10
8	批发和零售业	1.56	1.16	1.61	2.16	3.05	4.25	4.68	4.70
9	住宿和餐饮业	3.01	2.56	1.89	1.27	1.47	2.26	2.68	3.40
10	金融业	0.30	0.21	0.21	0.12	0.21	0.19	0.13	0.30
11	房地产业	1.26	0.97	0.71	0.48	0.50	0.81	1.04	1.10
12	租赁和商务服务业	0.73	0.60	0.47	0.29	0.33	0.53	0.52	0.60
13	科学研究、技术服务和地质勘查业	1.88	0.93	1.05	0.68	0.66	0.80	1.12	0.80
14	水利、环境和公共设施管理业	0.39	0.33	0.19	0.11	0.08	0.12	0.16	0.10
15	居民服务和其他服务业	1.29	0.98	0.87	1.05	1.43	2.07	2.55	2.60
16	教育	1.64	1.62	1.20	0.89	0.58	0.46	0.42	0.50
17	卫生、社会保障和社会福利业	1.03	0.73	0.46	0.18	0.11	0.12	0.16	0.30
18	文化、体育和娱乐业	1.76	1.19	0.91	0.57	0.65	0.82	0.87	1.30
19	公共管理和社会组织	0.60	0.70	0.43	0.32	0.25	0.20	0.19	0.10
20	国际组织	0.00	0.00	0.00	0.00	3.80	0.00	0.00	0.00

资料来源：根据2010年以来中国银保监会每年的公报数据整理。

三 农村金融交易成本过高形成的主要问题

由于交易成本过高,资本要素总体上呈从农村向城市的单向流动,城乡资本要素价格差较大,从而进一步强化了城乡二元结构的矛盾,加剧了城乡资本要素的供给失衡,制约了全国统一资本市场的形成,削弱了宏观调控政策的作用。

(一) 强化城乡二元结构的矛盾

改革开放以来,我国一直实行的是"农业支持工业,农村支持城市"的发展战略,导致城乡经济社会发展的不平衡和二元结构的形成。虽然近年来我国已进入"工业支持农业,城市支持农村"的反哺阶段,但由于资本本身具有逐利性,如果不能有效解决农村金融交易成本过高的问题,则很难引导资本要素进入农村地区,反哺效果也将大打折扣。

在没有更为合理的制度设计情况下,这将导致农村地区资金供给和农民收入陷入恶性循环的境地。从资本供给面上看,形成了"低收入→低储蓄+金融资本流失→低资本形成→低生产率→低产出→低收入"的恶性循环;从资本需求面上看,形成了"低收入→低购买力→投资引诱不足+金融资本流失→低资本形成→低生产率→低产出→低收入"的恶性循环。这两方面相互影响,相互作用,最终形成农村地区的"贫困恶性循环"。这进一步削弱了农村资本自我积累的能力,制约对农业农村的投资规模,影响农民收入和消费水平的持续提高,最终导致城乡差距的进一步扩大。这不仅仅是一个影响全面建成小康社会的经济问题,更是一个有可能引发一系列群体性事件的社会问题。

(二) 加剧城乡资本要素的供给失衡

目前,我国城乡金融的运行体制、制度安排、支持政策等方方面面均呈现不均衡状态。以城市金融为主体的金融体制未能完全考虑城乡金融发展的差异和特点,进行因地制宜的政策调整,从而加剧城乡金融失衡问题。城乡金融的非均衡性迫切要求差异性的城乡金融政策来加以弥补。除了偏向城市工业化的金融制度安排因素外,天生具有逐利性的资本本身也具有强烈逃离农村的倾向。在农业产业结构转型升级的关键时期，资本要素的供给不足将导致农村产业结构调整困难、先进技术难以引进、基础设施环境难以改善等众多问题。必须改变当前农业金融机构交易成本过高的局面，通过政策性引导和市场化行为解决较为严重的城乡金融失衡问题。

（三）制约全国统一资本市场的形成

建立一个统一开放、多元竞争的农村金融市场对农村经济发展具有重大意义。当前，农村金融供给主体较少，农发行属政策性银行，四大国有银行和大部分商业银行在农村金融领域投入较少。由于缺乏金融机构之间的充分竞争，农村金融市场上的卖方市场特征明显，导致农村金融机构的创新意识不强，创新动力不足，农村金融市场的活力不够，形成农村金融机构低下的服务效率和经营管理水平。这种发育不完全的农村金融组织体系，不仅不能为农民提供全方位、多品种、高效优质的金融服务，反而容易使弱势农民在贷款对象限制、贷款准入限制、贷款额度控制等方面遭遇信贷服务的歧视。

（四）削弱宏观调控政策的作用

财政补贴和金融支持等政策是政府宏观调控意志的体现。一般而言，在能够长期得到政府财政和投融资大力支持的项目与领域，社会资本也会跟进。但在我国农村金融市场，由于商业性金融机构的"少为"、政策性金融机构的"难为"和农村信用社的"无力为"，财政资金对社会资金"四两拨千斤"的引导作用被极大削弱，社会资本进入农业领域开展实体生产的动力明显不足。同时，由于信贷资金不配套和金融机构惜贷等行为，财政投资的一些农业项目因缺乏配套信贷资金而成为"半拉子"工程，一些优惠补贴也难以落到实处。

第三节 降低农村金融交易成本的国际经验

由于产业自身特点，农村金融机构的交易成本明显高于城市。从国际经验来看，无论是发达国家还是发展中国家，对农村金融的政策体系安排都与城市金融明显不同。为降低交易成本，促进资本以合理价格流向农村，各国政府在强化农村合作组织建设、加大政策性银行支农力度、规范农村民间金融发展、完善农业保险体系、推进农村信用体系建设等方面做了大量工作。特别是随着"互联网+"的快速推广，互联网金融已成为越来越多国家在破除城乡资金流动障碍方面的新思路和新选择。

一 通过政策性补贴降低利息成本

由于产业的弱质性，农业生产吸引资金的能力较弱，政府对于农村金融进行支持的作用和意义就越发凸显。现实中，各国政府对农业金融的支持主要有两个渠道：一是通过政策性金融机构直接提供信贷资金，二是向政策性金融机构以外的其他支持农业发展的相关机构提供补贴、税收优惠、担保等。

（一）美国的农业政策性金融

美国的农业政策性金融信贷机构主要包括农民家计局[①]、小企业管理局[②]、商品信贷公司、农村电气化管理局等。主要任务是稳定国内商品流通领域的农产品价格，实现政府的农业政策目标，提高农民收入，办理具有社会公益性质的农业项目投资，如投资于土壤改良、基础设施建设、兴修水利、灾害补贴等。

政策性金融所提供的贷款具有利率低、期限长等特点。这些机构利用政府提供的资本金、预算拨款、贷款周转资金和部分借款，办理商业金融机构和其他金融机构不愿意提供的政策性贷款，如救济受灾农民贷款、农民创业贷款、农村社区发展的长期福利贷款，以及对农

---

① 前身是农业重振管理局，该机构不以营利为目的，旨在帮助贫困地区和低收入的农民解决资金短缺问题，其借款人主要是那些无法从商业银行和其他农业信贷机构贷到款的农业从业人员。近年来，农民家计局也成为美国政府贯彻实施农业政策的主要工具。如美国政府为了合理利用农业生产资源，通过农民家计局对农场主发放兴修水利和土地改良贷款，期限可达40年之久。到20世纪90年代，农民家计局在各州、县设立的办事处已达1700多个，有力地支持了农业发展。

② 该局专门为不能从其他正常渠道获得充足资金的小企业提供融资帮助，资金主要来源于国会拨款的周转基金和收回的贷款本息等。小企业管理局对小农场的贷款是与农民家计局分工协作的。如果小农场借款人经济状况不好且贷款额度小，则由农民家计局提供资金支持；当小农场借款人经济地位得到改善后，其更多的贷款需求则由小企业管理局提供。

产品提供价格支持的抵押贷款等,从而有效地解决农业投入资金不足的难题。

(二) 日本的农业政策性金融

日本最主要的农业政策性金融机构是农林渔业金融公库。公库是日本政府根据 1952 年公布的《农林渔业金融公库法》设立的,主要把资金用于土地改良、造林、建设渔港等基础设施的融资,同时也用于农业现代化投资、农业改良资金的融资以及对国内大型农产品批发市场建设投资等。与我国农业发展银行相比,其业务活动主要有三个特点:一是专办长期低利贷款。公库贷款期限最长可达 45 年,最短 10 年,并且贷款宽限期除水产加工等少数为 2 年外,一般都为 3 年,长的甚至可达 10 年。二是贷款利率低。公库的贷款利率虽会因贷款种类和工程性质有不同的规定,但总体来看,要比普通金融机构的利率低 1%—5%。三是开展委托代理。由于日本农协组织非常发达,公库贷款一般不直接面向农户,而是委托农协组织代办,并支付一定的委托费。同时,公库还承担着农业现代化资金、农业改良资金、农业经营改善资金和灾害资金等方面的政策性贷款任务,并对农户购买肥料、农药、饲料等农业用品以及日常生活开支等投放短期的专项资金贷款。

2008 年,日本政府依据《日本政策金融公库法》对政策性金融体系进行改革,成立了株式会社日本政策金融公库,统合了原有的国民生活金融公库、农林渔业金融公库、中小企业金融公库和国际协力银行的国际金融部分。改革后,日本政策金融公库成为日本唯一的政策性金融机构,原有的农林渔业金融公库演变为日本政策金融公库的农林水产事业部。

(三) 印度的农业政策性金融

作为农业大国和发展中国家的印度,最主要的农业政策性金融机构是国家农业和农村开发银行与地区农业银行。成立于 1982 年的国家农业和农村开发银行,是印度最高一级的农业金融机构,为印度储备银行和印度政府所有,主要是向土地开发银行、邦合作银行、商业银行和地区农村银行拆借贷款,并由这些机构转贷给农民借款人。贷款期限多为中长期,一般多面向诸如兴修水利、推广使用农业机械、土地开发等较大的农业基本建设项目贷款。与日本的农林渔业金融公库类似,印度的国家农业和农村开发银行不与农民借款人发生直接信贷关系。同时,它有权监督和检查农村信贷合作机构、地区农业银行的工作,并资助商业银行开展农村信贷活动。

地区农业银行是印度政府根据1976年颁布的《关于建立地区农村银行法令》所设立的,分支机构达14000多家。该银行不以营利为目的,主要向生产急需的贫穷农民提供贷款,并且贷款利率不高于当地信用社的贷款利率。此外,除参加与农业直接有关的贷款外,地区农业银行还提供贫穷农民经常需要的消费性贷款。目前,地区农业银行已成为不发达地区贫穷农民直接获取信贷资金的主要渠道。

二 鼓励合作性金融发展,降低经营成本

农村合作金融主要通过社员入股的形式筹集资金,也可由政府资助。合作金融机构在发展过程中,都得到了政府在财政和优惠政策等方面的大力支持,因此具有利率较低、贷款条件较为宽松等特点,有效地降低了农村金融的经营成本。

(一) 美国的农村合作金融体系经历了由政府主导向市场化运作的转变

美国的农村合作金融最初是在政府指导下,由政府出资建立并逐步完善起来的。但随着体系的发展成熟,政府资金逐步退出。美国的农村合作金融体系在构成上由联邦土地银行、联邦中期信贷银行以及合作社银行三个独立的体系联合组成,它们之间是平行关系而非上下关系。

美国《农业信用法》明确规定,农村合作金融在运行中要坚持民主自治的原则,以为农民服务为宗旨。农村合作金融组织不是政府部门的职能管理机构,而是由广大农民在自愿的基础上通过联合建立起来的群众性经济组织,只有农民才能成为这种组织的正式会员。合作社的管理和运营主要依靠社员、董事会、总经理和雇员四类人。其中,社员大会选举产生董事会,董事会招聘总经理,总经理雇用各业务部门雇员,最后由雇员为社员提供服务。

(二) 日本主要的农业合作金融是农协系统

农业协同组合（以下简称农协），是依据日本政府1947年颁布的《农业协同组合法》而建立起来的农民合作组织。农协的发展历史最早可追溯到明治维新后出现的由农民和手工业者自发组织的、从事产品和生产资料的、生产资金相互融通的"同业组合"。日本农协采取三级组织体制，即在市、町、村设立基层农协，在都、道、府、县以基层农协为团体会员组成县级联合会，在中央由县级联合会会员组成全国联合会。这样农协就从地方到中央形成一个组织系统，把农民全部纳入其中，覆盖所有的农村地区。

日本农村信贷业务主要依托农协来完成。最基层的市、町、村一级，不以营利为目的，主要是为农户办理吸收存款、贷款和结算性贷款，可直接向农户发放农业信贷资金，同时兼办保险、供销等其他业务。中间层都、道、府、县一级的主要金融机构是信用农业协同组合联合会（以下简称信农联）。作为农协系统的中层机构，信农联在基层农协和农林中央金库之间起到桥梁和纽带作用。信农联主要为其所属会员即基层农协服务，负责对各基层农协之间的资金余缺状况进行调节，并指导基层农协的工作。信农联的资金主要源于基层农协的上存资金，发放的贷款主要用于满足辖区内农协的需要和农、林、渔业相关企业的需要。最高层是中央一级，称农林中央金库，是农协系统信用部门的最高层机构，它在全国范围内对农协内部资金进行融通、调剂和清算，并按国家法令营运资金，指导信农联的工作，并为其提供咨询。农林中央金库可对会员办理存款、放款、汇兑业务，并且代理农林渔业金库（政策性金融）的委托放款和粮食收购款。其资金主要用于信农联贷款，同时也向化肥、农业机械等大型农业关联企业发放贷款。农协三级组织均独立核算、自主经营。

(三) 印度的合作金融机构主要有两类

一类是信贷合作社，主要提供农业中短期贷款。另一类是土地开发银行，主要提供农业长期贷款。信贷合作社主要面向农民提供低利率信贷，大体包括三个层次。一是初级农业信用社，这是农村信贷合作社的基层机构，主要向社员提供一年内的短中期贷款，利率较低。二是中心合作银行,这是中层信贷合作机构,其经营活动限于某一特定区域,主要向由农民组成的初级农业信用社发放贷款,以解决其成员（初级农业信用社）资金不足的问题。三是邦合作银行,这是合作信贷机构的最高形式,其成员为邦内所有的中心合作银行,资金主要来源于从印度储备银行取得的中短期贷款,以及吸收的部分个人存款,再向成员提供资金,以满足其信贷需求。土地开发银行是为了适应长期信贷的需要而设立的金融机构,主要为农民购买价值较高的农业设备、改良土壤、偿还国债和为赎回抵押土地等提供信贷。

三 完善多层次担保体系,降低风险成本

农业保险是市场经济条件下保证农业现代化发展的重要支柱之一。通过建立完善的多层次农业保险体系,可有效降低农业风险,稳定农民收入,从而降低农村金融的风险成本。同时,农村信用体系的逐步完善,也会有效促进资本要素向农业农村流动。

（一）美国农业保险发展历史悠久,市场化程度较高

美国的农业保险最初由私营保险公司提供,但由于农业保险风险巨大,经营农作物保险的公司均以失败而告终。为帮助农民有效规避生产风险,1938年,美国政府颁布《联邦农作物保险法》,制定农作物保险计划。经过80年的发展,已形成较为完备的农作物保险体系：风险管理局（联邦农作物保险公司）作为政府机构并不直接参与农业保险业务,主要任务是农业保险的推广和教育,对私营农业保险公司经营的农业保险业务提供财政支持,对投保人提供保费补贴等。私营保险公司则通过政府在保费补贴、费用补贴、再保险和赋税上的支持,开展农业保险经营活动,具体实施政府的农作物保险计划。此外,为了提高农业保险的参保率,美国政府还将农业保险的保费补贴和其他农业财政支持捆绑在一起,对农业保险实行事实上的强制参加。美国农业保险体系已成为政府补贴农业的一个重要渠道。

2014年年初,美国通过了《新农业法》,在减轻财政赤字压力的同时,加大风险管理,注重农业可持续发展,标志着美国的农业保障由直接补贴时代向农业保险时代的转变。相比于原农业补贴政策,新政策有

几大调整：一是取消直接补贴和反周期补贴，取而代之的是价格损失补偿计划和农业收入风险补助计划。二是农作物保险的范围扩大到蔬菜、水果、花卉苗木、水产养殖、草坪草、糖浆等作物，建立了永久性的牲畜灾害援助项目。三是将原有的23个自然资源保护项目整合为13个，通过精简项目、采取更加市场化的手段等方式，提高项目资金使用效率。四是对退休农民转让农场进行补贴，对新进入农民给予农作物保险扶持。五是加大农业研发投入力度。

（二）日本自然灾害频发，使其对农业保险非常重视

"二战"后，为稳定粮食供应、提高粮食自给率及降低国内粮食价格，日本政府于1947年将《家畜保险法》和《农业保险法》合并，颁布了涵盖农作物和牲畜保险的新法案——《农业灾害补偿法》。该法制定了强制保险与以系统合作组织为基础组织形式的农业保险制度，为日本现代农业保险奠定了基础。随着经济社会发展，日本农业保险险种数量不断增多，赔付标准不断提高，实施了更加精确的费率计算方法，研究出更为科学的损失评价方法，从而有效地提高农户防灾减灾能力。

从组织架构上看，日本农业保险分三个层次：第一层是村一级的农业共济组，以周围农民为会员，主要在当地经营农业保险，属于民间非营利性团体。第二层是道、府、县一级的农业共济组联合会，以该府（县）内的所有农业共济组为会员，向其分保并指导如何防灾减损。第三层是中央层面的农业共济再保险特别会，该组织主要经营农业保险的再保险，服务对象主要是联合会的相关业务。此外，日本还设立了农业共济基金会作为联合会的贷款机构。

同时，日本的信用保证制度也是有效降低风险成本的重要途径。信用保证制度是指授信人为减少和避免信用风险，确保信用清偿，或者在信用不能清偿时取得补偿而采取的防护措施所形成的条例和规定。农业信用保证制度是日本农村信用保险体系中综合性最强、规模最大的保障制度。专门成立的农业信用基金协会的主要业务活动包括：接受借款农民提出的委托债务申请，经审查同意，即通知贷款机构对此项贷款承担保证偿还责任。保证的额度可以是债务的一部分或全部，保证费由各基金协会按一定标准收取。农业信用基金协会的全国性联络机构是全国农

业信用基金协会协议会。

（三）印度农业保险不仅提供风险保障，还促进了信贷市场发展

1947年，印度粮食和农业部开始研究个体农业保险与同质区域保险在印度的可适用性。1961年，开展农业保险试点工作，主要对小麦、棉花、大豆和甘蔗的一切险进行承包，但由于资金缺乏，保险试点最终无法继续。1965年，印度提出一个农业保险法案，讨论了在强制保险基础上农业保险运行的可能性，同时还规定政府再保险等相关要求，但由于财政原因，项目并未落实。

1972年，印度正式开始实施农业保险。印度政府出面组织试办，具体业务由全国性保险机构印度财产保险公司负责，农业保险赔偿责任由中央政府和邦政府两级共同分担，印度财产保险公司承担75%，各邦政府承担25%。经营保险过程中产生的经营管理费用由政府负责。1985年，印度在全国范围内推行综合农业保险项目（CCIS），该项目采用区域保险方式，各邦自愿开展，农户自愿投保。CCIS一直持续到1999年，参保农户达到7000多万人，极大地化解了受灾农户的风险损失。2002年，印度成立农业保险有限公司，独家负责国家农业保险项目（NAIS）。该项目面向所有农户，要求贷款农户强制参保，非贷款农户自愿参保，参保农户均享受政府补贴。同时，承保险种进一步扩大，不仅涵盖所有粮食作物和油菜，还包括一年生园艺作物和经济作物。2008年，NAIS参保农户共有1亿多户，其中2/3为小农户。印度实施的这些项目重视农业保险与助农贷款的联系，不仅提高了农户参保的积极性，增加了农业保险的覆盖面积，还推动了农村金融在农业发展中的作用，促进农村反贫困政策的实施。

第四节　以降低交易成本为核心健全农村金融服务体系

科斯定理指出，如果市场因交易成本高而不能实现资源最优配置，那么可以通过降低市场交易成本的方式达到市场配置资源的最优化。根据这一理论，要把更多金融资源配置到农业农村的重点领域和薄弱环节，

更好满足多样化金融需求，就需要以降低农村金融机构的交易成本为目标，以降低融资成本、经营成本和风险成本为重点，通过强化农村合作组织建设、加大政策性银行支农力度、规范农村民间金融发展、完善农业保险体系等具体抓手，最终形成城乡统一、平等交换的多层次、广覆盖、可持续的农村金融服务体系。

一 强化农村合作组织建设

加大农村合作组织建设力度，将农村金融机构的放贷对象由单个农户转为农村合作组织。一方面，可以避免对一家一户的审核，减少人力、物力和时间投入，降低经营成本；另一方面，农村合作组织比单一农户的信誉度和信息公开程度要高，农村金融机构可更为有效地对其进行审核监督，降低经营成本。

（一）大力支持综合性合作社发展

世界上的农业合作社大体可以分为两类：一类是欧美型的专业合作社，另一类是东亚地区的综合性合作社。[①] 我国目前的农业合作社主要是专业合作社，主要指"在农村家庭承包经营基础上，农产品的生产经营者或者农业生产经营服务的提供者、利用者，自愿联合、民主管理的互助性经济组织"[②]。我国农村是熟人社会，专业合作社的社员彼此熟悉，其生产、生活信息较为透明，如果在农业合作社内开展金融业务，贷款的经营成本（监管成本）和风险成本无疑会降低很多。然而，由于当前我国走的是专业合作社的道路，农业生产经营与农村金融业务相分离。农村专业合作社主要解决农民生产、经营、销售等方面的问题，农村信用合作社则针对农民信贷开展业务，两者间不存在隶属关系，并且缺乏交流。这使得原本拥有信息对称优势的专业合作社社员，在面对农村信用社时，重新产生信息不对称的问题，推高贷款交易成本。

因此，可以探索集农业生产、供销、信用于一体的综合性合作社发

[①] 徐祥临：《综合性合作社将成为我国合作社发展的重要方向》，《中国合作经济》2007年第10期。

[②] 2017年12月27日第十二届全国人民代表大会常务委员会第三十一次会议修订的《中华人民共和国农民专业合作社法》。

展模式,将农民的生产、生活、融资等方面的活动整合在合作社内,将其信息对称优势最大化。通过综合性合作社的熟人社会网络,一方面,可以明确了解社员贷款的真实用途,确保借款原因与实际用途高度一致,社员不会轻易改变款项用途;另一方面,逾期不还钱在农村社会将被视为不诚信的表现,欠款农户将背负较高的精神压力和道德成本,从这个层面也可有效提高还款率。

(二) 健全规章制度,完善治理结构

规章制度是农村合作组织规范化、制度化的前提,也是合作组织长期生存的基础。相对于现代企业,我国农村合作经济组织运行较为松散,虽然都制定了章程制度,但规范程度不高,执行力不强,使制度虚设化、架空化,中小农户利益被侵犯的现象时有发生。因此,农民合作组织应制定科学规范的内部规章制度,完善组织治理结构。

坚持"民管、民办、民受益"的基本原则不变,确保农村合作组织不成为地方政府的附属机构。同时,建立科学严肃的按章办事制度,明确办会原则、服务宗旨、组织机构、入会条件、会员权利和义务等。健全组织机构,会员代表大会、理事会和监事会等组织管理机构要按规设立。同时,要规范财务管理制度、会员交纳会费制度、工作会议制度、项目责任制度和奖励制度等内部管理制度,提高会员的主体意识和责任意识。此外,引入外部监管机制,创新第三方监管模式,使第三方监管机构成为独立的监管力量,确保合作组织行为的合法性。

(三) 加强对农村一二三产业融合发展的金融支持

农村一二三产业融合发展既是促进农民增收、分享产业融合红利的重要方向,也是促进各类资本流向农业农村的有效途径。

支持金融机构增加服务供给。长期保持对农村金融机构执行较低的存款准备金率,加大金融企业涉农贷款损失准备金税前扣除政策支持力度。创新金融产品,开展产业链融资服务,简化项目审批手续,合理设计贷款期限,适当延长贷款期限。鼓励地方政府建立产业融合发展项目贷款的财政贴息和风险补偿金政策,延长贷款补贴优惠期限,降低贷款利率水平,取消附加费用。

拓宽融资渠道。鼓励社会资本参与农村产业融合发展,加大对涉农企业发行企业债、中小企业私募债、集合债等发债规模支持，探索符合条件的家庭农场、合作社发行集合债，积极引导私募股权投资基金、创业投资基金及各类投资机构投资产业融合项目，支持符合条件的企业在"新三板"上市。

完善落实农村信贷抵押担保政策。加快推进农村承包土地经营权、农民住房财产权、集体经营性建设用地使用权抵押贷款试点工作，探索创新利用量化的农村集体资产股权的融资方式。加强农村信用基础数据库建设，利用全国信用信息共享平台和金融信用信息基础数据库等，探索开发针对农业农村的信用类金融支农产品和服务。完善农村财产担保办法，鼓励各类担保机构提供融资担保和再担保服务，建立担保风险补偿金，支持龙头企业通过自身信用或产品订单为联结农户进行贷款担保。

二 加大政策性银行和商业银行支农力度

（一）发展乡村普惠金融，优化金融资源配置结构

强化中国农业发展银行的政策性职能，完善中国农业银行和中国邮政储蓄银行针对"三农"金融服务的体系建设，加大对乡村振兴的资金支持，调整贷款结构，加大中长期"三农"信贷投放力度，开办更多的涉农类金融业务。通过奖励、补贴、税收优惠、业绩考核等政策工具，引导大型商业银行开展乡村普惠金融，加强对"三农"金融的专业化服务供给，鼓励证券、保险、基金、期货等金融资源聚焦服务农业发展。鼓励中小型银行发挥地区优势，加强在乡镇的网点渠道建设和对服务"三农"融资模式的创新发展。

（二）完善相关政策，提高农村金融运行效率

加大政策扶持力度，加强正向激励。对发放农业贷款的金融机构给予一定贴息，由中央和地方财政按照一定比例分摊，落实县域金融机构涉农贷款增量奖励政策。制定对保险公司经营的政策性农业保险给予保费补贴和经营管理费补贴的规定，明确补贴的方式、品种和比例。

完善相关法律法规，明确金融机构的支农责任，建立持续有效的信贷投入机制。可探索根据存款规模、地域分布并遵循可持续原则，设定金融机构直接或间接投放"三农"资金的比例，减轻政策性银行的资金

压力。

加快建立分工合理、适度竞争的农业政策性金融运作机制。明确农业发展银行在农业政策性金融体系中的主体地位。重点支持粮棉油、信贷批发、农业综合开发、农村基础设施建设、农业再保险等业务。其他相关金融机构则依各自业务领域和实际情况，根据优势互补、互惠共赢的原则，从事或者代理相关农业政策性金融业务。完善中国农业银行和中国邮政储蓄银行"三农"金融事业部运营体系，加大"三农"金融产品创新和重点领域信贷投入力度，打造专业化为农服务体系。

（三）加大对农村基建和综合开发等项目的支持力度

由于农村基础设施建设多为中长期投资，资金投入大，回收周期较长，除财政拨款外，主要依靠政策性融资。农业发展银行应重点支持农村基础设施建设和农业综合开发等中长期项目，同时要与国家财政支持农村基础设施建设的资金有机结合起来，形成农村基础设施投入的长效机制，建好、管好、护好、运营好相关设施，促进城乡基础设施互联互通、共建共享。

三 引导农民合作金融健康有序发展

（一）加强对民间金融的科学监管和指导

围绕乡村振兴发展的核心宗旨，建立农村金融差异化监管体系。完善相关法律法规，合理确定民间金融机构发起设立和业务拓展的准入门槛。推动民间金融机构的信息公开和透明化管理机制建设，要求民间金融机构年度发布公司业绩情况。借用大数据、人工智能等互联网技术，加强对民间金融运行状况的监测，做好预警和分级预案工作。守住不发生系统性金融风险底线，强化地方政府金融风险防范处置责任。

（二）降低市场准入限制，培育多元竞争市场

农村民间金融长期存在的历史，一定程度上说明我国农村金融市场实际上存在多元化需求。国家干预路径下发展模式的推广，使得部分多元化的金融需求可以通过合法途径得以实现。因此，应建立符合实际情况的制度规范，进一步开放农村金融市场，降低社会资本进入门槛，增加村镇银行、小额贷款公司、农民资金互助社等新型农村金融机构数量。

打破垄断和歧视,鼓励模式创新和经营创新,逐步改变原有的农村金融体系模式,创新村镇银行设立模式,扩大覆盖面,建立新的多元竞争、高效快捷的农村金融体系。同时,完善中央与地方双层金融监管机制,强化民间金融机构内部的产权结构、治理机制和监督机制,切实防范农村金融风险。

(三) 大力发展"互联网+金融"模式

合理引导互联网金融、移动金融等新型金融科技与农村金融的规范发展,规范发展天使投资、非正式风险投资市场、私募股权机构等非正规金融,建立非正式融资网络。加大全国农村合作金融机构互联网综合金融服务平台的使用范围,整合农合机构资源优势,实现全国农合机构的资源共享、优势互补、协同发展。加强互联网农村金融的备案管理工作,制定相关机构业务活动监督管理制度,促进行业健康发展。

四 完善农业保险体系

(一) 增加农业保险有效供给

创新农业保险制度,规避逆向选择和道德风险。推广集体风险保险计划,将农户是否理赔与全县(乡镇)农作物平均产量挂钩,在平均产量低于保险产量时,农户自动得到理赔。灾害频发、风险较高的地区,可尝试由巨灾风险制度来代替农业保险制度。

完善农业保险有效运行机制,维护市场稳定。根据经济发展情况适时调整和完善农业保险相关规章制度,辅以投保及理赔程序等配套政策,优化农业保险流程,为农业保险顺利实施提供制度保障。鼓励各地分公司或子公司开设特色农业保险品种,探索开展重要农产品目标价格保险、天气指数保险等,支持地方发展特色优势农产品保险、渔业保险、设施农业保险,以满足不同群体的需求,提高保险覆盖率。加大监管力度,并及时公开投保标准、理赔项目、理赔结果等信息,确保投保到户、定损到户、理赔到户。

创新农业保险模式,提高风险保障水平。设立灵活的农业保险补贴标准,以满足不同农户需求。推动多种形式的农业保险试点工作,鼓励有条件的保险公司、地方开展天气指数保险、目标价格保险等,鼓励合作社、企业等新型经营主体开展互助保险，鼓励农业再保险。推动农业保险由保物化成本到保收入、保价格的转换，推动政策性农业保险与商业性农业保险结合。

（二）完善相关制度体系

提高财政补贴效率。构建多层次农业保险体系，协调各级政府、农户及保险公司间的利益，明确各方职责。通过各类支持政策引导国有保险公司、社会保险公司、有资质的专业保险中介和兼业代理机构进入农业保险市场，激发市场活力。创新农业保险模式，重点发展互助保险、价格保险、产量保险等，设立"低保费，广保障""高保费，高保障"等灵活补贴标准类型，满足不同地区不同农户的需求。探索建立农业补贴、涉农信贷、农产品期货和农业保险联动机制。

构建普惠性农业保险体系。对于关乎国计民生和对农户收入水平影响较大的作物、畜类等实施强制性保险。建立再保险机制，完善农业保险再保险法律法规，制定明确的制度规则。合理计算再保险保费价格和赔付标准，协调市场与行政手段，进一步完善包括政府资金、再保险、巨灾基金、巨灾风险证券化等多种方式的巨灾风险转移分摊机制。建设农业风险管理平台，构建有效的农业自然灾害风险管理综合防范体系。

（三）提高农户参保意识

发挥农村服务组织作用。我国小规模农户分布较为分散，可借鉴国外相关经验，积极发挥村集体、合作社或地方非营利性政府组织的作用，依托在农村广泛分布的农业技术推广站、农村信用社、邮政等机构，开展与农业保险公司的合作，低成本高效地推广农业保险。

提升小规模农户的生产风险意识。整合农村资源，重视农民生产和保险知识等的基础教育，重点培养新型农民和职业农民，发挥其在农业保险领域的带动作用。支持保险公司通过各种形式的宣传和讲座，增加农民风险意识，探索形成与政府、农户之间更紧密的利益联结机制。

主要参考文献：

[1] [英] 科斯、梅纳尔：《制度、契约与组织：从新制度经济学角度的透视》，经济科学出版社2003年版。

［2］［英］科斯、德姆塞茨等：《财产权利与制度变迁》，上海三联书店、上海人民出版社1990年版。

［3］宋洪远：《农村改革三十年》，中国农业出版社2009年版。

［4］卢现祥：《现代西方新制度经济学》，中国发展出版社1996年版。

［5］徐祥临：《乡村振兴呼唤合作金融发展壮大》，《中国合作经济》2018年第6期。

［6］张乐柱、曹俊勇：《农村金融改革：反思、偏差与路径校正》，《农村经济》2016年第1期。

［7］高晓光：《新型农村金融机构的脆弱性与可持续发展》，《管理世界》2015年第8期。

［8］李长健：《现实机理、适度竞争与农村金融监管》，《改革》2015年第7期。

［9］韩喜平、金运：《中国农村金融信用担保体系构建》，《农业经济问题》2014年第3期。

［10］余嘉勉：《农村金融贷款保险制度：创新与规制》，《农村经济》2018年第10期。

第四章

消除农村转移劳动力价格扭曲
强化乡村振兴人才支撑

马克思指出，劳动是创造社会财富的重要源泉。作为财富的创造者，劳动力是人类在生产过程中体力和智力的总和，是非常重要的经济资源和生产要素。与其他生产要素不同，劳动力具有思想感情，具有主观能动性，具有个体的差异化和个性化。劳动力要素的流动和配置，除受市场机制作用外，还受地域、情感等其他因素的影响。因此，对于农村劳动力的转移和流动，既要加强市场化导向，又要增强人文关怀。当前，我国存在较为突出的农村转移劳动力价格扭曲问题，这主要与多年来的城乡二元制度安排相关。由此形成了农村转移劳动力在中低端就业市场供过于求、向城市转移和生产生活成本较高、户籍制度及其所依附的各种公共福利差别较大等一系列问题，特别是农民工进城务工付出的情感成本越来越高的问题值得更加关注。本章在对农村转移劳动力价格扭曲现状和问题研究的基础上，结合国际相关经验和我国国情，提出以有利于劳动力自由流动和人力资源合理配置为原则，以破解城乡二元劳动力要素市场为目标，以推进农村一二三产业融合发展为契机，以建立城乡统一劳动力要素市场、加快户籍制度改革、完善低收入群体住房保障体系等为抓手的政策建议。

改革开放以来，农村转移劳动力为城市建设和经济发展做出重大贡献。但由于城乡二元制度的存在，农村转移劳动力价格长期扭曲，城乡劳动力要素报酬差距较大，农村转移劳动力和整个农业部门为此付出巨大代价。随着全面建成小康社会目标即将实现，以及"创新、协调、绿色、开放、共享"新发展理念的实践，打破城乡二元分割、建立城乡统一的劳动力市场已成为各界共识。因此，必须以有利于劳动力自由流动和人力资源合理配置的原则来深化劳动力要素市场改革，努力实现城乡劳动力要素平等交换。

第一节　农村转移劳动力价格扭曲概述

一　关于农村劳动力转移相关概述

改革开放前，我国农村劳动力转移的情况很少，相关研究是随着改革开放特别是农民工大量进城而逐渐活跃的。

（一）转移的主要原因

农村剩余劳动力转移是支撑我国几十年来经济持续快速增长的重要原因之一，关于转移的原因有多种观点，学者们主要从就业结构、城镇化、收入水平、社会保障等方面进行了研究。

一些学者认为，改革开放使得大量农村剩余劳动力得以向城市转移，并在更高生产率部门重新配置，这是经济发展的必然规律（蔡昉2017）[1]。1988年"价格闯关"改革使得之后几年内农产品普遍卖难，以及邓小平同志南方谈话后城市快速发展对劳动力需求大幅度增加，共同推动形成了20世纪90年代以来的农村劳动力大规模进城务工的打工潮（温铁军1996）[2]。与发达国家不同，农村劳动力不是从农民一步转为市民的，而是经历了从农民到农民工再到市民的复杂过程，并且市民身份的获得还有一定困难（张广胜2018）[3]。

---

[1]　蔡昉：《改革时期农业劳动力转移与重新配置》，《中国农村经济》2017年第10期。
[2]　温铁军：《农民工问题和新时期的劳资关系》，《中国社会保障》2006年第5期。
[3]　张广胜：《改革开放四十年中国农村劳动力流动：变迁、贡献与展望》，《农业经济问题》2018年第7期。

一些学者从城镇化角度，提出城市化、市场化和工业化是促进农业剩余劳动力转移的原动力（韩长赋 2006）①，农村与城市的工资差距和资源禀赋差距是影响农村劳动力转移的主要因素（杜鹰 1997、张平 1997）②，这与国民经济发展过程中的就业结构改变有关，同时还受到了城市化的影响（韩俊 1994）③。

还有一些学者从其他角度进行了研究，认为农村劳动力转移的最主要原因是经济收入，其次是性别、年龄和受教育程度（白云涛 2005）④，率先转移到城市的农村劳动力多为受教育程度和文化水平相对较高的单身年轻（赵耀辉 1997）⑤。

（二）转移过程中存在的主要问题

一些学者认为，二元户籍制度安排不利于农村劳动力流动，提高了劳动力在城市生活和工作的成本（蔡昉 2001）⑥，城镇在户籍管理、就业制度、社会保障、教育培训等方面均存在对农村劳动力的政策歧视（宋洪远 2002）⑦，人力资本分割和户籍分割是农村劳动力流动的主要障碍（李芝倩 2007）⑧，农村劳动力只是实现了流动，并未真正融入城市成为市民（熊凤水 2010）⑨，农民工对获取就业等信息的能力较弱（周捷 2008）⑩。

---

① 韩长赋：《中国农民工发展趋势与展望》，《经济研究》2006 年第 12 期。
② 杜鹰：《现阶段中国农村劳动力流动的群体特征与宏观背景分析》，《中国农村经济》1997 年第 6 期。
③ 韩俊、李静：《"民工潮"：中国跨世纪的课题——"民工潮"现象研讨会述要》，《中国农村经济》1994 年第 5 期。
④ 白云涛、甘小文：《江西劳动力转移的动态模型分析》，《企业经济》2005 年第 7 期。
⑤ 赵耀辉：《中国农村劳动力流动及教育在其中的作用———以四川省为基础的研究》，《经济研究》1997 年第 2 期。
⑥ 蔡昉：《劳动力迁移的两个过程及其制度障碍》，《社会学研究》2001 年第 4 期。
⑦ 宋洪远、黄华波、刘光明：《于农村劳动力流动的政策问题分析》，《管理世界》2002 年第 5 期。
⑧ 李芝倩：《劳动力市场分割下的中国农村劳动力流动模型》，《南开经济研究》2007 年第 1 期。
⑨ 熊凤水：《流动的象征边界——"平民型"农民工城市适应中的隔离状况分析》，《新疆社会科学》2010 年第 3 期。
⑩ 周捷：《河北省农村流动人口群体特征》，《经济论坛》2008 年第 10 期。

一些学者对相关企业行为进行了研究,认为政府和企业都存在对农村劳动力的歧视行为(杨松 2011)[1],企业侵权农民工问题依然突出,70%的农民工经历过工资被拖欠和克扣的情况(郑家喜 2007)[2]。

此外,还有一些学者从感情角度进行了调研,认为农村劳动力转移带来农村留守老人生活困难、孤独寂寞(梁萍等 2018)[3],留守妇女在劳动负担、夫妻情感、精神压力和权益保障等方面存在诸多问题(叶敬忠 2018)[4],随迁子女的教育特别学前教育和小学教育基础薄弱(刘燕 2018)等[5]。

(三)政策建议

学者们普遍认为,需要进行户籍制度改革,改变二元经济政策,为农村劳动力转移、农民工市民化等提供良好的环境。同时,促进城市化健康发展和稳定发展农村二者均不可偏废,都要加强(温铁军 2004)[6]。此外,需要健全职业技术培训体系,增强高等职业院校相关培训职能,增强转移劳动力获取就业信息的能力,刘易斯拐点之后的劳动力转移与城镇化速度放慢并不矛盾,可通过农村转移劳动力的市民化来达到提高劳动参与率的目的(蔡昉 2014)[7]。

许多学者都提出,要有力保护农村留守妇女和老人的合法权益,在乡村建立托儿、养老机构和活动中心等保障性公共服务机构,同时鼓励志愿者和社会工作者到村庄开展社工服务(马慧芳 2018)[8]。鼓励留守妇

---

[1] 杨松:《我国农村人力资本现状分析及政策选择》,《农业经济》2011 年第 5 期。
[2] 郑家喜:《湖北省农村剩余劳动力转移存在的问题与对策》,《宏观经济研究》2007 年第 12 期。
[3] 梁萍等:《农村劳动力转移背景下留守老人幸福感研究——以贵州省为例》,《湖北农业科学》2018 年第 12 期。
[4] 叶敬忠:《留守女性的发展贡献与新时代成果共享》,《妇女研究论丛》2018 年第 1 期。
[5] 刘燕、吕世辰:《农村劳动力转移与随迁子女教育需求探析》,《理论探索》2018 年第 4 期。
[6] 温铁军:《宏观调控和农村问题》,《中国改革(农村版)》2004 年第 11 期。
[7] 蔡昉:《对中国城镇化研究中若干统计数据的辨析》,《城市与环境研究》2014 年第 2 期。
[8] 马慧芳:《农村留守妇女发展困境之思考——以陕北地区为例》,《延安大学学报(社会科学版)》2018 年第 4 期。

女通过参与村"两委"竞选、参与乡村活动等方式,进入乡村振兴、村庄治理工作,发挥其作用(萧子扬 2018)①。通过加强户籍改革、教育改革,加大政府支持和社会关注,加强留守儿童学校教育、家庭教育、社区教育等方式,解决留守儿童和随迁子女在教育和心理等方面的问题(刘伟 2017,雷万鹏 2018)②。

二 价格扭曲相关理论

劳动力价格扭曲是指劳动力要素的实际报酬与应得报酬存在明显不符的情况,是劳动力市场非均衡状态的产物。马歇尔在《经济学原理》一书中提出了劳动力市场均衡价格理论。即劳动力价格既是反映各部门、各行业劳动力供求状况的信号,又是引导劳动力流动的方向标,在完全竞争的劳动力市场中,劳动力供给与需求均衡,不会出现劳动力短缺与低工资率并存的现象。但完全竞争的劳动力市场是有前提的。首先,劳动者是"自由人",即劳动者是自己劳动能力、人身自由的所有者。其次,劳动者可以自由流动,即不受任何体制制度安排等非经济因素的阻碍。此外,劳动者是"经济人",即劳动者在经济活动中是追求自身利益最大化的。在实际生活中,很难完全满足上述三个前提条件。因此,劳动力市场经常处于非均衡状态。

学术界对劳动力价格扭曲的研究主要始于劳动力歧视。诺贝尔经济学奖得主贝克尔在 1957 年出版的《歧视经济学》中指出,由于在劳动力市场存在种族、性别、宗教信仰等方面的歧视,完全相同的劳动边际生产力,无法获得相同的回报水平。20 世纪 60 年代,美国经济学家多林格尔和皮奥里提出了劳动力市场分割理论,指出由于社会和制度性因素的作用,劳动力市场形成部门差异,导致种族、性别和移民等不同群体在就业、工资、职位、福利和升迁机制等方面存在明显差异,即存在所谓的劳动力价格扭曲。1969 年,美国经济学家巴格沃蒂研究认为,由于存

---

① 萧子扬:《重视留守妇女在乡村振兴中的正向价值》,《中国人口报》2018 年 8 月 3 日。
② 刘伟:《城乡一体化背景下农村留守儿童教育问题研究》,《吉首大学学报》(社会科学版) 2017 年第 2 期。雷万鹏、向蓉,《留守儿童学习适应性与家庭教育决策合理性》,《华中师范大学学报》(人文社会科学版) 2018 年第 6 期。

在不完全市场经济环境，要素资源没有得到最优化配置，从而造成要素的市场价格与机会成本发生偏离，这种情况就是要素价格扭曲。之后的一些经济学家通过实证研究，论证了城乡二元劳动力市场之间确实存在阻碍劳动力自由流动的制度壁垒，使得劳动力价格在这两个市场之间存在扭曲。

价格扭曲的形成原因主要有两个。一是内生性扭曲。即在不完全竞争性市场中，由于存在垄断、信息不对称、外部性等引起的价格扭曲。二是政策性扭曲。即政府为了某些目标而对市场进行干预，导致要素市场的人为分割，从而形成价格扭曲。一些学者认为，劳动力价格扭曲造成的影响主要包括三个方面：一是使得劳动力要素不能得到最优配置，限制了资本吸纳劳动的能力；二是长期的劳动力价格扭曲必然会形成消费不足的问题，进而造成宏观经济失衡；三是农村转移劳动力价格长期偏低，延缓了城乡一体化进程，扩大了城乡差距。

三　我国农村转移劳动力价格扭曲的主要表现

我国劳动力要素市场的价格扭曲是在经济二元结构背景下形成的，是脱胎于传统计划经济体制时代的一系列制度安排的延续。从实际情况看，我国在劳动力市场的价格扭曲主要表现在三个方面，即城乡扭曲、行业扭曲和所有制扭曲。这些方面都与农村劳动力向城市转移密切相关。

（一）城乡扭曲

农村转移劳动力市场的城乡扭曲，最集中的体现就是城乡收入差距。城市与农村劳动力价格水平不一致，导致城乡收入差距多年来持续扩大。

改革开放初期，开展家庭联产承包责任制改革曾推动农民收入快速增长，20世纪80年代中期城乡居民收入比曾一度缩小至2倍以内。但随着我国城市建设和对外开放步伐的不断加快，加工贸易和城市基础设施建设等方面的快速发展，迅速扩大了对中低端劳动力的需求。在此背景下，大量农村劳动力集中进入城市务工。但由于供求市场关系和制度安排等方面的作用，进城务工人员与城市职工在收入水平上存在明显差距，形成越来越突出的价格扭曲现象，城乡收入差距不断扩大。2009年，城镇居民和农村居民的人均可支配收入分别为17175元和5153元，城乡居民收入比达到新中国成立以来历史最高的3.33。虽然近年来有所缩小，2017年降到2.71，但仍高于1996年的水平。同时，城乡收入的绝对差距多年来仍持续扩大，2017年城乡居民收入差距的绝对值已接近23000元（见图4—1）。

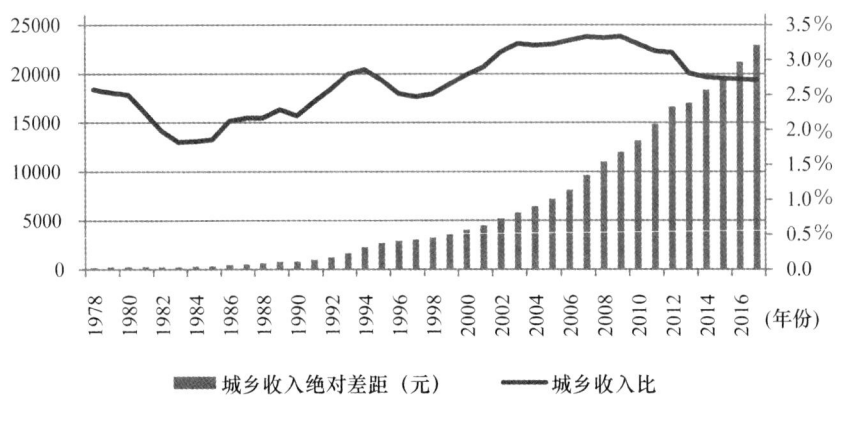

图4—1 城乡居民收入差距变化情况

资料来源：《中国统计年鉴》（2013—2018年）。

劳动力市场的城乡扭曲，还体现在社会福利和社会保障等方面。如城市居民享受的住房补贴、物价补贴等各种补贴和福利，都是农村劳动力所无法享有的。我国社会保障制度中的基本养老保险、医疗保险等也主要是针对城镇居民来设计的。如果把社会福利看作城市居民的隐性收入，城乡居民实际收入差距将比统计数据反映出来的差距更大。

（二）行业扭曲

劳动力市场的行业扭曲是指，由于劳动力市场的行业分割而造成的行业间同工不同酬现象。造成这种现象的主要原因是，存在行政垄断、自然垄断等不完全竞争的市场结构。无论是从全国范围还是从部分区域来说，行业间的工资差距都在不断扩大。

多年来，行业平均工资排前两位的都是信息传输、软件和信息技术服务业与金融业。2017年，这两个行业的平均工资水平分别约为13.3万元和12.3万元，分别是当年全国平均工资的1.8倍和1.7倍。同时，多年来平均工资水平排在最后两位的一直是住宿餐饮业和农林牧渔业。2017年,这两个行业的平均工资水平分别约为4.6万元和3.7万元,仅为当年全国平均水平的61.6%和49.1%。从最高和最低行业工资的差距看,平均工资水平较高的信息传输、软件和信息技术与金融业,与最低的农林牧渔业的比值始终在3倍以上,并且这种差距在2007—2011年间突破过4倍,绝对工资差距则从2003年的1.4万元持续扩大至2017年的近10万元(见表4—1)。

表4—1　2017年我国各行业就业人员平均工资情况(元)

序号	行业	平均工资
1	信息传输、软件和信息技术	133150
2	金融业	122851
3	科学研究和技术服务业	107815
4	电力、热力、燃气及水生产	90348
5	卫生和社会工作	89648
6	文化、体育和娱乐业	87803
7	教育	83412
8	租赁和商务服务业	81393
9	公共管理、社会保障和社会组织	80372
10	交通运输、仓储和邮政业	80225
11	批发和零售业	71201
12	采矿业	69500
13	房地产业	69277
14	制造业	64452
15	建筑业	55568
16	水利、环境和公共设施管理业	52229
17	居民服务、修理和其他服务业	50552
18	住宿和餐饮业	45751
19	农林牧渔业	36504
	全国平均水平	74318

资料来源:《中国统计年鉴2018》。

进一步将行业进行细分，工资水平排在前列的行业除计算机和软件业属于高新技术行业外，金融、电力、热力、教育等其他行业均存在不同程度的垄断。工资水平排在后面的则主要是农业、建筑业、纺织业、住宿餐饮等生活服务业行业。这正是农村劳动力进城务工主要从事的职业，这些行业整体工资水平大多处于全国平均工资水平以下。

（三）所有制扭曲

劳动力要素的价格扭曲还体现在所有制上。2017年，国有经济单位、集体经济单位和其他经济单位的在岗职工平均工资分别为8.1万元、5.5万元和7.1万元，分别相当于全国平均工资7.4万元的109.5%、74.3%和95.9%。可见，集体经济单位的工资水平远低于国有经济单位和其他经济单位，这种差距近年来有进一步扩大的趋势（见图4—2）。此外，即使在相同的行业，不同经济类型的工资水平也不相同。从所有制来看，农村转移劳动力显然很难进入体制内，获得工资较高的岗位。

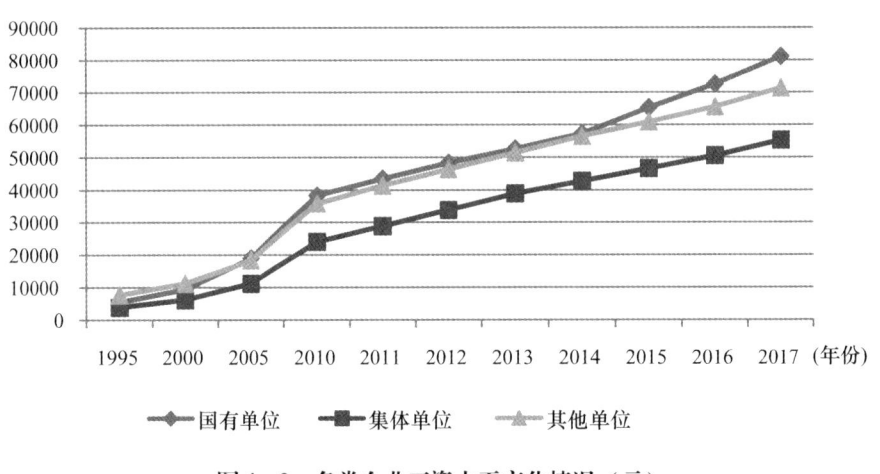

图4—2 各类企业工资水平变化情况（元）

资料来源：《中国统计年鉴2018》。

第二节 农村转移劳动力价格扭曲的原因分析

造成农村转移劳动力价格扭曲的原因是多方面的。从制约劳动力要素自由流动的视角看,既包括就业岗位集中在中低端形成供过于求,又包括户籍制度及其所依附的各种公共福利差别较大,还有农民工向城市转移和居住的成本升高、进城务工所付出的情感成本越来越高等原因。

一 城乡二元的人力资本投入导致农村转移劳动力综合素质相对较低,就业集中在中低端岗位形成供过于求

(一) 农村转移劳动力综合素质相对较低

城乡二元经济结构是许多发展中国家都曾出现过的情况,但由于各方面原因,我国的城乡二元结构问题远比许多国家更为突出。几十年来的工农产品价格剪刀差,基础设施城市优先,各种优质教育医疗资源向城市集中等政策导向,使得城乡劳动力在综合素质方面的差距越来越大。由于进入城市的农民工受教育程度相对较低,在劳动力市场的竞争力相对较弱,大多只能从事加工制造、建筑施工、物流安保、家政服务等技术含量偏低的岗位。而这些劳动密集型为主的岗位有限,农村劳动力大量集中进城务工形成供大于求的情况,从而使农村劳动力价格偏低。

(二) 中低端劳动岗位收入水平较低

改革开放以来,以加工贸易为主的出口导向战略强化了我国依靠劳动力成本优势,通过代工模式嵌入全球价值链的模式。但加工贸易主要承接的是劳动密集型的低附加值环节,在全球价值产业链条中处于从属地位。多年来,为了维持这一比较优势,我国通过一系列特定制度安排,人为地压低了农民工的工资,加剧了农村劳动力的价格扭曲程度。

二 城乡二元的基础设施建设投入导致农村基础设施落后,向城市转移和居住的成本较高

(一) 进城务工的交通和信息成本不断上升

农村劳动力在向城市转移过程中,会发生一系列费用。由于农民工收入较低,这些费用占其收入的比重较高,成为制约其在城乡间和不同城市间流动的一个重要因素。这些费用主要包括农村劳动力向城市转移过程中发生的交通费用、在城市找工作过程中所付出的中介费和培训费,

以及在城市生活所支付的餐费、住宿费、市内交通费等生活费用。① 近年来，随着高铁的普及、房价房租的快速上升，农村劳动力向城市转移的直接成本也快速上涨。

进城务工的交通成本随着高铁的普及而大幅上涨。火车是农民工进城和返乡的最主要交通工具，农民工这种"钟摆式"移民，形成全世界最大规模的春运景象。一方面，随着"高铁时代"的到来，铁路大面积提速，"绿皮车"在2010年前后逐步绝迹。对许多农民工而言，由于没有其他选择，只能"被高铁"，但票价比之前要高出3—5倍。事实上，相对于高铁比普通列车缩短的时间而言，大多数农民工更在意较比以前多支付的票价。以北京到合肥为例，当年的绿皮车硬座票价为66元，现在高铁二等座票价为436元，单人往返一趟就须多支出740元，相当于2017年农民工月均收入的21%。另一方面，春运期间"一票难求"的问题始终存在，一些农民工尤其是中老年农民工不会网上购票，甚至一些人不会用自动售票机和取票机，不得不被迫购买"黄牛"的高价票，进一步提高交通成本。

（二）房价和房租成本快速上升

高房价和高房租令农民工难以在城市真正落脚。近年来，一二线城市的房价一涨再涨，几万元一平方米的房价让想进入城市的农民工望而却步。三四线城市的房价也出现快速上涨情况，许多三四线城市房价几年之间翻了一番。2017年，我国农民工人均月收入仅为3485元。② 而相关调查显示，打工的月收入达不到5000元，即使在县城市购房仍有较大压力。同时，房价上涨也带动了房租的快速上涨。统计数据显示，近几年房租价格的上涨幅度，远高于农民工收入的增长速度。许多农民工为城市建设洒下了汗水和热血，十几年、二十几年的打工生涯使他们适应了城市的生活，特别是二代农民工更是向往在城市生活。但面对高房价

---

① 事实上，此处的生活费用应是农村劳动力在转入地与转出地之间生活费用的差额。但由于农村地区的生活费用相对较低，故本书用在城镇的生活费用代替城乡生活费用的差额。

② 2018年4月，国家统计局发布《2017年农民工监测调查报告》。报告数据显示，2017年我国农民工总量为28652万人，外出农民工人均月收入3485元，其中，东部地区务工的农民工月均收入最高，为3677元。

高房租的现实情况，他们最终不得不选择离开。

专栏4—1

2018年部分城市房租快速上涨　进城务工者压力猛增

　　2018年以来，全国许多城市房租暴涨。中国房价行情网数据显示，截至2018年7月，全国至少有包括北京、深圳、广州等在内的15个城市，房租同比涨幅超过20%，其中成都和深圳的同比涨幅超过30%。这还是平均涨幅数据。一些一二线城市部分地段的房租涨幅超过40%，个别房租十天之内暴涨200%。房租上涨速度远高于收入增长速度，特别是对于进城务工人员而言，在面对高房价无法实现买房落户愿望的同时，连继续留在大城市打工安家的可能性也在被高房租一步步击破。房租猛涨迫使许多打工家庭不得不搬到离城市更远的地方居住，给工作特别是孩子上学等带来较大问题。企业同样感受到高房价高房租的压力。2016年以来，以制鞋、家具为代表的低端制造业和以中兴通讯、富士康、华为等为代表的中高端制造业，纷纷从深圳搬离，或迁至广东其他地区，或向内陆地区搬迁，或停业关门。在这些企业的打工者，不得不面临举家搬迁或者失业的两难选择。

（三）就业面较窄，议价能力偏弱

农民工由于文化程度不高，劳动技能缺乏，就业渠道较窄，岗位选择余地较小，以从事二、三产业的建筑业、制造业、低端服务业等劳动强度较大的工作居多。同时，为节省找工作的中介费用，或由于干脆不清楚通过哪些渠道可以找到适合自己的工作，农民工获取工作岗位信息的重要渠道之一，仍是通过亲戚、老乡、朋友等熟人介绍进入城市务工，地缘关系起到很重要的作用。[①] 即使在信息网络已经较为发达的今天，也是如此。这使得农民工就业选择相对较小，与企业主谈判工资水平的议

---

① 2016年11月24日，江西省丰城电厂发生冷却塔平桥吊倒塌事故，在遇难的74名人员中，有22人为同一个县的，其中有10人为同一个村的，甚至有7人为同一个家族的。

价空间和能力较弱。

三 二元户籍制度及其所依附的各种公共福利，成为农村劳动力难以真正融入城市的根本原因

城乡二元户籍制度及其背后的各种公共福利，严重制约了城乡人口的合理流动，阻碍了城镇化的发展，拉大了城乡经济社会发展水平和贫富差距，成为造成社会不公平的一项制度性根源。一方面，受户籍制度、社保制度等影响，城市和农村两大劳动力要素市场被割裂。城乡之间缺乏直接、有效的联结与沟通，劳动力在城乡间的迁移受到诸多限制，迁移成本较高，难以实现自由流动基础上的平等交换。另一方面，农民工就业市场与城市自身的劳动力市场被割裂。进城务工的农民工群体，不但难以进入体制内企业，也难以进入对学历、综合素质有一定要求的其他企业。不同的劳动力市场在收入、社保、福利等方面存在明显差距，即使是在城市生活了多年、自认为是城市人的第二代农民工，同样难以实现就业岗位类型的改变和身份的有效融入。

目前，农民工市民化过程中存在较多问题：一是由于城镇公共服务供给能力不足，社保、教育、卫生和住房保障等公共服务难以有效覆盖大规模的农村转移人口。二是由于在同一城市，解决本市农民工在城镇待遇问题所产生的经济效益和社会效益，将内部化于本行政区，而解决外市或外省农民工的公共服务问题，将为其他地区"作嫁衣"。因此，在现有行政管理体制下，公共服务供给区域化和地方化的倾向使得农民工跨省流动、跨省市民化存在一定困难。三是中央与地方之间对农民工市民化的成本共担机制不合理，中央承担责任有限，地方财政压力较大，特别是在经济进入新常态，农民工集中流入地区的地方政府财政难以负担。四是随着农民工市民化的开展，一些地区的社会结构发生明显变化，而政府在制度性参与、利益保障、诉求反映等方面的制度建设工作明显准备不足。面对社会结构的变化，社会治理能力不适应、跟不上，也成为制约农民工进入城市工作、生活的一个重要因素。

四　农民工为在城市务工所付出的情感成本越来越高

情感是一种主观体验,是客观现实在人的内心世界的反映形式。我国传统上是一个讲究含蓄、情不外露的国家,情感问题隐蔽性强,也更容易被忽视。农民工背井离乡外出务工,由于往返交通费用较高、假期较短等,许多外出务工人员往往一年甚至几年才回一次家,给子女的教育、亲情的沟通、家庭的稳定等带来极大负面影响。并且,随着城乡间、地区间公共服务水平差距持续扩大和二代农民工的成长,由情感缺失造成的社会问题越来越多,农村留守儿童、留守妇女、留守老人问题越发凸显,已成为农村劳动力在选择是否进城务工时所考虑的一个越来越重要的因素。情感的特殊性,决定了劳动力要素与土地、资本、科技等其他要素有着本质不同。农村劳动力向城市转移所付出的情感成本,是很难用经济数据来体现和衡量的。

(一) 留守儿童负面影响正在显现

根据全国妇联调查,我国农村留守儿童数量超过6000万人[①],其中,57%是父母一方外出,43%是父母同时外出。"儿童进不了城,父母回不去乡"的无奈现实和由此引发的各种恶性事件频发。《中国留守儿童心灵状况白皮书(2018年)》显示,全国有约40%的留守儿童一年与父亲或母亲见面次数不超过2次,留守儿童对不在身边的父亲或母亲有明显的怨恨情绪,并且青春期逆反倾向提前至小学五年级,远早于父母都在身边的孩子。留守儿童正处于成长发育的关键时期,长期不在父母身边产生众多负面影响。一是人身安全问题。由于留守儿童多由祖辈或亲戚朋友照顾,监护人的安全防范意识较弱,留守儿童容易受到意外人身伤害,甚至成为不法分子拐卖侵害的对象。二是心理问题。留守儿童长期生活在缺少父母关爱呵护的环境中,容易形成内心封闭、情感冷漠、自卑懦

---

① 2016年11月,民政部发布的农村留守儿童摸底排查结果为902万人。之所以较之前的6000万人数量骤减,主要是与统计口径有关。之前对留守儿童的定义是"父母一方外出务工、不满十八周岁",2016年这次将留守儿童定义为"父母双方外出务工或一方外出务工另一方无监护能力、不满十六周岁"。本书认为,由统计口径造成的留守儿童数量骤减,并不能掩盖实际问题。

弱、冲动易怒、行为孤僻、缺乏爱心等问题，极易产生认识、价值上的偏离和个性、心理发展的异常。相关调研显示，八成犯罪的新生代农民工在幼年时期都有被留守农村无人看管的经历，这些已经给他们自身发展和社会发展带来较大问题。三是教育问题。留守儿童在学习方面缺乏父母的帮助和监督，加之农村学校受办学条件、师资力量、教学理念的局限与制约，针对留守儿童的需求提供特殊有效的教育和关爱明显不足，容易导致留守儿童出现厌学、逃学现象，成绩差、升学率低、综合素质不高等问题较为突出。

（二）留守妇女生活和精神压力较大

随着农村青壮年劳动力外出务工，一些未跟随丈夫打工的妇女就留在农村，成为留守妇女，形成一系列问题。一是劳动强度大。本应由夫妻双方共同承担的生产生活、子女抚养、赡养老人、维护人情关系等工作，全由留守妇女一人完成，劳动强度过大，容易造成身体健康受损。二是缺乏安全感，精神生活空虚。留守妇女一方面担心丈夫在外打工的身体健康，同时担心生产安全问题，只要听到或看到某地发生安全事故的消息，就会异常紧张。另一方面，担心家中出现小偷之类的不法分子。同时，长期夫妻分居也让很多婚姻亮起"红灯"。在一些基层法院，农民工离婚案件数量占受理案件总数的60%以上，且呈上升趋势。

（三）留守老人身心俱乏

目前，我国农村老龄化水平高于城镇1个百分点以上，农村留守老人数量接近5000万，形成较为突出的留守老人问题。一是生活压力大。留守老人大都生活简朴，饮食和居住条件简单。由于子女长期不在身边，种地种菜、取钱购物、打扫做饭等生产生活事项均需留守老人自己完成。二是精神空虚。留守老人长期缺少与子女的沟通交流，精神长期压抑无法释放，精神生活孤独寂寞，有时还会出现子女外出不寄钱、不肯承担赡养老人责任的情况，进一步加剧了这一问题。

专栏 4—2

农村留守老人：一个人的孤单世界

随着子女、孙子们外出打工，农村留守老人的生活问题越来越突出，物质条件的改善并没有带来精神上的安慰。随着老龄化程度的不断提高，许多六七十岁身体健康的老人还在打零工。当前，老人的基本生活物质条件多数都能保障，但进城打工的子女竞争激烈，工作压力大，回家照看老人的时间很少，常常只有逢年过节才能回家看看。即使回到家，在互联网基本普及的背景下，也基本上"各忙各的""各玩各的"，子女与老年人之间的交流越来越少。而当老人行动不方便时，经济条件好些的可以住进养老院，条件一般的只能在家熬日子。农村留守老人一方面因为得不到子女回报而悲伤，另一方面又体谅子女在城市打拼的沉重负担。许多老人因为长期疾病或生活不能自理，不愿拖累子女，甚至选择老屋或荒坡、树林、河沟，安静地"自我了结"。

第三节　农村劳动力合理有序转移的国际经验

许多国家在经济结构由一产向二三产业转型升级的过程中，均伴随着农村劳动力向城市的大规模转移。为消除农村转移劳动力价格扭曲现象，各国采取了一系列政策措施。一方面，优化农村硬件和软件环境，实施农民增收战略，明显缩小或基本消除了城乡居民收入差距。另一方面，统筹城乡教育、医疗、社保、养老等公共服务水平，建立多层次的低收入家庭住房保障体系，减少城乡两地分居情况，降低农村劳动力转移的感情成本，最终有效地促进了农村劳动力向城市的有序转移和城乡协同发展。

一　快速增加农民收入，提高农村劳动力进入城市的成本承担能力

（一）日本：快速缩小城乡收入差距

日本政府在 20 世纪四五十年代人为地将尽可能多的资源投向生产领

域，发展出口经济，有意压低民间消费需求以积累投资。但进入20世纪50年代后期，经济增长过度依赖投资的模式出现明显问题，产品滞销导致工资降低或企业破产，使得社会失业人口增加，劳资关系紧张，并出现长时间罢工。

在此背景下，日本政府于1960年启动了为期十年的"国民收入倍增计划"，成为日本经济进入黄金时代的起点。该计划的主要目标是：国民生产总值增加一倍，实现完全就业，大幅度提高国民生活水平，缩小农业与非农业、大企业与小企业、地区之间以及收入阶层之间存在的生活和收入上的差距，使国民经济和国民生活均衡发展。

在计划实施期间，日本政府大力推进农地改革，完善税收调节收入分配的基本制度，实施了一系列有效增加居民收入的政策，完善了社会保障体系，大幅度提高国民生活水平，有效缩小了阶层间和城乡间的收入差距，形成稳定的中产阶层消费群体，实现了向消费型社会的转换。事实上，日本到1967年就已提前完成翻一番的目标，1968年超过当时的西德，成为仅次于美国的世界第二大经济体。到20世纪70年代，"中间阶层"人口占比和城镇化率均超过70%，形成中产阶层占大多数的"橄榄型"社会结构。

(二) 韩国：实施新农村运动

韩国政府从20世纪70年代开始实施"新农村运动"，努力改善农民生活环境和水平，大幅增加农民收入。1978年，农户的年人均收入达到649美元，是1970年的4.7倍。1988年出台的《最低工资法》，又大幅提高了工人和农民工的工资，居民收入实现快速增长[①]，收入差距明显缩小。同时，通过提供现金或实物补贴等方式，为低收入群体提供居住、医疗、教育、生育等多方面救助，并采取一系列减税、降低公共事业收费的措施。到20世纪90年代，"中间阶层"人口占比和城镇化率均超过70%，中产阶层占主体的"橄榄型"社会结构已经形成。

---

① 资料显示，韩国制造业工人的工资水平在1988年和1989年分别增长了20%和25%。1990—1995年间，又增长了90%。同期，韩国政府逐步健全了包括社会、年金（养老）、就业等保险在内的福利制度。

二 完善住房保障制度，降低农村劳动力进入城市的居住成本，确保全家住有所居

（一）美国：保障城市低收入群体住房

美国拥有高度发达的现代市场经济，房屋自有率接近70%，居住条件在世界上居于前列，低收入群体的居住问题也解决得较好。美国联邦政府于1937年设立了公共住房项目，由政府直接出资兴建保障性住房，面向低于当地中位收入80%的低收入家庭。这同时要求每年新进入该项目的家庭必须有40%是低于当地中位收入30%的极低收入家庭。这有效地保障了城市低收入群体的住房问题。

20世纪60年代后，联邦政府开始对除公共住房以外的其他住房补助进行关注，倾向于通过为营利性开发商和私人投资者提供优惠政策，鼓励他们为低收入家庭开发廉价房。同时，建立了严格的收入划分标准和资格审查制度，明确规定不同收入阶层所能享受的保障待遇，并在实践中严格执行，从而限定不同政策和标准所保障的对象与范围，确保低收入居民成为真正的受惠群体。

（二）德国：公共福利住房体系+严控房价房租

德国政府一方面使用政府住房建设基金建造公共福利住房，另一方面通过免息或低息贷款鼓励房屋投资商建造公共福利住房。当公共福利住房建成后，政府要求必须以成本价出租给低收入家庭居住，并由政府核定房租标准，一般为市场平均租金的50%—60%。同时，为促进不同阶层人群融合、缩小贫富差距、减少社会分歧，在规划之初，德国政府就将保障性住宅建设分散到城区的各个角落。尽管城市中心地段地价较高，但政府仍将保障性住宅选在交通便利的城区，极大地减少社会的不稳定因素，有效提高了公共服务一体化的水平。

此外，德国政府采取非常严格的住房价格管制政策来控制房价。德国《经济犯罪法》规定，开发商或房东制定的售价或租价若超过合理价格的20%，则为超高价格，购房者或租赁者可向法院起诉。如果房价不立即降到合理范围内，出售者或出租者将面临最高5万欧元的罚款。如果开发商或房东制定的房价超过合理价格的50%则为暴利房价，已经触犯《刑法》构成犯罪，其将面临更高罚款，甚至最高长达三年的刑期。

定罪量刑的关键在于合理房价或租金的确定。德国《房租价格法》《住房中介法》规定，各城市住房管理机构、租房者协会、住房中间商协会等对住房实施综合评估，制定各类房租价目表（被称为"房租明镜"），承租与租赁者必须在价目表允许的浮动范围内确定租金。法院在判决有关住房租金纠纷时，会重点参照"房租明镜"。这就使得德国的房价十分稳定。在过去的数十年里，其名义房价每年仅上涨1%，20世纪90年代中期涨幅最高的时候也仅为7%左右。稳定的房价加上政府对房租实行管制或指导租金制度，使得德国的房屋租金也较稳定，有效解决了中低收入家庭的主要住房问题。

（三）日本：新建公房＋长期低息贷款

作为后发的市场经济国家，日本的社会保障起步较晚但发展迅速。1951年，日本政府颁布《公营住宅法》，明确政府对国民基本生存住房权利保障的责任，日本进入了公房大规模建设时期。在随后的20多年内，日本政府共新建各类公房130多万套。

日本政府一方面直接将公房向低收入群体出售或租赁；另一方面，实行配套财政、金融政策，对低收入群体买房、租房进行补贴。如1955年颁布的《住宅融资保险法》规定，对低收入群体买房的贷款采取固定利率制，利率极低，仅为银行贷款利率的40%，且贷款条件非常优惠，最长期限可达35年，对于还贷困难的还可在原有基础上延长10年。经过几十年的完善发展，日本逐渐形成符合国情的、重视中低收入家庭的住房发展规划，在解决中低收入阶层的居住需求方面取得显著成绩。

（四）韩国：实施住房五年规划

20世纪60年代以来，韩国实行出口导向型战略，短短几十年，它由世界上最贫穷落后的国家之一，一跃成为新兴的发达国家。这期间，它较好地解决了低收入群体的住房保障问题，值得学习借鉴。60年代初，韩国政府将低收入群体的住房建设纳入国家发展规划，形成住房的五年规划，即"一五"规划（1962—1966年）和"二五"规划（1967—1971年）。1973年继续制定了《住宅建设十年规划（1972—1981年）》，提出"一户一房"的口号。"五五"规划（1982—1986年）期间，韩国制定了《租赁住宅建设促进法》，成为政府开始重视把租赁市场作为居民住房解决方案一部分的标志。

20 世纪 90 年代，韩国政府出台《住宅 200 万户建设规划（1988—1992 年）》，进一步规定了新建住房供给低收入阶层的中小型住宅的建设数量比率。韩国政府根据居民收入、家庭状况、居住条件和信用状况对社会阶层进行了细化分层，形成绝对支援、部分支援和自立三个阶层，成为对不同阶层实施不同公共住房政策的依据。针对不同阶层的住房需求，采取公租房、低价房、税收优惠和低息贷款等多种保障措施，确保低收入居民家庭能够达到合理居住标准，并在未来逐步拥有属于自己的住房。

三 实现城乡基本公共服务一体化，消失城乡二元的福利差距

欧盟建立城乡劳动力共同市场的关键在于，取消对不同成员国城乡劳动者的歧视待遇。不论是城市工人还是乡村劳动者，均可以在整个共同市场范围内寻找工作，实现自由流动。欧盟经验表明，对于实现城乡劳动力共同市场来说，自由流动只是一个必要条件，还有诸多相应的配套措施同样必不可少。如欧盟不仅仅是基本实现城乡劳动力的自由流动，同时，不同国家、城乡之间健康保险、养老金、税制等相关配套政策也正在逐步统一，从而真正实现城乡劳动力市场一体化。

一是城乡劳动力市场制度趋同。最初，各成员国对于城乡劳动者在最低工资限制、工作时间、劳动合同、执业资格等法律方面都存在较大差异，成为劳动力自由流动的一大障碍。为此，欧盟《单一法案》规定了一系列城乡统一的工作地最低健康和安全条件的限制，并得到成员国的认可与接受，同时提出要实现城乡各个岗位同工同酬。

二是执业资格相互承认。欧盟成立了一个专门机构，按照相互承认原则进行系统的执业资格认定，专门解决各国公司在城乡教育质量和语言上存在偏见的"无形壁垒"。

三是完善生活保障措施。对于从农村到城市的劳动者，价格低廉的住房、健康保险、养老金等生活保障措施对其十分重要，特别是保障房通常由于租金低而供给量有限，无疑对劳动力流动形成一个较大的障碍。同时，健康保险大都愿意投向年轻力壮的工人，这使从农村流向城市的

劳动力年龄范围也受到限制。目前，欧盟正在积极着手解决这一问题。

四　共同经验及启示

从其他发达国家城乡劳动力一体化的经验看，消除农村转移劳动力价格扭曲仅仅是最基本的一项工作，更重要的是，要有效推进教育、医疗、养老等配套政策的城乡一体化，最终实现城乡劳动力市场真正的平等、统一。

在教育方面，英国于1870年颁布了《初等教育法》，创立国民初等教育制度，对5—10岁的儿童实行免费教育，成为全球义务教育的先导。德国较早地实行了强迫性的小学义务教育，即通过惩罚等强制性措施推行义务教育以降低文盲率。到1890年时，德国文盲率已降至1%以下。[①] 日本政府于1947年颁布了《基本教育法》和《学校教育法》，明确了教育在国家建设中的重要作用，提出教育机会均等原则，确立了九年义务教育制度，要求市、镇、村在其区域内必须设置必要的小学，对于教学质量也有相应要求，从而有效保障了农村孩子的教育年期和教育质量问题。"二战"后，韩国"教育立国"的观念深入人心，非常注重教育法律法规建设，明确要求城乡适龄儿童必须接受基础教育，有效保障了低收入群体子女教育问题。

同时，美国、法国、德国、日本和韩国等对农业技术培训也非常重视。美国政府历来重视对农业工作者技术能力的培训，不断加大财政对农村文化教育和职业教育的投入力度，使得美国农业生产者的素质得到很大提升。德国在教育方面的一大特色是特别重视职业教育，通过学校教育与企业培训紧密结合、以企业培训为主的职业教育模式，为其高质量工业化发展积累了大批高素质的技术工人。从1970年开始，韩国政府就对农村进行了普及教育，各村也分别建造了农村会馆、农业技术培训班、广播站、活动室、青少年活动中心等设施，不断加强农民的知识文化素质。

在医疗方面，英国1948年颁布的《国家卫生服务法》规定，不论城

---

① 2017年，我国的文盲率为4.85%，仍远高于德国120多年前的水平。

镇居民还是乡村居民,都将享受同样的基本医疗免费政策。德国于1911年将农业劳动者纳入医保范围,与城镇工人享有同样的政策。日本于1958年颁布《国民健康保险法》,旨在解决农民及小手工业者无医疗保险的问题,最终将农业从业人员纳入医保范围。

在养老方面,与医疗类似,各国的农村养老保险制度普遍晚于城镇,但随着经济的发展,均建立了针对农业人口的、与城镇居民差距较小的养老保险制度(见表4—2)。

表4—2 部分发达国家城乡居民教育、医疗、养老政策实施时间

国家	义务教育	医疗保险		养老保险	
	城乡统一	城镇	农村	城镇	农村
英国	1870	1908	1946	1911	1948
德国	1825	1889	1955	1883	1911
日本	1947	1891	1961	1919	1958
韩国	1976	1973	1995	1963	1988

资料来源:李明、邵挺、刘守英:《城乡一体化的国际经验及其对中国的启示》,《中国农村经济》2014年第6期。

第四节 完善体制机制 强化乡村振兴人才支撑

强化乡村振兴人才支撑,前提是要实现城乡劳动力的自由流动和平等交换,消除农村转移劳动力的价格扭曲。这就需要以有利于劳动力自由流动和人力资源合理配置为原则,以破解城乡二元劳动力要素市场为目标,以推进农村一二三产业融合发展为契机,以建立城乡统一和公平有序的劳动力要素市场、加快户籍制度改革、完善低收入群体住房保障体系等为抓手,形成促进乡村振兴人才有效支撑的体制机制。

一 建立城乡统一的人力资源和劳动力市场

构建城乡统一、覆盖面广、信息通畅、服务完善、流动规范有序的

劳动力市场体系，使劳动力市场更好地发挥就业转换器和缓冲器的作用，促进劳动资源的合理配置和开发利用。

(一) 加快城乡人力资源市场整合

整合各地区人才和劳动力市场，积极探索建立城乡统一、运行规范、平等竞争、科学有序的劳动力市场体系，进一步发挥市场在劳动力资源配置中的决定性作用。建立健全城乡统一的人才和劳动力资源、就业岗位资源、培训资源等互通互用的城乡共享机制。明确公共服务的范围、标准、规范及相关流程，促进城乡之间、不同城市之间就业岗位和人力资源服务均等化。推进人才资源信息共享、人才资质资格无障碍互认、社保接续、医保互认。

(二) 建立城乡统一、信息共享的人力资源服务平台

加快建设全国联网的人力资源市场信息系统和信息公开发布制度、职业供求状况分析制度等。建设城乡统筹就业公共服务平台，健全人才和劳动力资源、就业岗位和培训资源共享机制，联合推进集就业政策、就业指导、职业介绍等功能于一体的农村就业服务平台建设。将农民工和城镇职工共同纳入公共就业服务范围，城镇各级公共职业介绍机构免费向农民工开放，积极为农民工提供就业信息和政策咨询，开展职业指导和职业介绍工作。开展各类劳务合作，构建农村劳动力经培训后以劳务派遣形式就业的良性发展机制。

(三) 健全社会保障和劳动保障监察合作机制

探索完善农民工在城乡间、不同城市间养老保险异地转移接续办法，运用信息化手段提高养老保险待遇资格协助认证效率。推进城乡间、城市间医疗保险合作，探索推进更大范围的参保人员异地就医医疗费用联网结算。加强劳动保障监察合作机制建设，统一城乡政策执行标准、条件和程序，切实保障跨城乡就业劳动者权益。完善劳动合同、人事争议仲裁、人才竞业避止等制度，探索加强异地劳动仲裁机构之间的交流协作以及跨城乡劳动监察执法联合行动，更加有效便捷地维护农民工的合法权益。

(四) 发展专业化、信息化的劳动力市场中介组织

民间就业中介组织在一定区域范围内，具有情况熟、消息灵、反应

快等优势，可以及时满足企业临时用工和季节性招工需要。建立完善农村劳动力中介机构相关法律法规和准入、指导、自律、退出等各项制度，减少政府直接干预，推进政事分开、管办分离，加强政府监管功能，维护劳动力中介市场秩序。积极引导规范发展民间劳动中介组织，规范职业中介机构从业人员执业资格管理制度，提升从业人员整体素质，建立劳动力需求信息定期发布制度，做好农民工的就业指导工作，提高就业成功率。完善劳动力中介机构服务网络，促进劳动力市场分类构建，提高地区覆盖率，推动区域内劳动力市场的联合互动，形成场所规范、设施配套、管理科学、针对性强的多层次、多形式的城乡劳动力中介服务体系。

二 加快户籍制度改革，促进公共服务均等化

（一）进一步放宽落户条件

户籍制度承载了太多的利益分配关系，依附在户籍制度上的种种福利待遇如一道隐性墙壁，将大量有落户需求的外来人口，特别是农民工阻隔在城市之外。应进一步放宽落户条件，除极少数超大城市外，其他地区应分类制定落户政策，允许农民工在就业地落户，特别是要优先解决在城镇就业居住 5 年以上的农民工落户问题。对于特大城市和大城市的积分落户制度，应更具可操作性和针对性，给农民工更多的进入特大城市和大城市的机会。落实农民工配偶、未成年子女、父母等在当地登记常住户口政策。多种方式增加农民工随迁子女的学位供给，保障其能够享受到一定质量和水平的学前教育与义务教育。

（二）推动常住人口基本公共服务全覆盖

加快落实《国务院关于进一步推进户籍制度改革的意见》，进一步扩大基本公共服务覆盖面，保障符合条件的未落户农民工在流入地平等享受城镇基本公共服务，加快推进城乡统一的失业登记管理制度、医疗救助制度、基本养老保险制度等。加大对农业转移人口公益性和半公益性的职业技能培训，提供就业信息，做好社会保障对接和基本医保转移接续以及异地就医结算等工作。同时，进一步提升中小城市的基本公共服务水平和产业吸纳就业的能力，引导农业转移人口

在城镇落户的分层多样选择。

三 加快完善低收入群体住房保障体系

(一) 制定和完善住房保障法律法规

我国相关法律法规尚不完善,许多住房保障纠纷不得不依靠《物权法》《合同法》和《城市房屋拆迁条例》等相关法律进行解决。未来,应尽快出台《住宅法》,一方面,可依法成立专门机构来实施住房保障政策的各项保障措施;另一方面,可通过法律引导和规范相关主体行为,保证住房政策的有效执行和实施。同时,建立住房保障分级和退出机制。在征信体系建设方面加快步伐,打通各部门间的数据库,实现数据共享,从而加强对保障性住房申请者相关信息的掌握和监测。同时,建立严格的退出机制,在申请者入住公房后,仍要对其进行监督。如果工资收入和家庭资产超过相应标准,应有相应的退出或补偿机制,以保证保障性住房在中低收入群体中进行良性循环。

(二) 在公积金体制之外,探索建立契约式住房投融资互助体系

当前,我国有大量社会闲置资金不投向实体经济,转而无节制地流向股市或楼市,此类投机需求是导致我国许多城市住房价格高涨的根源之一。近年来,住房投机需求的负外部效应越来越明显。与此同时,作为强制性储蓄的公积金制度因城镇居民收入与房价的差距过大而未能发挥应有作用,中低收入家庭大量依靠商业银行贷款的成本过高、风险较大,购房的消费者剩余越来越小。根据我国目前投资渠道匮乏、住房融资来源较少的现状,建议可借鉴国外经验,允许设立试点城市探索开展自愿契约式住房投融资互助体系,以弥补现有公积金制度的不足。自愿契约式住房投融资互助体系应当封闭运行,以规避利率政策频繁调整的影响。在封闭的投融资体系内设计住房金融产品,一方面为闲置资金找到投资渠道;另一方面为中低收入者购房找到商业银行与公积金之外的多元融资渠道。封闭式住房金融体系有利于防范美国式个人信贷危机的风险,同时不影响市场化运作。这需要政府提供长期低息融资的政策保障,并建立有效的相关监管政策体系。

（三）根据不同收入水平提供住房供给方式，为低收入者和弱势群体提供"人头补贴"

政府可根据报税收入和家庭资产的最新情况，客观划分居民收入水平层次，将高收入者、高知人群等高层次的住房需求完全市场化，而不是重新福利化，各地更不应将公共住房作为吸引人才的砝码。国际经验表明，由政府直接建设保障住房的模式效率较低，政府一般更多地采取各种措施激励私人开发商参与保障性住房建设，中央与地方政府配套投入用于减免保障性住房开发的税负，并给予低收入家庭或弱势群体"人头补贴"。

住房保障政策需要加强针对性，政府直接保障低收入尤其是低保家庭"居有其所"，主要以廉租形式而不承诺保证产权，政府间接保障中等收入尤其是城市中产阶级家庭"居有其权"（产权房），主要是提供长期低息贷款，各地政府量力给予贴息补贴。由于新建保障性住房数量有限，且平均轮候时间较长，应加强对申请者身份的审核，加大对转让保障房等投机行为的惩戒。长远来看，为了刺激住房消费升级，提高保障效率，有条件的城市应鼓励超过最短居住年限的保障房参与二手房市场交易，以增强公共资源的流动性。

四 以推进农村一二三产业融合发展为契机，促进人力资源双向流动

2015年中央一号文件明确提出，要"推进农村一二三产业融合发展"，"延长农业产业链，提高农业附加值"。这既是新时期加快农业发展方式转变、提高农业生产效率的必然要求，也是促进城乡劳动力要素平等交换的现实选择，还是拓宽农民增收渠道、缩小城乡收入差距的有效途径。农村产业融合发展离不开科技和人才的支撑作用，要以此为契机，促进人力资源在城乡间双向自由流动和平等交换。

（一）健全人才投身乡村建设的激励机制

打破体制壁垒，扫除身份障碍，加强城乡间、体制内外农业科技人员的自由流动，营造有利于人才健康成长、脱颖而出的制度环境。多措并举鼓励科研人员和农技推广人员到农村合作社与龙头企业任职、兼职

或担任技术顾问，允许科技特派员停薪或带薪留职创办或以技术入股涉农企业。引导和支持企业家、专家学者、医生、教师等通过各种方式支持农业农村发展。加强乡村专业技术协会建设，稳定和健全村级农民技术员队伍，对从事农村一二三产业融合发展的农业科技人员，给予一定的技术津贴，并在职称评聘、科研项目申请上给予倾斜。

（二）加大对"三农"领域实用专业人才培育力度

进一步扩大培训补贴范围，形成以种养大户、家庭农场负责人、专业合作社管理者、龙头企业领导层、农民企业家、返乡农民工、农家乐和农产品网店等从业人员等为主体的多层次、多途径、多方式的职业技能培训。增加补贴规模，培育一批生产经营型、专业技能型、社会服务型的从事农村一二三产业融合相关行业的工作者和农业职业经理人。拓宽培训渠道和形式，整合人社、农业农村、教育、扶贫等部门劳动力就业培训机构的资金、设施、师资等资源，创新补贴方式，健全培训体系，完善绿色证书制度、农业技能持证上岗制度，依托社会化培训机构和农业企业、农民专业组织，扩大阳光工程和农村实用人才培训规模，重点加强现代农产品生产加工技术、智能化管理、电子商务、市场营销等方面的知识和技能培训。

（三）实施新生代农民工职业技能提升计划

出台针对新生代农民工的免费技能培训政策，提供配套的保障措施。整合现有各类职业培训学校和培训机构资源，以规模化、综合化、就业一体化为重点，对新生代农民工实行学制教育，可安排接受全日制2—3年的中高级技工教育。同时，加强对农民工职业技能培训市场的监督管理，及时纠正各种侵害培训人员合法利益的行为，提高培训的综合效益。

主要参考文献：

[1] 蔡昉：《改革时期农业劳动力转移与重新配置》，《中国农村经济》2017年第10期。

[2] 马晓河、胡拥军：《一亿农业转移人口市民化的难题研究》，《农业经济问题》2018年第4期。

[3] 徐祥临：《小农户靠"三位一体"成为乡村振兴主体》，《中国合作经济》2017

年第12期。

[4] 梁海燕、刘立佳:《农村转移劳动力价格扭曲、变化趋同与农村发展》,《商业经济研究》2016年第8期。

[5] 窦勇等:《劳动力价格扭曲下的农村剩余劳动力转移——基于要素市场的分析》,《中国物价》2012年第1期。

[6] 杜建军、汪伟、丁晓钦:《中国农村转移劳动力价格扭曲与城市经济增长(1980—2011)》,《中国经济史研究》2015年第4期。

[7] 李明、邵挺、刘守英:《城乡一体化的国际经验及其对中国的启示》,《中国农村经济》,2014年第6期。

[8] 孙宁华、洪永淼:《劳动力市场扭曲、效率差异与城乡收入差距》,《管理世界》2009年第9期。

[9] 丁艳平:《发达国家农村富余劳动力转移的经验研究——以美国、英国、日本为例》,《世界农业》2014年第10期。

[10] 袁金旺、董雪:《韩国和日本缩小城乡居民收入差距的经验及启示》,《玉溪师范学院学报》2010年第12期。

第五章

健全农业科技成果转化机制
依托市场主体强化科技支撑

科学技术是第一生产力。随着一次次技术革命的发生和重大关键技术的突破，科技作为现代生产要素，已经成为影响经济增长的决定性因素。当前，科技进步对农业发展的贡献程度已明显超过土地、资本和劳动力等传统生产要素，并且现代科技已全面渗透到其他生产要素之中，对于其他要素的形成、质量提升、优化供给、配置方式等均产生重大影响。21世纪以来，全球粮食产量增加的70%来自科技带来的单产提高。对农业而言，近年来快速发展的生物技术、智能终端、大数据、云计算、绿色环保等科技，正在深刻改变着农业的生产方式、经营方式和思维方式。总体来看，近年来现代科技要素在我国农业发展中的作用越来越突出，但仍存在科技平台薄弱、专业人才不足、金融支持不够、基础设施滞后、成果转化不畅等问题。本章将在借鉴相关国际经验的基础上，提出强化现代科技对农业支撑的政策建议。同时，还从促进农业科技成果转化应用的视角，对发展和壮大新型农业经营主体进行专节论述。此外，针对当前民众非常关心的农业绿色发展以及加强农产品和食品质量安全监管等问题，从如何利用现代科技更科学有效地解决上述问题的视角进行专门论述。

第一节 更好地发挥科技要素在现代农业发展中的关键作用

加强现代科技在农业生产中的应用水平，是"藏粮于地、藏粮于技"战略的重要支撑。特别是在互联网、大数据等新技术快速发展应用的背景下，需要加强传统农业技术和现代科技的有机结合与推广应用，真正实现农业的机械化、科技化和智能化发展。

一 科技要素在农业发展中的作用越来越突出

（一）农业科技研发体系不断完善

从研发投入水平看，近年来，我国在农业领域的研发经费不断增长，农业重点学科实验室、科学实验站和试验基地等数量快速增长，科研基础条件明显改善。从农业科技的研发主体看，人才队伍建设水平显著提升，大专院校和科研机构虽然仍是农业科技研发的主力军，但近年来，农业龙头企业和农民合作社等新型农业经营主体在研发领域的投入不断上升，创新能力明显提高，形成更加多元化、市场化的研发主体。从技术应用效果看，农业科技进步贡献率有效提升，从2012年的53.5%提高到2017年的57.5%，有效提高了农业的质量效益和国际竞争力。[①]

（二）农业机械化水平不断提升

农业现代化很大程度上取决于机械化水平。近年来，我国农业机械化水平不断提升，全国农业机械总动力从2010年的9.3亿千瓦上升至2017年的9.9亿千瓦，全面农业机收面积从2010年的6000万公顷上升至2016年的9000万公顷，农作物耕种收综合机械化率在2017年达到66%（见图5—1）。

[①] 2018年3月，科技部副部长徐南平在全国农业农村科技工作会议上的讲话。

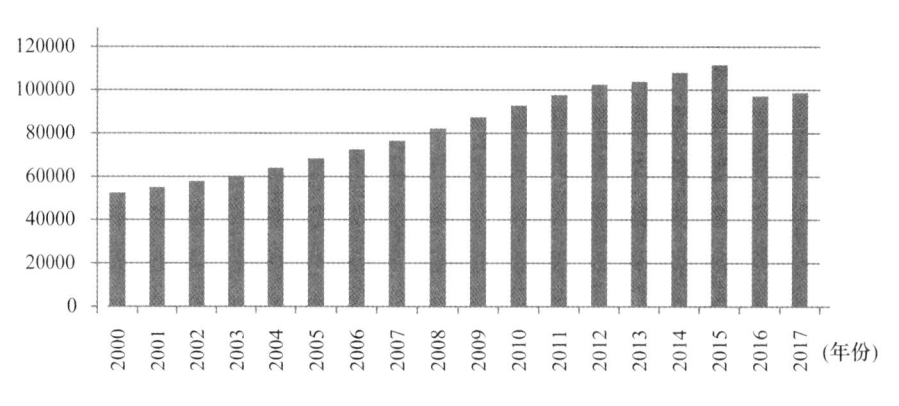

图5—1 全国农业机械总动力变化情况（万千瓦）

资料来源：Wind 数据。

需要强调的是，在农机数量变化的背后，更多的是农机质量和技术含量的提升。以农业拖拉机为例，2012年我国农业拖拉机数量为2282万台，2017年为2304万台，从总量上看仅增长不到1%。但从内部结构上看，适合规模作业、深耕作业的大中型拖拉机从2012年的485万台快速增长至2017年的670万台，增幅达到38%，有效降低了生产成本，提高了劳动效率，为农业生产方式转变提供了强有力的支撑（见图5—2）。

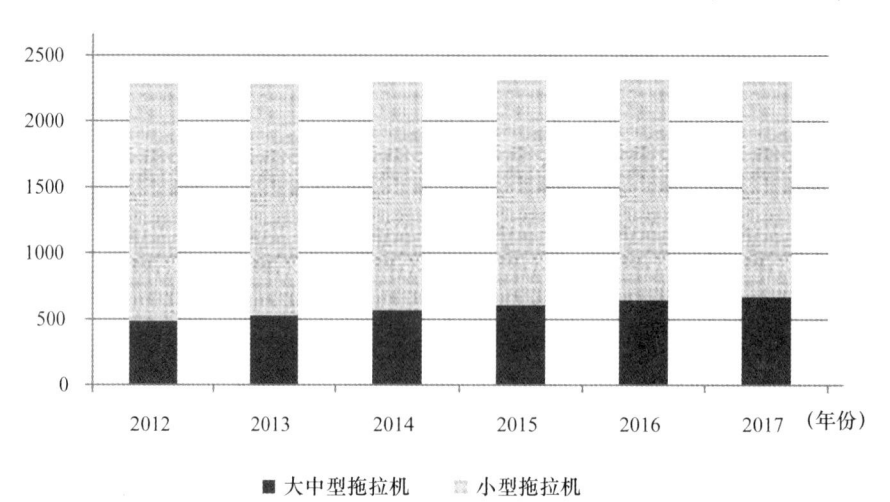

图5—2 我国农业拖拉机数量变化情况（万台）

资料来源：《中国统计年鉴2018》。

再如，高效现代施药机械实现快速推广应用，2017年全国大中型施药机械保有量达到27.8万台（套），不但有效解决了打药这一最繁重的生产难题，更为实现农药零增长目标提供了有力的科技支撑。机械化的广泛应用，不仅大幅提升了劳动生产率，更是改变了传统"面朝黄土背朝天"的高强度低效率生产方式，为农村农民改善生产生活条件奠定基础。

（三）农业智能化水平大幅提升

随着以互联网、大数据、物联网、卫星遥感探测、人工智能等为代表的新技术在农业领域逐步推广应用，农业生产经营的智能化水平得到大幅提升。在生产领域，新品种子研发、测土配方施肥、智能节水灌溉、水肥一体、智能农机装备跨区作业、无人机、农作物病虫监测预警、地理信息系统、农业气象等技术快速推广。在经营领域，农业物联网、农产品电商、综合信息数据平台、农机农资服务平台、仓储包装物流服务平台等技术和大数据广泛使用。在监管领域，技术规范和标准体系建设、信用体系建设、产地环境监测、产地安全监控、质量安全追溯平台等技术的应用，有效提升了农产品质量安全监管水平。

专栏5—1

一部手机实现远程监控10个大棚

随着物联网、大数据等技术在农业领域的应用，智慧农业快速发展。调研中发现，全国许多地区的农业大棚已经实现智能化管理。管理者只需在手机下载一个App管理系统，就可实时远程监控至少10个大棚的湿度、温度、光照强度、二氧化碳浓度等各种指标情况。管理者可实时查看大棚内的监控视频，也可根据信息提示远程开展排湿、控温、放风、水肥滴灌、卷帘升降等遥控，甚至可以设置自动模式，让整个温室设备随环境参数变化而自动工作，如湿度过低则自动浇水，阳光过晒则自动放下卷帘等。这种智能化精细化管理，不但节省了大量的人工成本和物力成本，还有效提高了大棚的产量和农产品的质量。

二 科技在农业领域应用过程中存在的主要问题

科技要素是城乡统筹发展不可或缺的重要支撑，是推进农业产业化、现代化发展的重要力量。由于科技平台、技术人才、基础设施等相对落后，相关政策支持方向和力度不足，科技要素向农业流动存在障碍。

（一）农业科技创新体制不完善，科技成果转化率较低

首先，创新体制方面存在问题。我国的农业科技研发以科研单位为主，企业作为创新主体的地位不够突出。2016 年，在国内授权的农业发明专利中，教学科研单位占到 46%，企业和个人分别占 33% 和 21%，这与发达国家科技创新主要来自企业的情况还存在一定差距。其次，成果转化方面存在问题。由于我国新型农业经营主体的创新意识和能力总体不强，而高校和科研机构等科技研发成果又不完全符合企业和市场的需求，从而出现产学研深度融合不够的情况。同时，在转化过程中，缺乏成果价值评估、知识产权保护、检验检测、投融资配套等专业化服务机构的组织和孵化，使得农业科技成果不能顺利实现转化应用。此外，农业科技创新能力和质量还与发达国家存在一定差距。总体来看，在当前我国的各项农业科技中，19% 处于国际领先地位，17% 处于并行，64% 处于跟跑状态。[①] 农业部发布的《中国农业知识产权创造指数报告（2017 年）》显示，作为我国农业专利申请量排名第一的企业，中国机械集团的农业专利申请量还不到全球排名第一的拜耳集团申请量的 0.5%。并且，我国的农业发明专利平均预期寿命较短，我国平均为 12 年，远低于日本（17 年）、欧洲（18 年）和美国（19 年）等主要发达国家和地区，特别是农业发明专利维持 10 年以上的概率，我国仅为 13%，而主要发达国家超过 69%，农业专利的质量有待进一步提升。

[①] 蒋建科：《我国近两成农业科技达国际领先水平》，《人民日报·海外版》2018 年 1 月 24 日。

> 专栏 5—2
>
> **职务科技成果转化难**
>
> 职务科技是我国科技成果的主要组成，其面临的成果转化不畅问题，一定程度上代表了我国科技成果转化存在的主要问题。目前，职务科技成果转化存在高校有权利却没动力、职务发明人有动力却没权利、企业有需求却没能力的问题。对高校而言，职务科技成果作为国有资产，由于定价存在困难，容易被认为有国有资产流失，导致相关管理和转化部门存在犹豫情绪，使许多成果从"成果"变成"陈果"。对职务发明人而言，相关文件对股权奖励设置了许多限制条件，从而使得股权奖励政策难以落地，影响了转化效率。对企业而言，由于许多中小企业创新能力较弱，缺乏技术吸收和消化能力，没有发明人的参与，科技成果很难真正转化为生产能力。

（二）农业科技应用基础和要素平台薄弱，新科技新设备向农业农村领域流动相对缓慢

一方面，我国城乡二元化结构导致城乡存在着数字鸿沟和信息鸿沟。农村内部、农民之间的信息工具不足，信息量占有规模有限。基本信息知识普及不到位，教育培训、公益宣传等公共产品供给不足。农村青壮年大多外出打工，妇女、老人等群体学习接受能力较差，思想封闭，信息闭塞，开展信息化工作动力不足，缺乏获取和运用信息的主体意识、渠道和能力。另一方面，在城市特别是大城市，由于经济社会发展水平较高，大都建立了数量众多、类型多样的支撑创新的科技服务平台。而农村地区的技术交易、转移、孵化等平台不但数量少，而且种类单一，功能趋同，与城市平台在对接、互认、分享和互补等方面仍存在较多体制机制障碍。科技要素在城乡间进入输出、沟通交流方面存在诸多不便。

（三）专业科技人才储备不足，科技人员流向农村存在困难

一方面，多数地区农村产业融合发展缺乏专业型人才和复合型人才，农民文化素质和技能水平不高。即使是农村电子商务比较发达的一些地区，也缺乏有经营和创新意识、懂技术懂管理的专业人才。中西部农村

地区尤其缺少科技信息人员，甚至一些村里连会网页设计的人都比较难找。另一方面，农村科技推广普及的相关工作人员大都缺乏专业培训，业务不熟，知识陈旧，难以满足基层科技信息服务的需要。科技在农业农村推广应用缺乏统一规划和整体布局，相关部门和机构在推进农村信息化工作过程中，职责分工定位不够清晰，协调合作不足。

（四）引入相关技术和设备所需的前期资金规模较大，但缺少融资渠道

一方面，由于农业担保体系不健全，农业领域被商业银行认可的可抵押物范围较窄。因此，在引入新技术新设备时，相关企业面对较大规模的前期投入，存在着较大的资金压力。另一方面，面对新科技新设备，涉农企业在选择引入时还面临着较大的市场风险。由于农业的生产周期较长，农产品价格受自然气候条件和市场供求变化的影响较大。大量资金用于新技术新设备的更新和使用上，一旦市场行情出现大的变化，企业的资金链条可能马上面临断裂风险，前期投入也面临难以收回的问题。

（五）相关基础设施建设滞后，科技和信息的公共服务不到位

一方面，中西部许多农村地区的供水、供电、供气条件较差，道路、网络通信、仓储物流设施等不发达，与城镇基础设施衔接性不强。农村路网不完善，道路等级低，自然村之间及村内道路硬化率低。农村电网改造滞后，电力供给不稳定、电费价格偏高等问题仍然存在。部分地区农村水利和饮用水安全设施不足，人畜饮水安全问题突出。农村信息网络建设滞后，仓储物流设施严重缺乏。这些都与科技发展对农村基础设施的基本要求相差较远。另一方面，农民缺乏必要的信息技术装备，缺乏信息鉴别和利用能力，容易被不实信息所误导。一般城市互联网普及率达到70%以上，但大多数农村宽带网户数和手机上网用户数量比重仅在30%左右，基础网络服务可及性较差，阻碍了农村信息化和现代化进程。此外，农村信息基础设施建设与运营维护等公共服务尚未形成常态机制，经常出现重建设轻管理、重经营轻维护的情况。由于运营维护需要大量稳定资金来源，但各级政府对于农村信息化投入重视程度不够，投入力度不足，经常出现今年有明年无的情况，导致信息维护机制化建

设经常流于形式。

三 促进科技向农业领域合理流动的国际经验

（一）加强在农业农村领域的知识产权保护力度

对知识产权最有效的保护方式莫过于建立法律法规并严格执行。英国是世界最早对知识产权进行立法保护的国家。早在1623年，英国颁布了相当于专利法的《垄断法规》。1709年的《安娜法令》是一部"旨在授予作者、出版商专有复制权利，以鼓励创作的法规"，1710年又颁布了《保护已印刷成册之图书法》。

法国和德国分别于1791年和1877年颁布本国的专利法律。1809年，法国首先制定了《备案商标保护法令》，英国和德国分别于1862年和1874年颁布了本国的商标法。德国于1896年颁布了《不正当竞争防止法》，成为世界上最早的反不正当竞争法之一。通过制定法律法规来加强对知识产权的保护，有效促进了近代资本主义文明在欧洲的蓬勃发展，催生了近代知识产权制度的形成，带动了科技要素在城乡间自由流动和平等交换。

（二）建立城乡统一的科技要素市场平台

在欧盟，技术被看作一项知识型的无形生产要素。知识具有公共品的特征，即非专属性和消费的非排他性，这使得城乡技术市场变得十分特殊。如果只依靠市场自身，农业技术的研发会缺乏激励，从而导致市场效率低下。没有完善的城乡统一科技要素平台，城市先进的技术就难以通过市场力量进入农村地区。为此，欧盟在三个方面加强城乡科技要素市场的制度建设。

首先，政府加大对农业技术联合开发和统一平台建设的资助力度。欧盟的国家资助制度包括对技术研发和技术平台建设的资助。为使学校的科研成果与城乡市场接轨，促进知识产业化，欧盟近年加大了对基础研究特别是农业科技研究的扶持力度，同时大力支持建立城乡统一的技术平台。

其次，鼓励公司内部研发，并大力推动面向农村的商业化运动。其重点在于推动欧洲公司的欧盟化，即公司的活动范围从本国城市向欧盟各国城乡全域拓展,欧盟会对公司间的联合研发提供支持。借助公司生产经营"欧盟化"的顺利开展,科技要素在城乡间、地区间的自由流动得到较好实现。

最后,新技术获得法律充分保护。尽管欧盟各国都有本国的知识产权保护体系,但科技市场的发展仍然受到很大阻碍。从《罗马条约》到《马斯特里赫特条约》,都没有对如何克服技术在各国间、城乡间流动的各种壁垒做出约定。为此,21世纪以来,欧盟密切关注公司科技所有权公开化的问题,同时加强对各国专利权、商标权等自治行为的限制,努力建立欧盟区域内相对统一的知识产权市场平台。

(三) 加大对农村信息化基础设施建设的投入力度

英国非常重视农村信息化基础设施建设工作。早在2001年,英国政府就在农村地区建立了大小不等的1000多家上网中心,以鼓励和引导农民通过网络获取信息,学习互联网技术。根据辐射范围和覆盖农民数量,上网中心的规模各不相同。大的中心有200多台电脑供同时使用,小的中心只有一间屋子、几台电脑。2013年,这种网络中心已在英国发展到6000多家。21世纪以来,英国先后开展了"家庭培训倡议"和"家庭电脑倡议",极大地提升了农村家庭的上网普及率。截至2014年6月,包括农村地区在内的英国全境的固网宽带覆盖率已接近100%。随着移动互联网的快速发展,2017年英国的平均移动网速达到每秒26兆,成为全球平均移动网速最快的国家。

日本的农村信息化基础设施建设做得较好。政府明确承担提供信息基础网络和信息公共服务的责任,不断加强对农村基础网络平台、用户终端和信息资源等方面的硬件基础设施建设。同时,有效提供城乡一体化信息公共服务,并与社区服务中心、图书馆和文化站、合作组织等紧密配套,加强组网技术、接入技术、数据库建设与软件开发、技术标准化等方面的软件设施建设。日本政府在实践中更多采取市场化手段,来吸引和激励社会资本与民间团体参与农村信息基础网络建设运营和信息公共服务供给。它不仅在入口端引入竞争机制,更在信息化设施建设与维护的全过程开放市场,并形成有效的监督机制,从而确保基本信息公共服务的覆盖率和保障程度,有效提升了服务的质量和水平。

（四）建立多方参与、互惠共享的科技信息服务平台

英国政府较早建立了农业农村信息服务网站和综合信息服务平台，免费为农民提供相关最新政策、科技应用、技术转化、天气情况等信息，努力消除农村与城市间的信息数据差距。同时，政府还委托有关部门和机构建立网上农业经济评价系统，农场主录入农场的投入、成本、产出、灾害损失等数据，即可得到对自己农场经营水平和盈利状况的评估数据。

美国政府积极推进以信息共建共享为核心的平台建设工作。1993年，克林顿任美国总统后不久，便推出了"国家信息基础设施"计划，即"信息高速公路"战略。该战略使得美国农业的计算机网络快速普及，许多信息化关键技术在农业领域得到应用，极大地提高了农业生产率。美国政府搭建信息平台，鼓励联邦农业部门、地方部门、农业合作社、农会、普通高校、科研单位、涉农企业、中介机构和民间组织等各类主体，提供与农业相关的政策法规、市场信息、统计数据、研究成果、技术应用等各种信息，形成各类农业农村信息的大汇总平台。其中，政府、高校和科研单位发布的信息主要以社会性、公益性为原则，大部分为免费获取，农业合作社、农会、农业企业和中介机构发布的信息则是收费和免费两种形式并存。

四　强化现代科技对农业发展支撑作用的政策建议

（一）完善科技成果转化体制

修改和完善相关法律法规，对《专利法》第六条第一款中职务发明权属由"单位所有"，修订为单位与职务发明人"可以约定所有"。修订《事业单位国有资产管理暂行办法》，将专利权、非专利技术、著作权等知识产权产品和技术成果，作为特殊的无形资产单独进行规范和调整。同时，制定《技术类无形资产管理办法》，明确对职务科技成果作价入股后的国有股权管理和处置办法，放宽职务科技成果作价转化的限制条件。此外，可选择一批高校和科研单位作为试点，开展职务科技成果产权制度综合改革，进一步打通职务科技成果转化过程中的梗阻，提高成果转

化水平和质量。

（二）完善覆盖城乡的知识产权保护和交易体系

建立城乡一体化知识产权交易市场，大力发展跨城乡跨区域跨行业的知识产权交易中介服务。鼓励金融机构开展知识产权质押融资业务。探索建立跨城乡的知识产权法院，进一步提升农村知识产权保护水平。联合鼓励社会资本投资设立跨城乡的知识产权运营机构，开展知识产权收储、开发、组合、投资等服务，盘活知识产权资产，加快实现知识产权市场价值。

（三）建立符合国际惯例的技术市场促进体系和服务管理体系

建立以重点城市和发展基础较好的农村地区为主要结点、跨城乡技术转移、技术交易线上线下服务体系。大力培育农业科技咨询、技术评估、专利代理、科技金融、知识产权法律服务等中介机构，促进科技创新要素跨城乡流动整合。实现科技资质互认、成果对接、资源共享，促进科技创新要素在城乡间平等交换。加快构建以技术转移为重点的城乡统一的现代技术市场体系。推动行业性、专业性、区域特色型科技服务平台建设，整合生产力促进中心、企业技术中心、工程（技术）研究中心等各方面资源，为企业科技创新提供服务。充分发挥城市公共科技服务平台的积极作用，提高城乡间科技资源共享的层次和质量。推动城乡间、省际技术经纪人资质互认，将全国技术转移活动进行整合，建设城乡技术交易线上线下平台。

（四）加强农村信息化基础设施建设力度

高度重视农村高速、超高速无线局域网建设工作，确保每年配套专项资金解决农村信息化问题。吸引运营企业发挥"光纤到村"优势，争取推动低成本、高性能无线互联网更广覆盖。适当增加终端接入设备投入量，提高传输能力，支持智能手机、各类电脑等通过无线端口接入网络，努力解决信息进村入户"最后一公里"问题，降低信息接收和使用成本，让广大农民"愿意用、用得好、负担得起"。夯实农村互联网基础设施，为农村信息科技普及、电子商务发展创造条件。

(五) 加强农业科技人才培育和农村科技推广工作体系建设

进一步扩大培训补贴范围,形成以种养大户、家庭农场负责人、专业合作社管理者、龙头企业领导层、农民企业家、返乡农民工、农家乐和农产品网店等从业人员为主体的多层次、多途径、多方式的职业技能培训,增加补贴规模,培育一批生产经营型、专业技能型、社会服务型的从事农村一二三产业融合相关行业工作者和农业职业经理人。支持返乡农民、大学生村官和大中专院校毕业生在农村创业。加强乡村专业技术协会建设,稳定和健全村级农民技术员队伍,对从事农村产业融合发展的科技人员,给予政策倾斜,促进人力资源城乡双向流动。

第二节 壮大新型农业经营主体 加快农业科技成果转化应用

农业科技成果重在转化应用。新型农业经营主体近年来不断发展壮大,已经成为农业科技推广和转化的重要主体,是推进农业现代化发展的重要依托。如何引导新型农业经营主体加强与科技的有效对接,满足其在发展过程中对科技的需求,实现农业科技成果的顺利转化,是农业现代化发展需要解决的一个重要问题。

一 新型农业经营主体发展状况

近年来,家庭农场、农民专业合作社、农业产业化组织等各类从事农业生产和服务的新型农业经营主体快速发展。同时,新型职业农民队伍不断发展壮大,对于推进乡村振兴战略实施、深化农业供给侧结构性改革、引领农业适度规模经营发展、提升农业科技成果转化应用水平等具有重要意义。

(一) 家庭农场逐渐成为我国农业生产的生力军

家庭农场是指以家庭成员为主、开展农业规模化集约化生产经营、以农业收入为家庭主要收入来源的新型农业经营主体,于2012年12月首次在中央一号文件中出现,其认定标准根据不同地区、不同种养殖品种而有所不同。目前,我国农户家庭农场约88万家,其中,经农业农村部认定的超过40万户,逐渐成为我国农业生产的生力军。农业农村部监测数据显示,2016年种植业和粮食类家庭农场的劳均经营面积分别为94亩和97亩,每户家庭农场平均纯收入超过17万元,每户家庭农场平均拥有农机具价值超过22万元。同时,绿色农业发展意识不断增强,分别有近68%和78%的家庭农场对秸秆实行机械化还田、对农用地膜进行了回收处理。

(二) 农民专业合作社组织数量不断增加,带动引领作用不断增强

农民专业合作社是指在农村家庭承包经营基础上,农产品的生产经营者或者农业生产经营服务的提供者、利用者,自愿联合、民主管理的互助性经济组织。[①] 截至2018年2月底,全国依法登记的农民专业合作社超过204万家,是2010年的5倍多,入社农户占全国农户总数的约48%。同时,越来越多的合作社开展产加销一体化服务,对农民生产经营提供多层次帮助,超过4万家合作社通过"三品一标"农产品质量认证。

(三) 全国农业产业化组织快速发展

农业产业化组织是农业产业化的重要载体,是组织现代农业生产和经营的重要主体。近年来,农业产业化组织快速发展,截至2016年年底,我国已有近42万个不同类型的农业产业化经营组织,辐射带动农户约1.3亿户。其中,龙头企业约有13万家,销售收入超过9万亿元,产生的农产品及相关加工制品占农产品市场供应量的1/3以上,龙头企业带动作用非常明显。经过多年发展,形成了以中粮、正邦、伊利、温氏等为代表的年营业收入超过500亿元的大型龙头企业。同时,在实践中探索形成了"公司+协会+农户""合作组织+农户""企业+农户""大龙带小龙""专业批发市场+农户""公司+市民+农户"等多种组织形式。

---

① 《中华人民共和国农民专业合作社法》(2017年12月27日修订)。

> 专栏5—3
> ### "农业产业化龙头企业500强"显示农业经营主体不断发展壮大
>
> 2018年2月,农民日报社发布《2018农业产业化龙头企业500强排行榜》。从排名情况看,位列排行榜前三位的龙头企业分别为正邦集团有限公司、长沙马王堆农产品股份有限公司和新希望集团有限公司,其营业收入分别达到706亿元、648亿元和609亿元。从企业规模看,在500强企业中,营业收入超过100亿元的有56家,超过40亿元的有123家。从地域分布看,入围企业最多的省份是山东省,共80家企业入围,而宁夏回族自治区和海南省均只有4家企业入围。

(四)新型职业农民队伍不断发展壮大

新型职业农民是以农业为职业、具有相应的专业技能、收入主要来自农业生产经营并达到相当水平的现代农业从业者。[①] 他们是支撑各类新型农业经营主体迅速发展的关键所在。农业现代化发展的关键在人,新型农业经营主体的发展迫切需要一批爱农业、懂技术、善经营的新型职业农民来充实发展。近年来,农业农村部、财政部等相关部门开展新型职业农民培育工程,科学的新型职业农民培育体系逐步形成。截至2017年年底,全国新型职业农民数量超过1500万人,根据相关规划,到2020年,我国新型职业农民的规模将超过2000万人。新型职业农民作为现代农业的先行者、现代科技的应用者和新业态新模式的推广者,将成为农业现代化发展的重要人才支撑。

二 新型农业经营主体成为农业科技转化应用的主力军

(一)新型农业经营主体正在成为农业科技的研发主体之一

随着农业产业化的深入发展,涉农企业特别是农业龙头企业凭借其品牌优势、市场占有率优势、资金优势、人才优势等,按照市场化

---

① 《"十三五"全国新型职业农民培育发展规划》。

的模式，在农业领域的研发投入规模越来越大，已成为农业科技的研发主体之一。在政策和市场的双重引导下，许多龙头企业建立了自己的研发机构，大力推进原始创新、集成创新和引进消化吸收再创新工作，并与高校和科研机构建立各种方式的合作，形成更具应用性的农业技术创新。

> 专栏5—4
>
> **中粮集团大力开展农业研发工作**
>
> 中粮集团作为集农产品贸易、物流、加工和粮油食品生产销售于一体的国际一流粮食企业，在开展生产、加工、贸易、流通等工作的同时，不断加大对农业科技研发的投入力度，形成一大批农业科技创新成果。以生化领域为例，中粮集团拥有玉米深加工国家工程研究中心、国家级企业技术中心和国家能源生物液体燃料研发（实验）中心，对标国内外行业前沿技术，研发出许多以玉米、木薯和纤维素等不同原料生产燃料乙醇的行业领先技术，和以玉米为原料开展高附加值深加工的规模化生产关键技术，并与市场需求紧密结合，确保各项研究成果能够迅速转化为市场所需的产品。多年来，中粮集团已在生化领域累计申请发明及实用新型专利360余项，获得授权专利160余项，成为我国农业科技的重要研发企业之一。

（二）新型农业经营主体是农业科技的重要需求方

农民专业合作社、农业产业化组织，特别是大中型涉农企业，对于农耕农艺农机技术、种养加工流通大数据技术等农业科技服务有着较为迫切的需求。许多企业在发展中遇到技术瓶颈或在产业升级中急需先进实用的增产增效技术支撑，希望通过新技术的应用提升企业的效率效益和市场竞争力。需求创造供给，新型农业经营主体对农业新技术新工艺的迫切需求，会形成农业科技创新的供给引导。

（三）新型农业经营主体成为农业科技的重要应用和推广者

不论是家庭农场、农民专业合作社还是农业产业化组织，只要面对市场竞争，自然希望在生产环节通过技术升级来提高劳动生产率，在销售环节通过新技术新模式的应用实现产品的顺畅销售。因此，新型农业经营主体会积极主动地学习新技术，使用新技术，并在实践中不断推广新品种、新技术、新工艺，加强对本企业职工和签订协议的农民进行技术培训与指导。同时，会主动加强市场信息的收集与分析工作，捕捉市场信号，找准市场需求，通过电子商务、直供直销等新商业模式，实现产品销售渠道的多元顺畅。为了打造品牌，提升产品附加值，许多企业特别是农业龙头企业，还会联合政府有关部门、协会学会、科研机构、业内大型企业等，构建农产品生产、加工、流通、监管的全流程生产技术和质量标准体系。

三　新型农业经营主体在科技成果转化过程中面临的主要问题

（一）研发投入总量不足

新型农业经营主体虽然是现代农业科技的需求者、研发者和推广者，但由于大部分经营主体的产值和规模相对于制造业和服务业企业而言要小很多，且农业科技研发存在投入大、周期长、地域性特征明显等特点，使得除部分涉农大型龙头企业外，大部分新型农业经营主体难以形成开展农业科技研发的长期投入机制。事实上，从全国各行业总体研发情况看，研发投入不足一直是影响我国创新发展的因素之一。"十二五"规划中的24个主要指标中，只有研发经费支出占GDP比重未实现预期性目标。从目前部分地区"十三五"规划中期评估的情况看，这一指标在"十三五"时期的完成情况仍不乐观。

（二）农业科技成果转化激励机制不足

由于我国的创新主体主要是科研单位等，因此，我国的职务科技成果数量占到全部科技成果数量的八成左右，职务科技成果转化水平对于我国科技成果利用程度有着举足轻重的作用。但是在涉农领域，由于科研机构和高校缺乏转化力，农业企业缺少承接我国的能力，职务发明人股权奖励难落实等，农业领域的职务科技成果转化率较低，农业新型经营主体难以高效合理获得所需科技，影响了农业科技创新研发和转化应用工作。

(三) 农业科技成果转化推广的专业化中介组织和相关人才储备不足

由于我国农业科技成果转化平台不足，缺少相关专业化的中介机构，新型农业经营主体难以有效获取急需的科技成果信息。在应用过程中缺少相关中介组织的帮助和指导，这使得科技成果转化为实际生产力的难度加大。同时，由于农村地区大量劳动年龄人口离开农村进城打工，留守在农业生产一线的多为文化水平不高、学习和接受新技术能力较弱的妇女与老人，使得许多专业合作社、涉农企业在科技成果推广过程中面临人才团队支撑不足的问题，从而出现农业科技成果转化效率低、周期长的问题。

四 提升农业科技成果转化效率的政策建议

(一) 完善以市场需求为导向的农业科技研发机制

加大政府对农业基础性、战略性、前沿性研究领域投入力度，加强重大共性关键技术和产品研发与应用示范。通过税收减免、信贷优惠、政策补贴、信息支持等政策帮扶，引导和鼓励有条件的新型农业经营主体成为技术研发的主体，提升涉农企业特别是龙头企业的科技研发能力，将企业形成的科技成果直接转化为生产，缩短技术转化应用和产业化的链条。完善以市场需求为导向的科研立项和成果评价机制，增强科研院所和高校在农业科研工作中的市场导向意识。

(二) 多管齐下建立农业科技转化的有效机制

通过财税优惠、融资支持、渠道对接、平台建设等各类政策，进一步发挥企业在科技成果转化中的主体作用。高校和科研院所要面向市场搞研发，进一步优化研发选题形成机制和科研人员考核机制，改变"重研发、重论文，轻转化、轻专利"等现象。同时，加强专业化、市场化的第三方科技服务机构供给，健全农业科技成果转化和交易平台，解决成果转化的"最后一公里"问题。此外，加快构建以市场为导向的农业科技资源和信息服务的成果转化服务平台，建立国家、省、市、县等不同层次的成果发布和转让平台，加快成果鉴定、价格评估、转化咨询、融资担保、管理监督等配套的专业中介组织，形成政府搭台、企业唱戏、市场主导的农业科技研发和转化机制。

（三）加大对新型农业经营主体和涉农专业技术人员的培训力度

实施新型农业经营主体培育工程，提升家庭农场、专业合作社、产业化组织的经营管理水平和专业化程度，鼓励工商资本携带新技术新模式进入农业领域开展产业化、规模化项目，鼓励建立市场化运作、多方参与的科技成果转化基金，打造市场化、多元化的农业科技成果转化投融资体系。开展多渠道的宣传培训，提高新型农业经营主体对于新技术新模式信息的可获得性和关注程度，拓展视野，了解最新消息。宣传引导农民树立科技是提高劳动生产率、实现增收的关键途径，通过各类培训，提高农民的文化素质和接受新科技的能力。同时，加强农田水利、道路交通、网络设施建设，改善农民生产生活条件，提升农民获取和应用科技成果的便利性。强化农业科技推广队伍建设，改善相关人员特别是基层农技推广人员的工作条件和待遇，强化能力培训与专业资格认证，提升农技推广队伍的专业化、市场化水平，因地制宜加强政府购买相关科技转化应用服务的规模和水平。

（四）建立更加紧密的利益联结机制，将企业与农民对于新技术新模式的需求形成合力

以农民获得更多合理增值收益为基本出发点，通过多种形式的合作联合，增强农民在农村一二三产业融合过程中的参与程度。探索合作社、家庭农场、农户与龙头企业在生产、加工、销售各环节的利益联结和分配方式，引导农民增强对新技术新模式的兴趣，形成学习、了解和转化应用的主动性。同时，加强小农户与现代农业发展的有机衔接，鼓励新型经营主体与小农户建立更为科学的利益联结机制，提升小农户的组织化和专业化程度，在科技推广过程中，实现对小农户的有效覆盖。

第三节 依托现代科技促进农业绿色发展

2017年9月，中办国办印发《关于创新体制机制推进农业绿色发展的意见》，这是党中央出台的第一个关于农业绿色发展的文件，明确提出农业发展要"建立以绿色生态为导向的制度体系"，要"把绿色发展导向贯穿农业发展全过程"。这就要求我们在现代农业发展过程中，要以生态

环境友好和资源永续利用为导向，运用好各类现代科技，加快形成无害化生产、减量化投入、资源化利用的农业绿色生产方式，构建循环农业发展机制，实现生产、生活、生态互动融合和可持续发展。

一 加强农业资源的节约高效利用

深化产业结构调整，优化农业资源配置，促进产业集聚，以优质、高产、高效、生态、安全为目标，加强农业绿色生态环境建设，推行标准化认证体系，推动农业向无害化、减量化、资源化方向发展。

（一）推行农业减量化投入

将农业现代化与新型城镇化有机结合，根据当地农业及相关产业发展状况，因地制宜，科学规划，通过优化农业生产布局，降低生产成本和资源消耗。完善耕地轮作休耕制度，建立耕地质量监测和等级评价制度，明确经营者耕地保护主体责任，加大耕地治理力度，推进高标准农田建设。持续推进农药、化肥零增长行动，力争农药和化肥使用量负增长，进一步提高农药和化肥的利用效率，提高土地、资源的产出效率。加大新技术在测土配方施肥、有机养分替代、新型肥料生产等方面的应用力度，积极推进病虫害绿色防控，加大农业面源污染防治力度，完善农药风险评估技术标准体系，加强对农业化学品的监督管理，建立农药包装废弃物等回收和集中处理体系，严禁未经登记的农药和肥料进入农业生产领域。

推广节能农业设施和技术的使用，通过资源综合利用、短缺资源代用、二次能源利用等方式节能降耗，提高能源利用效率。健全农业节水长效机制和政策体系，加大农业水价综合改革力度，全面推行超定额用水累进加价制度。加快推广节水技术和设施的使用，各地区应根据实际情况建立节水奖励机制，鼓励使用管道输水、膜下滴灌等高效节水灌溉技术，提高农业用水效率。推广先进农业设备和机械的使用，加快淘汰老旧农业机械，推广普及节能高效型农业机械，推广粮食机械化收割，加快粮食烘干、仓储设施建设，减少粮食田间损失和仓储损耗。

（二）推广农业清洁化生产

以农业生产废弃物能源转换为重点，提高沼气、太阳能、地热等能源资源的利用比例,逐步减少煤炭、柴火的粗放使用,不断优化农业生产能源结构。发展生态型畜牧业,鼓励养殖与种植相结合,加强养殖排泄物的综合治理,在养殖场设立污水处理设施,推行集约、高效、生态的雨污分流、干湿分离和设施化处理等技术,推进养殖业清洁生产,鼓励在规模养殖企业中推行企业内部循环,提高资源利用效率,降低企业污染排放。健全病死畜禽无害化处理体系,引导病死畜禽集中处理。严格控制农业水污染,以化学需氧量(COD)、氨氮和总磷等水污染物的排放总量控制为重点,严格控制农用化学、畜禽养殖和农村生活污染排放。渔业生产过程中,要同时养殖有利于水体环境净化的水生植物或鱼类品种,实现水体环境的保护和综合治理。

推广应用农用地膜污染综合防治技术,杜绝超薄地膜进入农资市场,指导农民科学使用和贮存地膜,延长地膜使用寿命,提高地膜利用率。在蔬菜、花卉等生产过程中,大力推广可降解地膜、强力塑料地膜和多功能地膜等应用新型地膜,减小地膜残留和使用量。以县为单位开展地膜使用全回收、消除土壤残留等试点工作,完善废旧地膜回收处理制度。

(三)加强农业资源化利用

借鉴发达国家和国内一些发达地区的先进经验,提升在农业生产过程中和农产品加工过程中产生的各类残余废弃物的再利用程度,进一步拓展和深化农业废弃物的加工产业链条,促进农业废弃物利用的专业化和规模化,在构建企业层面小循环和一定区域层面中循环的基础上,形成农业生产过程中物质和能量的多级循环利用体系。加强农产品加工过程产生的木条、枯枝、皮秆等残余物的材料化再利用,引导加工成纸板、人造纤维板、轻质建材板等家具和装饰产品。加强秸秆综合开发利用,严格依法落实秸秆禁烧制度,提高秸秆的肥料化、饲料化、燃料化水平。强化畜禽粪污资源化利用,在粪便相对集中的规模化养殖场或养殖小区,实施畜禽粪便利用工程,推广堆肥处理、工厂化生产有机肥、好氧发酵农田直接施用技术,促进养殖粪污资源化利用和无害化处理。加强水产养殖废弃物的资源化利用,提升水产养殖的标准化智能化水平,因地制宜推广循环水养殖、多营养层次养殖、受控式集装箱养殖等生态健康养殖方式,推进水产养殖业向循环利用、生态友好型转变。

> 专栏 5—5
>
> **现代科技助推秸秆多元化利用**
>
> 农作物秸秆是一种宝贵的生物质能源。传统在田间焚烧秸秆的做法，不仅产生大量浓重烟雾，污染环境，还会破坏土壤结构，容易引发火灾。随着科技的发展，秸秆的用途越来越广。一是采取翻压还田、碎秆还田、易地还田、堆腐还田等方法，将秸秆直接用作肥料，同时加强肥水管理，及时补充氮肥，平衡土壤养分，改良土壤结构，提高耕地基础地力。二是通过秸秆青贮、黄贮、氨化等化学处理，形成含有大量蛋白质和纤维类物质的养殖饲料，以秸秆、牧草搭配精料喂家畜，并将家畜粪便或经沼气生产后的沼渣、沼液作为蔬菜、粮食、果树等植物的肥料。三是以秸秆为原材料，制作各种高质量的低密度、中密度和高密度的纤维板材制品。这种板材重量轻，防震效果好，价格便宜，安装方便。此外，随着新科技的出现，秸秆在河道护理、气化能源、生物降解造纸等方面的应用也越来越广泛。

二　构建绿色循环发展的农业产业体系

以循环经济理念为指导，以工业化生产和现代科技为支撑，以现代化种植、科学化养殖、清洁化生产为主体，以动植物生产废弃物综合利用为核心，以动植物农产品产业化加工为纽带，形成联结种植业、养殖业、加工业、旅游业等一二三产业融合联动的现代循环农业产业链。

（一）构建种植业循环经济产业链

在大力推广优良品种粮食作物的同时，加强秸秆等种植业废弃物的利用，在生成沼气的同时，将废弃的沼液、沼渣及有机物形成新的优质肥料，形成"种植业—农产品加工废弃物—沼气—沼渣、沼液—有机肥料—种植业"的种植业循环链条（见图5—3）。

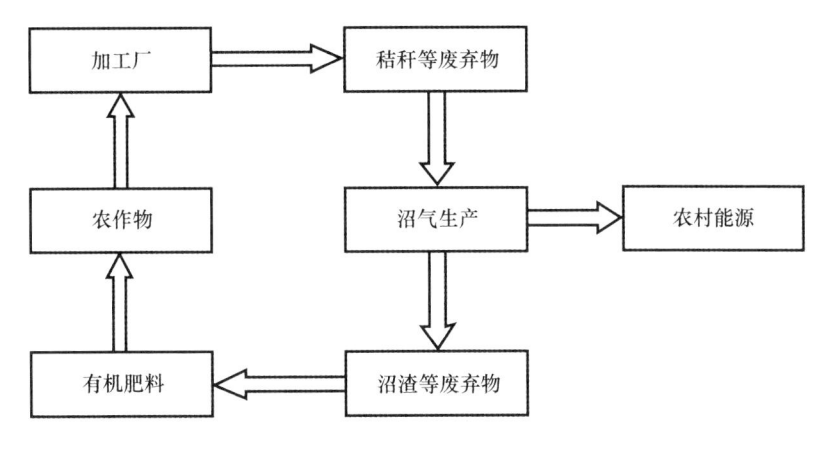

图 5—3　种植业循环经济示意图

(二) 构建养殖业循环经济产业链

推广规模化、标准化养殖，将畜禽养殖过程中产生的粪便由污染环境的废弃物有效转化为高价值的微生物有机肥料，进入农业再生产环节，将种植业所需的大量有机肥和养殖业产生的大量粪便有机结合，形成"养殖业—动物性粪便—有机肥料—种植业—农作物副产品—养殖业"的养殖业循环链条（见图5—4）。

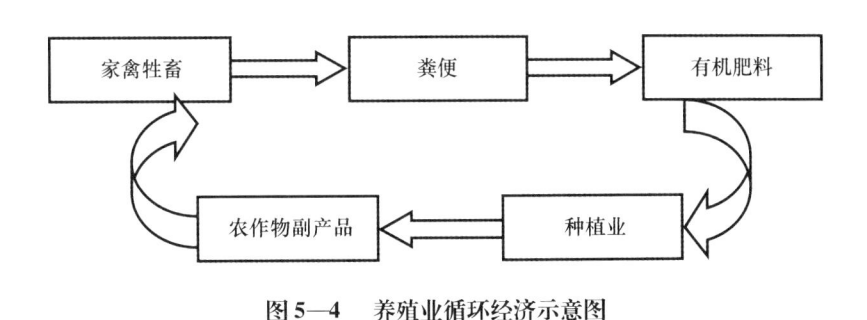

图 5—4　养殖业循环经济示意图

(三) 构建林果业循环经济产业链

实施农村小规模化养殖场建生态型沼气工程，充分利用养殖过程中产生的粪便用于沼气生产，一方面作为农村清洁能源，另一方面将生产过程中的沼渣、沼液等废弃物加工成有机肥料，用于林果种植。同时，可将林果加工过程中产生的废弃物再加工成肥料，形成"养殖业—动物性粪便—（沼气—沼渣、沼液）—有机肥料—林果"的林果业循环链条（见图5—5）。

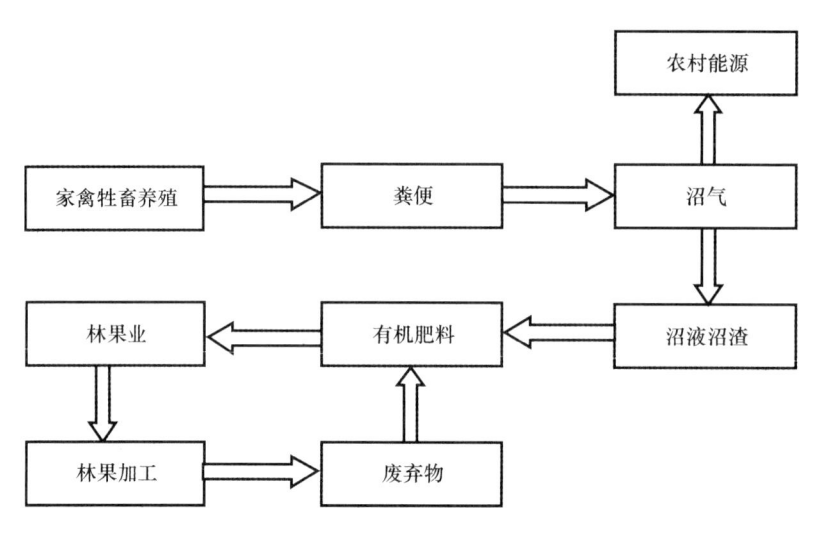

图5—5　林果业循环经济示意图

（四）构建蔬菜循环经济产业链

一方面，构建传统蔬菜产业循环链条，将养殖业产生的动物粪便经过沼气生产形成有机肥料，再进入蔬菜生产，形成"养殖业—动物性粪便—沼气池—（沼气—沼渣、沼液）—有机肥料—蔬菜"的产业链。另一方面，将煤电工业与蔬菜产业相结合，构建先进的工农业复合产业链。发电过程产生的高温余热可再用于发电，低温余热则可用来通过智能调控形成恒温温室，营造安全高产的全天候生产条件，实现全年无间断生产。并且，生产的蔬菜产量品质有保证，投资回报见效快，废弃物还可回收后消毒、脱水，加工成饲料添加剂，供养殖场使用，从而将发电工业、蔬菜产业和养殖业有机结合，形成"电厂发电—低温余热—智能联栋温室—蔬菜"的蔬菜产业循环链条（见图5—6）。

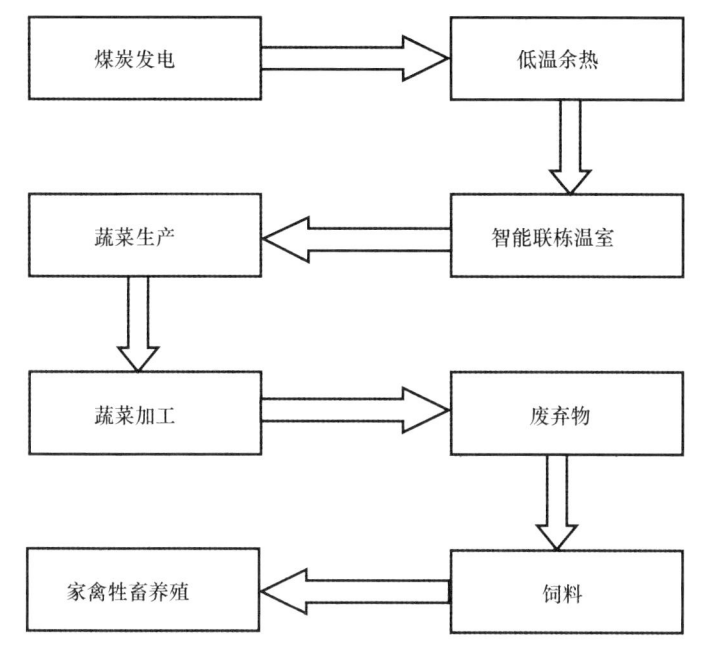

```
┌──────────┐      ┌──────────┐
│ 煤炭发电 │ ───▶ │ 低温余热 │
└──────────┘      └──────────┘
                        │
                        ▼
┌──────────┐      ┌──────────────┐
│ 蔬菜生产 │ ◀─── │ 智能联栋温室 │
└──────────┘      └──────────────┘
      │
      ▼
┌──────────┐      ┌──────────┐
│ 蔬菜加工 │ ───▶ │ 废弃物   │
└──────────┘      └──────────┘
                        │
                        ▼
┌──────────────┐  ┌──────────┐
│ 家禽牲畜养殖 │◀─│ 饲料     │
└──────────────┘  └──────────┘
```

图5—6 蔬菜产业循环经济示意图

（五）构建食用菌循环经济产业链

在奶牛养殖过程中，将种植的玉米作为饲料喂养奶牛，结合先进技术手段，利用奶牛粪便和玉米秸秆，加入相关菌种，在恒温恒湿条件下，可开展立体化食用菌栽培，采收食用菌后的菌糠可再作为有机肥料，应用于玉米种植，从而将传统种植业、养殖业和现代食用菌产业有效结合起来，形成"奶牛养殖＋玉米种植—粪便＋秸秆—食用菌—废弃物肥料—玉米种植"的食用菌产业循环链条（见图5—7）。

（六）构建休闲农业循环经济产业链

以农乐家、特色小镇、田园综合体为代表的休闲农业，既是农村一二三产业融合发展的重要实现途径之一，又是解决农村剩余劳动力就业、提高农民收入的有效手段，还能快速提升农村地区的文化影响力和知名度。在开发过程中，可采取以下几种方式：一是产品供给型，即通过直接销售、间接饮食服务和实地采摘等方式，将当地农产品出售给旅游者。二是空间供给型，即通过农业体验、住宿度假、自然生态领略、观看民

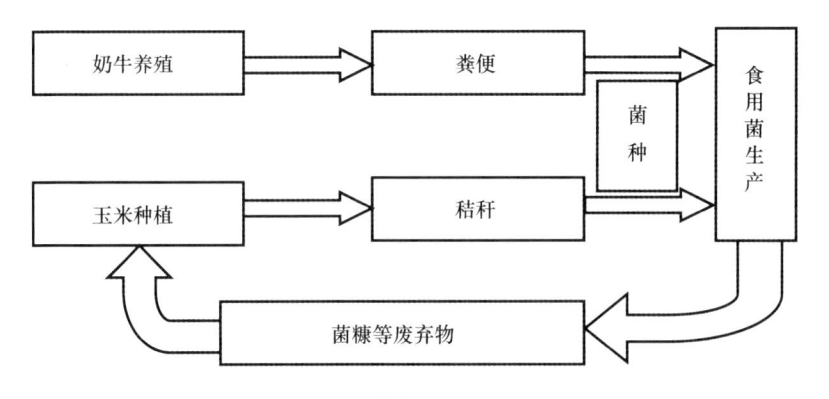

```
奶牛养殖 → 粪便 → 食用菌生产
                ↑ 菌种 ↑
玉米种植 → 秸秆 ↗
  ↑
菌糠等废弃物 ←
```

图5—7　食用菌产业循环经济示意图

俗风情表演等方式，为旅游者提供悠闲放松、亲近自然的场所。三是参观体验型，即通过展示农业生产的现代方式和循环系统，在旅游者参观学习的同时，积极普及推广循环经济理念，倡导循环发展模式（见图5—8）。

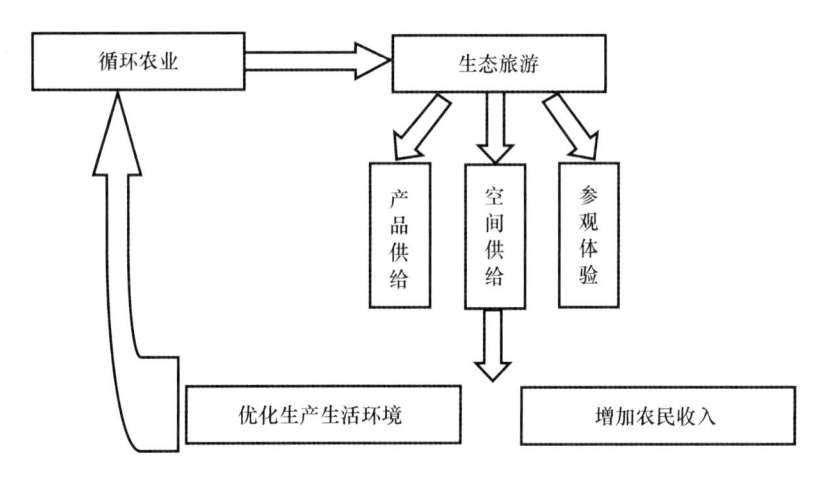

```
循环农业 → 生态旅游
            ↓    ↓    ↓
         产品供给 空间供给 参观体验
                   ↓
优化生产生活环境   增加农民收入
      ↑
```

图5—8　观光农业循环经济示意图

三　构建支撑农业绿色发展的科技创新体系

随着经济社会的快速发展，农业绿色发展需要成体系的科技支撑，这就需要从农业绿色发展的研发体系、成果评价和转化体系、标准体系、法律规则体系等方面入手，调动科技创新的各类要素，有效支撑绿色农业能够持续、有效地深入推进。

(一) 完善农业绿色科技创新的研发体系

在农业绿色发展领域，进一步发挥高校、科研单位和企业等各类创新主体的优势，通过课题委托、合作研究、专家咨询指导、进修培训、借用大型科研仪器等方式，以农业绿色生产为重点，构建更为科学高效的科技创新协同攻关机制。力争在有机肥料、秸秆利用、生态饲料、清洁生产、节水农业、循环农业、面源污染控制等方面形成一批技术含量高、应用效果好、资源更节约、环境更友好的技术创新和重大突破。

(二) 完善农业绿色科技创新的成果评价和转化体系

进一步营造有利于农业绿色科技成果转化的制度和环境，建立以市场为导向的成果转化机制。引导科研工作与市场需求紧密结合，健全奖励机制，细化科研人员实现科技成果转化的具体激励措施，有效激发研究人员的创新活力和动力。积极培育市场化的农业绿色科技成果转化中介机构，健全科技成果转化平台。

(三) 完善绿色农业标准体系

系统梳理与农业绿色发展相关的行业标准和规范，在农药残留、秸秆处理、薄膜使用、饲料安全、畜禽粪污资源化利用、食品添加等领域形成更加细化、更为明确的国家或行业标准。完善无公害农产品、绿色食品、有机食品和农产品地理标志（简称"三品一标"）的认证和标识制度，加快建立统一的绿色农产品市场准入标准，加强与国际标准的衔接和互认工作。

(四) 完善绿色农业法律法规体系

清理、修改和废止与农业绿色发展要求不符的相关法规和行政规章，加强在农业投入管理、水资源使用、污染防治、废弃物利用等领域的法律法规建设，建立以农业绿色发展为导向的法律法规体系。大力宣传相关法律法规，增强农民的法治观念，完善经常性执法监管制度，严厉打击各类破坏农业资源环境的违法行为，加大处罚力度，加强源头治理。

第四节 依托现代科技 加强农产品和食品质量安全监管

民以食为天，食以安为先，安以质为本。随着经济社会发展阶段和居民生活水平的不断提升，农产品和食品质量安全越来越成为民众高度关切的领域。近年来，从瘦肉精到"人用西药"（饲料中非法添加禁止类西药），从三鹿奶粉到转基因食品、农药化肥超标等各种食品安全事件，引发民众对自身健康的深切担忧，对农产品和食品安全监管的期望与要求越来越高。这就迫切需要借鉴国际农产品和食品质量安全监管的先进理念、现代科技与操作经验，充分运用各种现代化的监管标准与手段，着力强化源头监测与产品质量安全追溯体系建设，打造"从农田到餐桌"的全过程现代农产品和食品质量安全监管体系。

一 加强农产品和食品质量安全监管的理论与现实意义

21世纪以来，我国进入了食品安全事故和食源性疾病频发高发期，暴露出部分地方监管部门执法意识与能力不足的问题。特别是日趋复杂的市场结构、利益格局、体制机制问题等交织叠加，给保障民众健康安全的市场监管工作带来较大挑战。我国人均GDP已经接近1万美元，已经从生存型社会向发展型社会转变。民众对食品及作为食品原材料的农产品质量安全诉求越发强烈，对保障居民生活水平与维护社会稳定工作提出更高要求。政府在加强监管制度体系建设方面的工作尤为迫切。

在规制经济学研究框架中，农产品和食品质量安全监管被认为是一种典型的社会性监管。政府能否较好地解决市场失灵、外部性、信息不对称等带来的健康、职业安全和环境等社会问题，是国际社会衡量政府治理能力的重要指标。我国也不例外。农产品和食品质量安全监管作为国家治理现代化的重要内容与题中应有之义，是社会性监管的重要组成部分。

农产品和食品消费具有明显的竞争性和排他性，是典型的私人产品，信息不对称问题在该领域显得尤为突出。信息不对称是指经济社会活动中的利益主体对信息掌握程度不对等，信息占优者借此获取额外收益，信息不占优势者可能遭受损失。在农产品和食品质量方面，相关生产、加工和流通企业能够凭借信息优势获得额外租金，而公众作为普通消费者，则处于相对的信息劣势地位。

污染土壤、地下水和滥用农药化肥等行为，具有明显的负外部性。负外部性问题是指经济主体行为使他人或社会公众利益受损，而该行为主体并没有承担相应成本。负外部性问题扭曲了成本和收益的关系，直接导致市场低效甚至失灵。在农产品和食品质量安全方面，表现为农产品被从土壤、水、种料、饲料等源头污染，不安全风险沿着整个链条传导，进而对食品质量安全构成重大隐患。保护民众的健康和安全是社会公平正义的重要表现，也是一种需要社会全体成员采取集体行动才能达成的目标。但是，在保障农产品和食品质量安全方面，普遍存在"搭便车"心态，需要政府切实担负起监管责任，对主动消除负外部性影响的成员实施激励性奖励，对制造负外部性的主体和"搭便车"者进行相应的惩戒。

二 我国农产品和食品质量安全监管现状与问题

在我国，作为食品安全源头的农业发展一直处于弱势产业地位，其表现为农民是弱势的市场主体，农产品缺乏市场竞争力，在保障产地安全、产品质量安全和农民劳作安全方面，面临诸多挑战。总体来看，农产品和食品安全监管的法律法规相对完备，但存在分段监管的问题，并且产业过于分散，全流程无缝隙监管面临诸多挑战。尤其是基层监管的执行力度不足，执法连贯性不强，导致农产品和食品质量安全事件屡次发生，一些重大事故造成极其不好的社会影响。

（一）农产品和食品生产相对分散，增加统一监管难度

我国农业生产集中度较低，农户分散种植和加工，农产品和食品企业数量众多，企业规模普遍较小且较为分散，各地农副产品、食品作坊多达数百万家，按照统一的质量安全标准加强全方位监管面临较大挑战。同时，注重新鲜消费的食品市场具有明显的地域性，形成市场的自然分割。许多地区仍存在显性或隐性的地方保护主义，加剧了食品市场的分

割。食品工业包括众多行业门类，但企业数量众多，规模较小，布局分散。烟酒行业虽然有一些全国性的龙头企业，但各地也有地方品牌的小烟厂、小酒厂，形成若干家大型企业和众多中小企业并存的产业格局。多数规模较小的食品企业设备落后，资源消耗较多，经济效益较低，达到较高安全标准的成本较高，特别是小作坊的生产流动性大，生产时间往往选择在晚上、半夜或凌晨，对其监管的难度较大。

（二）农副食品源头污染和过程污染，增加全流程监管难度

近年来，在市场和政策的引导下，我国食品工业向农业主产区和大中城市消费区集中的速度在加快，但仍明显低于发达国家。例如，我国前5家酒精企业的市场占有率仅为25%，饮料企业前10家的市场份额仅为30%，即使生产集中度较高的淀粉行业，前5家的市场份额也仅占40%。随着生活水平的提高，居民对粮食的需求量在增加，而当前以保证产量为导向的农业生产方式，无法实现无公害和绿色农产品普及生产，从而在农产品产量和质量之间存在深层次矛盾。[①] 化肥、农药、抗生素、激素与有害物残留、病疫性生物污染、动植物种毒素过敏污染等源头性污染，短期内无法彻底根除。食品行业缺乏各类产品生产加工环节的强制性安全标准，主要依靠企业内部对质量进行控制，缺乏相应的外部力量现场监督。大量管理不规范的食品作坊，为追求短期经济利益，忽视法律法规，变动营养成分，滥用各种添加剂，生产经营假冒伪劣甚至是有毒食品。建立从生产到消费、从田间到餐桌的全流程监管体系，仍存在较大困难，监管工作存在空白领域。

（三）农产品和食品质量安全的监管规范与执法水平有待提高

与发达国家甚至是一些发展中国家相比，我国农产品和食品质量安全的保障能力明显偏弱。特别是我国食品安全管理体系错综复杂，各地监管标准不一，监管执行存在困难，重大事件时有发生。由于一些食品企业是当地的纳税大户，当地政府缺乏严格监管和有效执法的动力。

---

① 随着经济发展和收入水平的提高，我国居民粮食消费结构将进一步优化，肉蛋奶等粮食转化的农副产品消费将会大幅增加。据测算，2030年我国人均年粮食消费量将达到约500千克，虽与欧美国家近1000千克的标准仍有较大差距，但较当前水平仍有20%以上的涨幅，对于粮食产量增长的要求仍较高。

（四）修订《食品安全法》和《农产品质量安全法》，为强化监管创造条件

我国食品安全方面最早的法律是1995年颁布的《食品卫生法》，该法主要关注食品外在的东西，即是否卫生、干净。随着2000年以来"大头娃娃"劣质奶粉、苏丹红、三鹿奶粉等一系列食品安全事故的发生，许多情况已超出《食品卫生法》范畴。因此，2009年出台了《食品安全法》，更加关注食品在食用后可能产生的危害。但是，该法颁布以来，重大食品安全事故仍层出不穷，食品企业违法生产经营现象依然较多，监管体制、手段和制度等尚不能完全适应食品安全发展形势的需要，法律责任偏轻、重典治乱威慑作用没有得到充分发挥，食品安全形势依然严峻。在执法环节，实践中更多的是借助原则性较强的部门性食品质量管理法规和行业性管理规章制度，经常采取事前动员宣传的运动式食品质量执法检查，配合某些突发性食品安全事件引发的突击检查，检查效果被弱化。在处罚环节，大多数以简单的罚款、没收、吊销营业执照等行政处罚代替法律惩戒，导致法治化程度不高、立法滞后、处罚力度不足等问题。一些管理不规范的食品生产经营企业特别是地下、半地下生产点，对于这种定期开展的运动式检查和有前兆的突击性检查，已形成一套逃避和应对办法。

近年来，我国根据实际情况，较为密集地出台或修订了大量农产品和食品安全监管方面的法律法规，特别是修订了《食品安全法》和《农产品质量安全法》。它强调以预防为主，增加风险监测计划调整、监测行为规范、监测结果通报等规定，增设生产经营者自查制度和责任约谈制度，提出实施风险分级管理的要求；设立严格的全过程监管法律制度，在食品生产、流通、餐饮服务、进出口管理等各环节实施最严格的全过程管理；进一步完善食品追溯制度和食品安全监管体制，将现行分段监管体制改为由食品监管部门统一负责的相对集中的体制；建立严格的监管处罚制度，加大行政处罚力度，突出民事赔偿责任，细化并加重对失职的地方政府负责人和食品安全监管人员的处分，构成犯罪的，依法严肃追究刑事责任。实行社会共治，建立有奖举报和责任保险制度，规范食品安全信息发布，发挥消费者、行业协会、媒体等监督作用，形成社

会共治格局。《食品安全法》修订案提升了食品安全问题的法律地位,参照国外经验从事后处罚向事前、事中和事后监管并举,着手建立食品安全市场准入机制。但市场准入机制覆盖的种类和区域有限,建设覆盖全部农产品、食品和全国市场的立体安全监管网络仍然十分艰巨。

三 发达国家加强农产品和食品安全监管的经验启示

英国经济学人智库发布的《2017年全球食品安全指数报告》显示,在113个被评估国家中,爱尔兰、奥地利、法国、美国、德国和瑞典等发达国家的食品安全水平最高,我国排在第42位。总体而言,西方成熟市场经济国家经过数十年努力,已形成统一而完整的"大食品"(包括农产品和加工食品)安全监管框架,积累了一整套有关农产品和食品质量安全保障的工具与方法。主要发达国家通过这些高标准的质量安全监管体系及方法,基本实现了农产品和食品安全风险源头预防与强化过程控制的目标。

(一)形成完善的食品安全法治框架与规则体系

欧盟建立了食品安全法典及相应的法律法规框架。20世纪80年代,欧洲大陆国家着手实施共同农业政策,逐步从保障农产品供应的数量安全转向全面保障农产品供应的质量安全,并以此作为提高欧盟农产品国际市场竞争力的重要支撑。1997年发布的食品法律绿皮书建立了欧盟食品安全法规体系和基本框架,明确从田头到餐桌的综合治理体系,包括饲料、原料、加工、储藏、运输直到消费所有环节。随着欧盟的发展壮大,实施了统一的共同市场监管标准,扫除各类市场壁垒,成为督促欧盟成员国在消费者权益保护和可持续发展方面采取一致行动的坚实基础,也促成欧盟框架下农产品和食品质量安全监管框架的健全完善。

2002年,欧盟实施的《通用食品法》确定了从农场到餐桌的全过程监管理念和监管模式。由于该法对食品的界定十分宽泛,因此它又被称为"大食品安全法"。该法中提出的食品包括,供人食用或将用于食用的任何已加工、半加工或未加工的物质或产品及所有用于食品的农产品。该法约束的范围包括农产品和食品生产、加工与流通的所有环节与过程。欧盟"食品安全白皮书"是新食品政策和法规的基础,提出80多项保证食品安全的基本措施，以应对未来可能遇到的问题，包括安全政策体系、法规框架、管理体制和国际合作等内容，是欧盟及成员国加强完善食品安全的重要准则和一致性行动指南。白皮书具有较高透明度，便于成员国执行机构实施，增强消费者对欧盟食品安全政策的信心。欧盟食品法典、食品安全白皮书之下的层次是欧洲议会、欧盟理事会单独或共同批准的指令。再下一层次是各成员国食品安全法律法规，结合实际情况解决执法依据和程序，不一定与欧盟法典完全吻合，但必须遵守欧盟制定的10余类近200个有关食品安全的标准规范。

北美国家在联邦层面出台具有较强约束力的安全监管法。作为普通法系国家，美国和加拿大（除魁北克省外）在食品安全监管领域没有成文的法典，基本不区分公法和私法，早期主要通过私人诉讼渠道根据判例调解企业对消费者的利益侵犯问题。到了20世纪70年代，各州健康安全侵害案件屡屡发生。迫于现实需要，联邦立法机构逐步接受根据食品机构（FDA）实践中的执法原则、依据、流程发布的一系列单行法规，以修订原有法案和判例集。目前，美国和加拿大的农产品和食品质量安全相关法律体系已经较为健全，包括农产品法、检验机构法、食品与药品法、动物健康法、肉与肉制品检验法、肉类监督法、渔业监督法、植物保护法、饲料法、农药法、种子法以及消费品包装和标签法，基本涵盖农产品和食品相关所有行业和全部环节。特别是美国和加拿大对于法律法规的执行力较强，从而成为全球质量安全监管领域公认的法治标杆。

（二）形成质量安全监管的机构设置和执法体系

加强监管顶层设计，设置高级别安全委员会。1998年，美国政府成立总统食品安全委员会，主要成员包括农业部、商业部、卫生与公众服务部、管理与预算办公室、环保局等负责人，职责是建构无缝隙的基于科学的食品安全体系。2000年，欧盟成立食品安全管理局，这是欧盟食品安全监管的最高权力机构，承担监管框架顶层设计的职能，负责组织多国专家队伍向欧盟委员会、欧洲议会和欧盟成员国等决策机构就食品安全风险提供独立、科学的评估与建议，涉及影响食品安全的各个环节和全过程。2003年，日本成立直属于内阁的食品委员会，负责食品安全科学评估，对监管和执法机构进行政策指导与监督，与公众进行信息沟通。

主要采用"大部制"管理模式，人员预算给予明显倾斜。2001年，德国组建的消费者保护、食品和农业部是负责食品安全监管的超级部门，总人数超过2000人，财政支出占联邦总预算4%左右。1997年，加拿大将农业与农产品部、卫生部、工业部、渔业与海洋部与食品检验等相关部门合并，成立新的食品监督署（CFIA），将全国18个区域食品安全检查系统纳入统一监管体制。

完善质量安全监管的多元共治机制。在日本，农产品和食品质量安全监管方面的决策都是部门间或不同利益团体间谈判、妥协与平衡的结果。例如，食品安全委员会下设独立食品安全监督员，在全国公开选聘，任期两年，每年改选一半委员，选聘资格为非国会议员、公务员和地方公法团成员，要求能够按时参加食品安全监督会议，并具备食品专业知识。安全监督员要在基层中及时发现并反馈相关问题，通过网上公布等方式确保消费者的知情权。又如，日本各地方政府根据本地实际情况普遍设立各种审议会，邀请相关领域专家和利益团体代表广泛参与讨论，召开各种听证会，非政府团体及市民等可自愿参加。

（三）建立健全有效的质量安全监管科学决策机制

形成监管咨询文化，建立完善的咨询网络。美国的食品药品监督管理局（FDA）职责包括食品纯净和卫生、食品添加剂安全等。自20世纪60年代以来，FDA构建了一个庞大的专家咨询委员会体系，为其监管的合法化和民众支持度提供了重要支撑。事实上，几乎每个发达国家的监管机构都形成了自己的咨询文化，构建出自己的业务咨询网络。在国外，专家能够成为咨询委员会的一员，是对其业务能力的一种肯定，也有助于提升公共安全监管体系的效率和能力。

形成较为科学民主的决策机制。在美国，涉及公众利益的食品安全政策选择时，常常会以召集相关利益方集中讨论和公开辩论的方式进行决策。如美国政府在食品安全问题上，经常组织安全专家委员会（代表公众）、食品加工产业协会、美国餐饮协会（代表10万家餐饮店的组织）等利益相关方召开听证会，以有效平衡消费者和生产者之间的利益关系，缓和FDA与消费者和生产商之间的冲突，提高各方对监管政策的接受度。

（四）借助信息科技形成覆盖全过程的安全监管程序

推行全程可追溯的监管机制。随着对影响公共安全的隐患或风险认识程度不断加深，发达国家农产品和食品安全监管方式已经由事后被动处置转变为事前主动防范预警、事中积极控制事态、事后快速处置相结合的全过程动态监管。经过数十年不懈努力，欧美国家和日本在食品安全方面建立了包括主体责任、风险评估、快速预警、追踪溯源和预防控制等在内的，一整套严密、科学、及时、高效的监管方式和手段集合。源头追溯制度对于消费者保护而言至关重要，发达国家已广泛应用于饲料、农产品、化学原料、包装辅料、生产器具等相关物品。如为防范禽流感疫情，德国所有鸡蛋编码可追溯到养殖场甚至是鸡笼。继欧盟之后，美国、加拿大、日本等国相继建立完善的电子信息跟踪系统。尤其是日本，建立了极为精细化的食品生产履历管理体系，详细记录原料和产品生产与流通全过程各类数据，并及时送达各类各级监管机构。

专栏 5—6

欧盟的食品质量安全源头控制

欧盟政府在农业初级生产及相关操作方面有明确详细的规定和说明，以尽可能地避免初级农产品受到污染。如通过控制措施，确保空气、土壤、水、饲料、化肥、兽药产品、植保产品、除草剂等领域的各项指标在标准范围之内，对动物源食品卫生规范也有明确的许可、标识和追溯要求。并且，这些具体措施的落实情况都需要记录在案，并将相关信息提交给主管部门。

建立主体责任和应急处置机制。确保食品安全的最有效措施，是对各个环节涉及的每个机构和个人都规定并落实具体责任。生产者、经营者、行业协会、第三方检验检测和评估机构、政府监管机构、消费者、新闻媒体等都是相关利益主体，必须承担相应责任。发达国家尤其强调生产经营企业是"第一责任人"，许多国家都要求食品安全事故发生后，

直接的食品经营企业必须第一时间全额赔偿或先行垫付消费者损失，事后根据责任认定结果，由经营企业向生产企业、原料或设备供应商、施工企业等追缴赔偿。近年来，发达国家通过以"良好卫生规范"等完备的质量安全控制体系，有效监督和激励了农产品和食品提供者（包括农民、加工、流通环节的主体等）加强自律，主动履行确保农产品和食品质量安全的首要主体责任。

建立风险评估与预警机制。发达国家安全监管方式现代化的最明显特征就是建立风险防控机制。20世纪70年代发轫于美国的"危害分析和关键控制点"（HACCP）体系，主要针对食品中微生物、化学和物理危害进行预防性控制。90年代开始替代原有食品生产质量管理规范，监管重点转变为制订并执行HACCP计划，有助于节省烦琐的现场抽检成本，有效提高政府监管效能，代表了监管方式的现代化方向。欧盟及成员国除普遍引入HACCP体系之外，还建立了针对农药、化肥、兽药产品、除草剂等物品的存储、处理和处置过程中对污染的控制措施。如欧盟成员国的食品安全监管机构可以通过食品和饲料快速预警网络系统（RASFF），将发现与食品或饲料安全有关的信息第一时间上报欧盟食品委员会。委员会在初步判断后马上通报所有成员国，并借助信息技术联网查找食品流向以便快速召回，从而"抢"在消费者之前发现并消除风险。

建立信息公开披露与利益公平博弈机制。欧盟为鼓励农产品和食品生产加工从业者主动遵循危害分析和关键控制点原则、良好卫生规范原则等，公开发布了一整套行为规范和控制机制，各成员国也相应发布了具体行为指南。同时，发达国家开展了企业社会责任披露工作。披露内容涉及范围较广，形式多样丰富，包括企业生产安全、健康保护、生态环境改善及对社会环境治理提供服务和捐赠等。这种社会责任披露制度要求企业超越利润最大化的传统理念，更加关注生产、流通、消费过程中对消费者、环境、社会的贡献。美国主要通过非营利组织来推动，英法等欧洲国家主要通过成立专门机构进行强制实施。

四 完善农产品和食品质量安全监管的思路与对策

政府在农产品和食品安全监管中扮演关键角色，其对农产品和食品质量安全的重视程度、法规标准科学和详细程度及执行力度等，对民众健康和行业发展等都至关重要。展望未来，我国的农产品和食品质量安全监管工作需要关口前移，提高监管协同性和有效性，采取更加科学和精准的现代监管手段与科技，并将农产品原产地环境保护、动植物健康、农民增收和劳作安全等内容纳入大食品安全监管框架之中。这将有助于加强污染源头控制、质量安全过程监管，同时也有助于激励相关微观市场主体参与安全监管的积极性与主动性。

（一）明确质量安全监管的主体责任，增强监管的统一性

以源头控制、预防为主，建立健全现代化的农产品和食品质量安全监管体系。明确农产品生产者是农产品质量安全的首要责任主体，食品生产经营者是食品质量安全的首要责任人，将安全监管的对象延伸至农业初级生产环节。强化源头控制与过程控制，通过关键点信息采集、实时监测、应急处置等方式，将各类农产品质量及产地安全纳入广义食品质量安全监管的框架体系。将农产品和食品质量安全与农产品产出地环境保护（即产地安全）和农民增收统筹考虑起来，建立有利于激发首要安全责任主体安全意识和主动保障安全责任的机制。鉴于我国初级农产品生产的分散性和个体化，应充分关注生产者个体、合作社组织的差异性，采取合理而灵活的监管措施。同时，提高农产品生产和流通的组织化、网络化程度，对于从根本上加强农产品生产源头的质量监管和食品安全的全过程控制具有重要意义。

考虑到我国区域发展的不平衡性，应适当增加中央层面在农产品和食品质量安全监管方面的支出责任，综合协调并加大力度查处跨区域案件，必要时适当提升农产品和食品质量安全监管的垂直管理程度。加强农业农村部与国家市场监管总局相关监管职能部门之间的协调衔接，健全完善关键点监管信息共享，提升农产品和食品质量安全监管的一致性与协调性。进一步整合涉及农产品和食品安全标准的检验、检测、认证等机构职能，推进检验、检测、认证服务更加市场化和社会化，促进第三方检验监测技术服务机构之间的公平竞争。除通过禁止性规定防止危害产地安全和质量安全行为，还有必要采取补贴等激励措施，鼓励和引导农产品生产者主动采用更加有利于环境保护、人畜安全的生产措施，

如加快有机肥替代、农地土壤改良等工作。

（二）健全质量安全法律法规和标准规范体系

加强食品安全法和农产品质量安全法之间的立法衔接，在修订完善相关法律的过程中，可考虑将农产品质量安全、原产地安全等纳入食品安全法治的大框架，必要时出台相关的执法指南。大力加强普法和规范执法工作，为企业和消费者提供个性化的法律政策咨询，着力提升农业从业者、食品生产经营者对法律规范的认识程度，提升基层执法人员的规范意识与执法水平。

建立更加严格的法律责任制度。实行首付责任制，要求接到消费者赔偿请求的生产经营者进行先行赔付。加强行政执法与司法的衔接，形成预防和打击违法犯罪的合力。细化并加重对失职的地方政府负责人和食品安全监管人员的追责力度，设置监管"高压线"，严厉惩处各种瞒报、谎报重大食品安全事故的行为。建立工作信息平台，实现执法、司法信息互联互通，完善信息共享范围、录入时限和责任追究制度。坚决纠正有案不移、有罪不罚、以罚代刑等问题。

（三）强化质量安全信息追溯发布与信息服务平台建设

及时发布质量安全相关信息，消除或降低信息不对称情况。以政府部门或行业协会通过正规渠道发布的方式来增强信度与效力，发布内容应当包括相关的生产流通标准、标识和认证等各类信息。各级监管部门充分利用和挖掘现代化信息工具，因地制宜，因类施治，构建一整套涵盖质量和安全内容的标准与标识体系。

建设质量安全标准公共信息服务平台，为社会各界提供准确、及时、权威、全面的质量安全标准信息，利用相关部门系统资源，确保各追溯系统相互兼容与信息共享，以重点领域重点品种追溯系统建设为试点，完善全过程信息化可追溯体系建设。如建设并完善生猪及肉制品、鸡蛋及蛋类制品流通定向跟踪信息化监管系统，既有利于信息公开更好地指引消费者，又有助于安全事故的应急处置工作。

> 专栏 5—7
>
> **欧洲"毒鸡蛋"因打码实现"毒源"迅速回收**
>
> 2017 年 8 月,德国农业部发布信息,称从进口自比利时和荷兰的鸡蛋中检测出氟虫腈,欧洲"毒鸡蛋"事件由此爆发并震动世界。作为一类性能较好的灭虫农药,氟虫腈曾在全球范围大量使用。后来,世界卫生组织指出,大量进食含有高浓度的氟虫腈食品,会损害肝脏、甲状腺和肾脏。因而欧盟法律规定,氟虫腈不得用于人类食品产业链中的畜禽,禁止对食用家养动物直接使用。本次"毒鸡蛋"事件很可能是荷兰鸡场主在周边使用了混有氟虫腈的消毒液,间接污染了鸡的饮用水或食料,进而污染鸡,导致鸡蛋中含有氟虫腈。本次"毒鸡蛋"事件表明,欧盟的食品监管和统筹协调机制仍存在漏洞。但由于欧盟的每个鸡蛋都有打码的"身份证",能够查出鸡蛋来自哪国、哪地、哪个饲养场、哪个鸡笼,知道母鸡饲养状况,是草鸡蛋还是普通饲养鸡蛋等相关信息,从而使得各国在事发后迅速追寻"毒鸡蛋"问题的源头,追回受污染鸡蛋,使得在较短时期内平息了这次食品安全事件。

(四)提升全流程风险控制和监督执法能力

在现有监管体系基础上,进一步强化农产品和食品质量安全监管的关键是,主动前移监管关口,制定良好质量安全规范与危害分析、关键控制点体系,把事后处罚转变成关注事前规范与事中行为监管的动态过程。完善风险监测工作机制,整合各部门监测资源,建立覆盖农产品和食品的统一质量安全风险监测体系。健全风险评估制度与工作机制,建立科学有效的评估方法,提高发现质量安全系统性风险的能力,推动监测与监管联动衔接,提高监管执法的针对性与时效性。

完善农产品和食品监督抽查制度。完善生产和流通领域质量监督抽查机制建设,合理确定监督抽查重点,强化区域和部门间抽查协调、结果通报与信息共享,建立抽查结果在行政管理和执法领域的互认机制。建立检测不合格农产品和食品数据库,完善质量不安全农产品和食品退市监督机制。

在基层适当增设农产品和食品安全风险检测网点，合理扩大监测范围、指标与样本数量。进一步整合各类安全检验检测资源，完善技术支撑体系和延伸到县乡的安全风险监测网络。强化全过程快速检测技术平台和能力建设，建立县级和重点乡镇检测站，为一线监管人员配备现场取证和快检设备，为执法人员开展日常监管提供快速筛查的技术支撑。

（五）建立健全质量安全事件的问责体系和惩罚性赔偿制度

建立农产品和食品销售者先行赔付制度。通过完善产品质量溯源体系，引导消费者与生产者签订产品安全质量保证追溯协议。依法查处质量不合格甚至是不安全食品及相关经营过程中的欺诈行为，支持消费者退货及惩罚性赔偿要求。推进产品质量责任保险制度，提升经营者先期主动赔偿能力，后期根据质量安全追溯结果，最终判定不安全事件的危害源头，再由产生直接危害的主体承担赔付责任。

借鉴国外加强农产品食品质量安全的实践经验，改进我国的监管绩效评价机制，进一步细化评价指标体系，建立一整套风险预警与应急处置的规则框架和操作指南。同时，探索由政府、社会组织、居民共同参与的联席会议机制，制定突发事件应急处置预案，明确应急处理主体责任和处置流程，尝试引入"零事故风险"标准体系来考核监管机构的运作绩效。除政府部门推出针对农产品和食品质量安全的官方标准及质量认证项目外，还可鼓励协会、社团组织、民众自发参与规制和监管，科学合理地发展相关的社会非强制性食品标准和认证。

主要参考文献：

[1] 李华锋等：《新时代中国农业科技发展新路径初探》，《世界农业》2018年第3期。

[2] 曹博、赵芝俊：《基于产业结构升级的现代农业科技创新体系研究》，《农村经济》2017年第1期。

[3] 韩旭东等：《乡村振兴背景下新型农业经营主体的信息化发展》，《改革》2018年第10期。

[4] 彭杰等：《新型农业经营主体科技需求与科技服务供给对策研究》，《江苏科技信

息》2018 年第 27 期。

［5］苗红萍、丁建国:《新型农业经营主体农业科技推广供需匹配分析》,《新疆农业科学》2018 年第 4 期。

［6］张玲:《经济转型背景下新型农业经营主体培育问题研究》,《农业经济》2018 年第 11 期。

［7］吴晓昧:《农村食品安全监管的现状与对策》,《经贸实践》2018 年第 21 期。

［8］李长健等:《中国食品安全监管绩效分析——基于 BSC 分析路径》,《江西社会科学》2017 年第 5 期。

［9］叶婧:《用创新科技助力循环农业绿色发展》,《中国科技产业》2017 年第 12 期。

［10］蒋建科:《我国近两成农业科技达国际领先水平》,《人民日报·海外版》2018 年 1 月 24 日。

第六章

以市场化为导向
完善农产品价格支持政策

我国的农业补贴政策体系，既包括对生产环节和加工环节的支持，又涵盖对流通环节和储备环节的补贴；既有对农产品价格的支持保护政策，又有对农业生产加工的各项补贴，以及其他相关补贴，每年各种类型的农业补贴上百项。其中，农产品价格支持政策是重要组成部分。价格机制是市场机制的核心，科学合理的农产品价格支持政策是优化农业补贴政策体系的关键，也是加快推进农业现代化的重要手段。本章在分析我国重要农产品价格支持政策改革进展及成效评价的基础上，结合相关国际经验，提出政策优化完善的相关建议。同时，农产品作为上游原料，其价格支持政策的调整，必然会对下游产业链形成一定影响。因此，本章还专门以产业链条较长的玉米产业为例，对价格支持政策调整对下游产业的影响进行分析，并提出在政策调整时，需要把握好调整的力度和节奏，避免对下游产业产生较大冲击。此外，针对重要蔬菜品种这类虽没有制定专门价格支持政策，但同样需要对其价格进行调控的农产品，围绕其价格大幅波动的原因、存在的主要矛盾、采取的调控思路和方向等进行专节论述。

近年来，我国加快对稻谷、小麦、玉米、棉花、大豆、油菜籽等重要农产品的价格支持政策改革，不断完善价格形成机制，取得显著成效。但同时应当看到，我国农业劳动生产率低于二、三产业，一些重要农产品在国际市场的竞争力不强，生产要素成本快速上升和资源环境约束增强等压力越来越大。作为人口大国和经济发展水平不断提升的国家，农业不但承担着保障国家粮食安全的公共职责，还要满足人民群众对农产品特别是高品质农产品不断增长的需求和要求。因此，如何通过更加市场化、更能反映市场供求关系的价格支持政策，来实现粮食安全完全保障、居民需求有效满足、农民收入稳步提升、农业现代化坚实推进等多重目标，既是我国农业补贴政策体系改革的重点和难点所在，也是落实乡村振兴战略亟须破解的关键问题之一。

第一节 我国农产品价格支持政策改革进展及成效评价

农业价格支持政策是农业保护政策体系的重要组成部分。我国主要的农产品价格支持政策体系，是在2004年后建立和完善起来的。在加入WTO的大背景下，2004年，我国全面放开粮食收购市场和收购价格，为保障农业持续健康发展，中央于2004年和2006年在粮食主产区实行稻谷和小麦最低收购价政策，并从2008年开始陆续对玉米、大豆、油菜籽、棉花、食糖等实行临时收储政策。2014年，开始实施棉花和大豆目标价格试点政策；2015年取消油菜籽临时收储政策，改由地方政府组织各类企业进行收购；2016年和2017年对玉米和大豆的价格支持政策调整为市场化收购加补贴的新机制。这些价格支持政策的实施和改进，对提高粮食产量、增加农民收入、稳定农产品价格、推进农业规模化生产等发挥了积极作用，但形成的一些问题也不容忽视。

一 粮食流通体制改革与价格支持政策的形成

改革开放以来，我国粮食流通体制改革大体经历了统购统销制度下逐步放活粮食经营、废除统购统销和实行合同定购、放开粮价经营和推进粮食购销市场化改革、全面放开粮食收购和开展粮食支持保护政策等多个阶段。2004年以来，我国的农产品价格支持政策，主要是受1998年粮食流通体制改革和WTO相关规则的影响而逐步建立和完善的。

针对20世纪末我国粮食流通体制面临的政企不分、机构臃肿、成本过高、经营亏损、财政压力较大等问题，1998年5月，国务院印发《关于进一步深化粮食流通体制改革的决定》（国发〔1998〕15号），提出"粮食流通体制已越来越不适应社会主义市场经济的要求，到了非改不可、不改不行、刻不容缓的时候"，应根据"政企分开、中央与地方责任分开、储备与经营分开、新老财务账目分开，完善粮食价格机制"（"四分开一完善"）的原则，加快粮食流通体制改革步伐。其中，改革的重点是国有粮食企业，重大政策包括继续实行按保护价敞开收购农民余粮，同时掌握足够商品粮源以稳定市场粮价；农村粮食收购主要由国有粮食企业承担，严禁私商和其他企业直接到农村收购粮食；粮食收储企业坚持顺价销售的原则，不允许再发生新的亏损挂账，粮食调销坚持"钱货两清、足额还贷"的原则，收购资金封闭运行等。

经过几年的实践和完善，特别是全国商品市场一体化程度的大幅提高和全面取消农业税带来的积极影响，中央决定在此基础上全面放开粮食收购市场。2004年中央一号文件明确提出，"从2004年开始，国家将全面放开粮食收购和销售市场，实行购销多渠道经营"，同时提出，"为保护种粮农民利益，要建立对农民的直接补贴制度"。2004年5月，国务院发布《关于进一步深化粮食流通体制改革的意见》（国发〔2004〕17号），提出"在国家宏观调控下，充分发挥市场机制在配置粮食资源中的基础性作用，实现粮食购销市场化和市场主体多元化"，"建立对种粮农民直接补贴的机制"。并进一步提出，"一般情况下，粮食收购价格由市场供求形成"，"当粮食供求发生重大变化时，为保证市场供应、保护农民利益，必要时可由国务院决定对短缺的重点粮食品种，在粮食主产区实行最低收购价格"。这就为后来农产品价格支持政策的出台提供了依据。

> 专栏6—1
>
> **浙江省成为全国第一个开展粮食购销体制改革的省份**
>
> 　　根据《关于进一步深化粮食流通体制改革的决定》精神，2000年春，经国务院批准，浙江省成为全国第一个实行粮食购销市场化改革的省份。之所以选择浙江作为试点，主要基于几个方面的考虑。一是浙江长期以来就是粮食主销区和缺粮区，2000年全省粮食总产量约120亿千克，总消费量则高达175亿千克，产需缺口达到55亿千克，省政府具有开展粮食购销体制改革的动力和积极性。二是浙江土地价格高，把种粮的土地改种经济作物、搞水产养殖业等，经济效益明显更高，因此当地居民具有开展改革的动力和积极性。三是浙江的市场化程度较高，早在几年前就开展了对粮食批发市场的培育和建设工作，相关各方对粮食购销市场化改革方向的认可度和接受度较高。在实践中，浙江省发挥了先行先试的作用，与后来的上海、广东、福建、北京等试点地区，共同为2004年我国全面放开粮食收购市场改革提供了宝贵经验。

二　最低收购价政策改革进展及评价

（一）粮食最低收购价政策实施情况

　　粮食最低收购价政策是为保护种粮农民利益、保障粮食市场供应所实施的粮食价格调控政策。为配合全面放开粮食市场的流通体制改革，保护农民种粮的收益和积极性，防止出现卖粮难、谷贱伤农等情况，中央于2004年和2006年先后出台稻谷和小麦最低收购价政策。2005年中央一号文件也强调，要"继续对短缺的重点粮食品种在主产区实行最低收购价政策，逐步建立和完善稳定粮食市场价格、保护种粮农民利益的制度和机制"。

　　需要强调的是，粮食最低收购价政策与之前的粮食保护价政策有着本质区别。首先，价格形成机制不同。粮食保护价的决策权从中央下放至省级，由省政府根据本省情况自行定价。最低收购价则是中央根据生产和市场供求关系进行全国统一定价。其次，收购主体不同。粮食保护价是由国有粮食企业和取得收购资格的其他粮企按保护价进行收购，资金主要来自农发行贷款，国家给予利息补贴。最低收购价则是受政府委托的特定国有粮食企业（主要指中储粮公司）进行收储，国家给予仓储补贴，公开竞价销售的利润归企业所有。最后，收购时限不同。粮食保护价是对稻谷、小麦、玉米、大豆等农产品全年敞开收购。最低收购价则是对稻谷和小麦在一年的特定时段，当市场价低于最低收购价时进行收购，当市场价回升到最低收购价之上时则停止收购。可见，粮食最低收购价政策更加灵活，更有弹性，相对于粮食保护价政策而言，市场化程度更高。当然，粮食最低收购价政策在实施过程中，一些矛盾和问题也逐渐显现出来。

（二）成效及主要问题

从实践效果看，粮食最低收购价政策实施以来，稻谷和小麦的最低收购价均实现连续 12 年的增长或持平态势，为我国实现粮食产量"十二连增"发挥了重要作用（见表 6—1）。但同时应当看到，这种无视供求关系、为增加产量而持续加大补贴的情况，扭曲了市场信号，占用了财政资金，降低了资金使用效率。与国际市场相比，我国重要农产品价格对于供求关系和周期性变化的反应并不敏感。在粮食连年丰收、供给不断增加、国内外粮食价格倒挂的情况下，国内粮食价格却一直上涨或保持不变，这明显与市场供求关系不符，违背了市场规律。同期，我国粮食库存快速增加，粮食库存消费比一度超过 50%，远高于 17% 的国际警戒水平，"卖不动、存不下、收不了"的局面在许多地区显现。这成为我国后来农业供给侧结构性改革开展粮食去库存的重要原因。

表6—1　　　　　稻谷和小麦最低收购价格变化情况

年份	稻谷（元/50 千克）			小麦（元/50 千克）		
	早稻	中晚稻	粳稻	白麦	红麦	混合麦
2004	70	72	75	—	—	—
2005	70	72	75	—	—	—
2006	70	72	75	72	69	69
2007	70	72	75	72	69	69

续表

年份	稻谷（元/50千克）			小麦（元/50千克）		
	早稻	中晚稻	粳稻	白麦	红麦	混合麦
2008	77	79	82	77	72	72
2009	90	92	95	87	83	83
2010	93	97	105	90	86	86
2011	102	107	128	95	93	93
2012	120	125	140	102	102	102
2013	132	135	150	112	112	112
2014	135	138	155	118	118	118
2015	135	138	155	118	118	118
2016	133	138	155	118	118	118
2017	130	136	150	118	118	118
2018	120	126	130	115	115	115

资料来源：根据网上公开数据整理。

2016年早稻最低收购价首次出现下降，2017年三类稻谷的最低收购价全部下调，2018年的稻谷最低收购价又比2017年有较大幅度下降，2018年小麦最低收购价格也开始下调。最低收购价的下降是一种方向性的转变，对于完善农产品价格支持政策具有标志性意义，也是我国农业补贴政策更加市场化、更加反映供求关系的一种政策取向表现。虽然农产品作为一种具有公共属性的特殊商品，不能完全市场化，但从国外成功的实践经验看，相关支持政策仍应尽可能地发挥市场作用，尽量减少政策对市场运行产生的影响。最低收购价不断上涨或维持不变，看似维护了种粮农户的利益，但却损害了养殖业、粮食收储企业、粮食加工企业以及国家在内的相关链条上其他各方利益，导致加工企业和养殖业原料成本高企，国家收购和仓储的财政负担不断攀升，最终必将损害种粮农户的利益。因此，最低收购价下调是大势所趋。

从对市场的影响看，市场对小麦最低收购价下调已有明确预期，且调价幅度较小。同时，小麦产业链相对较短，与其他农产品的种植替代性相对较低，在已经形成机械化生产和收割方式的情况下，小幅调价不会对生产领域产生重大影响。稻谷连续三年下调最低收购价则对生产端的影响相对较大。这一方面有利于稻谷去库存工作的顺利推进；另一方面也会倒逼农户加强与市场的对接，更加灵活地选择种植品种和种植方式，提升种植品质，努力生产出像泰国、美国那样优质价高的大米。事实上，在东北三省的一些地区，优质的稻谷和小麦都是以较高的市场价格，通过中间商而非政府被收购，每年最低收购价的波动对其而言已无大的影响。

三 临时收储政策改革进展及评价

（一）临时收储政策实施情况

临时收储政策是指国家根据相关规定，对某些地区的某些特定农产品开展临时制定的收储政策，目的是保护农民利益，提高农民种植的积极性。21世纪初，我国粮食价格震荡下行，种粮比较收益不断下降，粮食产量持续下降。2004年以来，中央在实施稻谷和小麦最低收购价政策的同时，针对玉米价格下跌和"卖难"等问题，于2007年在东北三省和内蒙古自治区开始实施玉米临时收储政策，该政策一直实施到2015年。同时，受金融危机影响，为进一步鼓励国内农业生产，中央又先后对大豆（2008年）、油菜籽（2008年）和棉花（2011年）等农产品实行临时收储政策，一直到2014年才结束（见表6—2）。

表6—2　　　玉米等农产品临时收储价格变化情况（元/吨）

年份	玉米	大豆	油菜籽	棉花
2008	1500	3700	4400	—
2009	1500	3740	3700	—
2010	1800	3800	3900	—
2011	1980	4000	4600	19800
2012	2120	4600	5000	20400
2013	2240	4600	5100	20400
2014	2240	—	5100	—
2015	2000	—	—	—

资料来源：根据国家发改委、财政部公开数据整理。

(二) 成效及主要问题

总体来看，临时收储政策对于促进粮食生产方面的作用较为明显。临时收储政策自实施以来，玉米、油菜籽等作物的种植面积和产量逐年上升，2015 年玉米产量和 2014 年油菜籽产量分别比 2008 年增长 9287 万吨和 151 万吨，增幅分别超过 54% 和 12%（见图 6—1）。大豆产量虽然没有大幅增长，却基本保证了种植农民的收益。

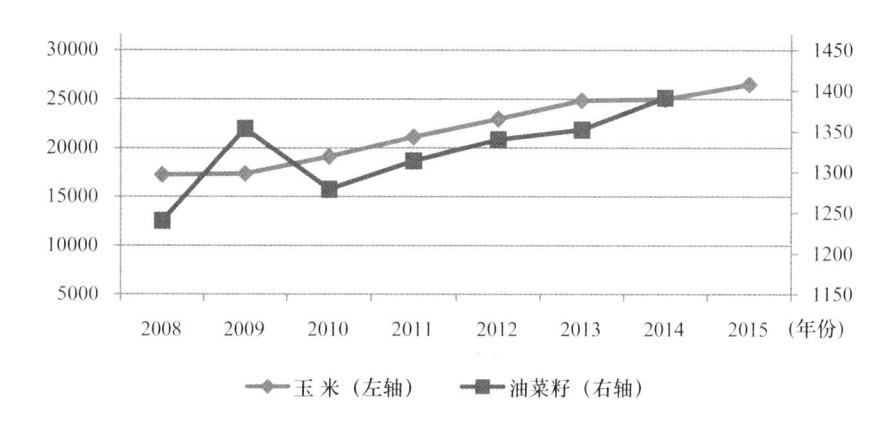

图 6—1 临时收储政策自实施以来玉米和油菜籽产量变化情况（万吨）

资料来源：《中国统计年鉴 2018》。

但应当看到，临时收储政策本就是为了应对金融危机而采取的"临时性应急措施"，在较长时间的实施过程中必然会出现一些问题。一是玉米、油菜籽等作物的临时收储价格持续上涨，打破了"两丰一平一减"的粮食生产周期。其产量是在通过大量增加补贴、影响成本收益和生产周期关系的情况下实现的，而非通过重大技术突破和重大体制创新实现，因此不具有可持续性，只是延迟了下行的周期。特别是当国内外玉米价格严重倒挂，国内玉米库存高企，财政负担较重，下游加工企业原料成本上升、经营困难等问题并存时，临时收储政策存在的问题就越发凸显，改革也就势在必行。

二是棉花临时收储政策问题显现。通过制定临时收储价格，棉花市场虽然实现价格的稳定，但却使政府在市场上扮演了高价收购的角色，棉花的现货资源几乎全被政府收购，由政府掌控，市场机制受到严重影响。同时，2011—2013年，随着棉花收购规模的持续扩大，国储棉库存很快超过800万吨，不但占用大量的收购费用，还须支付利息、仓储保管等费用，财政负担越来越重。而国内外棉花价格差距不断扩大，同时由于我国实行棉花进口配额制，每年进口配额只有89.4万吨，远低于加工行业的需求，从而提高了下游企业的原材料成本，并使得拥有进口配额和没有配额的企业之间存在不平等竞争。棉花临时收储政策实施后，每年约300万吨的进口滑准税配额政策又受到影响[1]，导致部分企业原料供给出现困难，成本不断提升，加剧了下游行业的无序竞争，国际竞争力下降，给纺织行业带来较多困难。

三是大豆产量持续下降。由于大豆的亩产较玉米低很多，因此大豆的临时收储价格与玉米相比没有太多优势，从而降低农民种植大豆的意愿。2008年，我国大豆产量为1450万吨，到2013年已降至1275万吨，减少了175万吨。

四是近年来劳动力价格、土地流转价格、融资成本、农业生产资料等生产要素和其他生活资料价格快速上涨，财政补贴的增速明显赶不上成本上升速度，加之外出务工的收入对农民增收的效果更为明显，使得种粮的机会成本上升，导致农民种粮意愿下降，补贴资金的边际效用不断递减。为维持临时收储政策所需的财政支出规模越来越大，而随着我国经济进入新常态，财政收入增长明显放缓，依靠大幅增加财政补贴来调动生产积极性的模式已难以为继。

四 目标价格政策改革进展及评价

（一）目标价格政策实施情况

目标价格政策是指农产品价格在市场机制形成的基础上，通过差价补贴保护生产者利益的一项农业支持政策。当市场价格低于目标价格时，

---

① 滑准税是一种关税税率随进口商品价格由高到低而由低至高设置计征关税的方法，目的是尽可能减少被征收滑准税进口商品对国内相关商品价格的影响。2005年以来，我国对关税配额外的棉花进口配额征收滑准税，税率滑动的范围为5%—40%。

国家根据目标价格与市场价格的差价，以及种植面积、产量或销售量等因素，对政策实施地区的生产者给予补贴，以保证农民收益。当市场价格高于目标价格时，则不发放补贴。

由于临时收储政策存在上述诸多问题，中央决定从 2014 年开始探索实施目标价格政策。2014 年中央一号文件提出，"探索推进农产品价格形成机制与政府补贴脱钩的改革，逐步建立农产品目标价格制度"，并启动了东北、内蒙古大豆和新疆棉花的目标价格补贴试点工作。

（二）成效及主要问题

2014 年以来，新疆维吾尔自治区和兵团在总结试点经验的基础上不断优化完善，逐步形成较为成熟的棉花目标价格实施方案。一是从定价机制看，将目标价格的形成机制改为按照近三年生产成本加合理收益来确定，目标价格由一年一定改为三年一定，且目标价格在播种前公布，以有效引导棉花生产。二是从目标价格政策覆盖的范围看，对新疆享受目标价格补贴的棉花数量进行上限管理，超出上限的不予补贴。三是从操作方式看，新疆维吾尔自治区搭建了相关专业信息平台，实现种植、收购、加工、仓储、物流等全流程的信息化管理，有效地简化了工作流程，提高了工作效率。

新疆棉花目标价格政策的实施效果较为明显。一是实现价格的市场化导向。2014—2016 年，棉花的目标价格分别为 19800 元/吨、19100 元/吨和 18600 元/吨；2017—2019 年的目标价格为 18600 元/吨，低于之前实行临时收储政策时的价格，缩小了与国际市场的价差，减轻了下游加工企业的成本压力。二是提高棉花产业的集中度。全国棉花生产向新疆优质产棉区集中，产业集中度从 2013 年的 60% 上升至 2016 年的 70%，特别是高质棉花的比重在不断增加。[①] 三是提升棉农收益和棉花质量。棉花生产的规模效应显现，加之目标价格更能促进种植者优化要素投入比例和效率，从而扩大了优质棉的种植面积，增加了棉农的种植收益。虽然棉花目标价格在实施过程中也出现了种植面积和产量存在偏差、补贴

---

① 王力、何韶华：《新疆棉花目标价格政策实施效果研究》，《价格理论与实践》2018 年第 8 期。

标准存在争议、部分补贴资金发放延缓、工作人员素质参差不齐等问题，但总体来看，棉花的目标价格政策是成功的，也是未来政策完善的主要方向。

相对于棉花的成功，大豆的目标价格政策在实施过程中出现较多问题。一是进口规模持续扩大。与棉花类似，国内大豆种植成本高于国际市场，但由于大豆没有关税配额保护，因此在目标价格实施后，大豆进口规模依然难以控制，进口量从2014年的7140万吨增至2016年的8391万吨，国内大豆产业发展存在困难。二是农民种植意愿不高。由于大豆目标价格较低，加之玉米等农作物的比较收益相对更高，因此，东北和内蒙古地区农民种植大豆的意愿下降，种植面积减少。2014—2016年，我国大豆年均产量仅为1245万吨，处于历史较低水平。三是对下游加工企业形成不利影响。由于大豆目标价格与农民的心理预期价格存在较大落差，一些农民存在惜售心理，在收割期囤货希望后期市场价格能够出现上涨行情，从而使得大豆市场的购销节奏放缓，下游加工企业开工不足，行业整体景气度不高。

五　市场化收购加补贴政策改革进展及评价

（一）市场化收购加补贴政策实施情况

市场化收购加补贴是指农产品价格由市场供需双方来确定，国家不参与价格的形成，只对种植户按一定标准进行补贴，同时鼓励各类市场主体进入收购市场，为农产品买卖营造公平有序的市场环境。

在农业供给侧结构性改革的大背景下，随着玉米产量快速增加，政府库存压力越来越大，国内外价格倒挂情况越来越严重等，2016年，国家根据"市场定价、价补分离"的原则，取消了实行九年的玉米临时收储政策，建立了玉米市场化收购加补贴的新机制。在该机制下，玉米价格由市场形成，政府对玉米主产区给予一定补贴，由各省区制订具体的补贴实施方案，保障优势产区玉米种植收益基本稳定。2017年，大豆也从目标价格政策调整为实行市场化收购加补贴的机制，就是为了能够更有效地发挥市场机制作用，激发各类市场主体活力。

（二）成效及主要问题

市场化收购加补贴的机制实施时间不长，但已取得初步成效。一是玉米库存快速消化。2016年以来，玉米临储拍卖规模迅速扩大，2016—2018年的拍卖量分别达到2182万吨、5873万吨和10014万吨，累计消化临储库存超过1.8亿吨，预计目前剩余的约8000万吨库存将于2019年全部清空。二是玉米种植面积调减力度较大。玉米收储制度改革以来，近三年我国玉米种植面积累计调减超过4500万亩。三是大豆种植快速恢复。一方面，2017年加大大豆种植补贴力度，提高了豆农的积极性；另一方面，在中美贸易摩擦背景下，为扩大国内大豆生产，减少大豆进口规模，2018年各地对大豆的补贴力度大幅增加，一些地区大豆每亩补贴在350元以上，最高达到580元/亩。而玉米补贴在下降，多数地区在100元/亩以下，最高的不过125元/亩，最低每亩仅有20多元。2018年，在玉米产量下降的同时，大豆产量达到1590万吨，预计2019年产量还将进一步增长。

总体来看，市场化收购加补贴政策虽然实施时间不长，但已实现部分政策目标。但是，我们不能盲目乐观，须认识到其中可能存在的问题。一是玉米去库存过快，深加工产能又在补贴支持下快速增长，未来可能会给稳定物价总水平、防止出现加工领域过剩产能、控制非优势产区玉米种植面积反弹等工作带来挑战，值得高度关注。二是由于玉米亩产是大豆亩产的三倍以上，玉米种植面积的较大规模调减，会带来粮食产量的下降，在中美经贸摩擦背景下，不利于农业作为经济社会"压舱石"作用的发挥。三是大豆种植面积扩张的规模边界需要有科学界定，应结合稻谷去库存工作，调减水稻，稳定玉米，保障大豆种植面积。

第二节　优化农产品价格支持政策的国际经验

农产品价格支持政策是发达国家普遍应用的、作为支持本国农业发展的主要政策之一。但由于直接的价格支持政策在执行一段时间后，会出现农产品大量过剩、财政负担加重、市场机制扭曲等问题，加之WTO对农业规则有新要求新限制，各国纷纷开展农产品价格支持政策改革。

虽然各国具体的改革政策有所不同，但总体方向均是从直接价格补贴转向对农民收入、农业风险、农民素质、生态环境等方面的补贴，取得较为显著的成效，值得我们学习、借鉴。

一　实施直接价格支持政策

（一）美国是世界上较早实施农产品价格支持政策的国家

受第一次世界大战影响，欧洲许多国家的农业生产秩序被破坏，不得不从美国进口大量粮食，从而刺激了美国农业生产规模的快速扩张。随着战后欧洲农业生产快速恢复、农产品自给率迅速上升，出口受阻的美国农业出现了严重的产能过剩问题。国内小麦、棉花等农产品价格大幅下跌，一些农产品价格跌幅超过50%。农民和农场主收入锐减，经济和社会矛盾不断积累。在此背景下，1933年美国总统罗斯福一上任，就支持时任农业部长的华莱士出台了《农业调整法》。该法一方面大力开展"去产能"工作，通过建立土壤保护区、给予轮耕休耕退耕土地补贴、发放非援助性贷款等方式，控制农作物播种面积，降低农业产能；另一方面，建立农产品价格支持政策。政府对特定农产品设定最低价格，当市场价格低于最低价格时，政府以最低价对该产品进行收购以稳定市场价格，收购上来的农产品一部分用于出口销售或对外援助，一部分也作为国内居民的经济援助品。该政策一直持续到20世纪五六十年代。

（二）欧共体按统一规定执行农产品价格支持政策

1962年，成立不久的欧洲经济共同体签署了建立区域内农产品统一市场的协议，决定实施共同农业政策（CAP），并设立欧洲农业指导与保证基金，希望通过补贴干预农产品价格，调动农民的种粮积极性。根据CAP规定，欧共体内各国对农产品的价格波动实行上下限管理。上限价格又称为目标价格，由成员国中农产品的最高价格来确定，其中包含储存和运输等费用，各国的市场价格均不得高出这一目标价格。下限价格又称为干预价格，一般比目标价格低6%—9%。当市场价格低于干预价格时，相关部门可以按干预价格对该农产品进行敞开收购和存储，也可依据生产者在市场上出售该产品的凭证，对干预价与销售价之间的差额给予补贴。在该政策基础上，CAP又于1968年、1972年和1985年进行了几次较大的改革,但围绕价格开展补贴的政策主线没变。

(三)日本对农产品的价格支持力度也较大

"二战"后,日本政府对粮食价格采取与战前相似的政策,即实行基于生产成本的收入补偿制度,其中以自给率较高的大米最为核心和关键。政府以大米的平均生产成本与工业劳动力平均工资之和来确定收购价格,从而保证了农民收入水平不低于城市工人,甚至会更高。同时,依据收购价格通过农协系统向农民统一收购、统一销售(包括零售),这与20世纪50年代我国的统购统销政策有些类似。但随着经济的快速发展,日本农业生产资料价格和工业劳动者工资均出现快速上涨,政府以原有方式计算收购价格、进行统购统销的财政压力越来越大,不得不于60年代末进行部分改革。当时改革的重点在于政府减少按原有价格进行收购大米的数量,允许政府收购之外的部分在市场自由交易,交易价格主要由农协与批发商和收购商谈判确定。同时,为保证在市场交易的大米价格总体上不低于政府收购价,政府会给批发商和收购商以部分补贴。

二 从直接价格支持转向目标价格政策

(一)美国于20世纪70年代开始实施目标价格政策

直接价格支持政策需要占用大量财政资金,并且会影响市场机制作用的发挥。同时,国际社会要求美国改革农业补贴政策的呼声也越来越高。在此背景下,美国政府于1973年颁布新的农业法案,明确提出目标价格差额补贴政策。目标价格根据生产者成本、市场供求状况、国际价格等多种因素综合确定,同时取消生产者面积配额,扩大补贴范围。目标价格政策自此在美国实施了几十年,其间虽然在目标价格的形成机制、补贴对象变化、补贴金额计算方式、与反周期补贴相结合等方面,根据实际情况和出现的主要问题进行过多次调整,但总体政策模式没有发生重大变化。这一农业补贴法案也成为后来各国间接支持农业发展的重要参照和政策基础。

(二)欧盟于20世纪90年代初开始对CAP进行新一轮改革

因财政压力不断增加,农产品过剩和农业劳动力流失等问题越来越突出,生态保护责任越来越重大,贸易摩擦不断增多等,欧盟从20世纪

90年代初开始,对CAP进行了持续多年的改革,主要举措之一就是由价格支持政策转向收入补贴政策。一方面,政府大幅减少对农产品价格的干预,降低对农产品价格支持的力度;另一方面,将原有的财政资金转向支持生产者,增加对农民收入的补贴。

(三) 日本于20世纪90年代对价格支持政策进行市场化改革

受乌拉圭回合谈判影响,日本政府于1994年年底出台《新粮食法》,1995年开始对粮食价格支持政策进行全面市场化改革。一方面,政府不再承担兜底收购责任,改由各级农协组织卖给收购商,经销商也从许可制改为登记制;另一方面,为确保农民收益,政府通过调减种植面积来限制产量、稳定价格,并成立专项基金对完成限产任务的农民进行补贴。从进口政策看,虽然日本政府在国际压力之下扩大了大米进口配额,降低了进口关税,但为保护国内大米产业,政府又将部分进口大米以粮食援助、补贴出口等形式直接转到国外。

三 从目标价格向收入保险转变

(一) 美国越来越多地采用灵活多样的农业保险进行补贴

2014年,美国通过了《新农业法》(2014—2018财年),该法案彻底取消固定直接补贴,将反周期补贴改为价格损失保障补贴,目标价格改为参考价格。本次法案最大的变化在于,农业补贴从对农产品价格的关注转移到农民收入上来,相对于价格补贴政策,农业保险补贴更为隐蔽,更加市场化。新法案中,美国政府在传统相关农业保险政策的基础上,出台了补充保险选择计划,对于获得农业保险赔偿比例不高的生产者,多提供了更高的保障水平和保费补贴,使保险政策更为灵活多样,满足不同风险偏好的需求。

(二) 欧盟减少"黄箱"政策,增加"绿箱"补贴

随着居民对高质量农产品消费需求的快速增长,以及农业发展形势的变化,欧盟从2000年以来逐步减少了对大农场主的补贴,转而增加对农业发展、环境保护以及食品安全等方面的补贴。2013年,欧盟发布《共同农业政策2014—2020年计划》,提出增强农业竞争力、实现自然资源可持续管理、成员国区域平衡发展三大长期发展目标,以转向绿箱化

公平化、加强自然资源和生态环境保护、注重农业综合竞争力提升等为重点,开展农业补贴改革。从资金来源看,补贴资金主要来自欧洲农业担保基金(EAGF)和欧洲农业农村发展基金(EAFRD)。从补贴方式看,取消了单一农场补贴等与价格挂钩的"黄箱"政策,改为对绿色农业、农民培训、食品安全、信息咨询等方面的"绿箱"补贴政策。

(三) 日本近年来针对稻谷补贴开展了一系列力度较大的改革

为减少政府财政支出,更好反映市场供给关系,1998年日本出台《稻作经营稳定对策》,力求通过减少稻谷种植面积来调减大米产量。2007年和2010年又分别出台对规模经营者的收入损失补贴和对所有经营者的直接收入支付,从而进一步实现调减大米产量、稳定农民收入、扩大经营规模的目标。2013年,日本政府提出到2018年,将取消为保证粮价而减少耕种面积的"减反政策",并终止相关价差和收入差补贴,转而实施收入保险政策。目前,该政策尚未正式实施,但为应对本轮改革,许多日本大米生产企业纷纷加大品牌建设力度,日本产地品种品牌已超过800个。2018年年初,已有45个道府县设定了本区域非强制性的大米生产量和种植面积标准,以防"减反政策"废除后稻谷种植面积的快速扩张。

四 相关启示和政策建议

(一) 根据不同发展阶段和政策目标制定相应的补贴政策

无论是发达国家还是发展中国家,在农业发展过程中,均使用过各种类型的农产品价格支持政策,并在当时发挥了积极作用。政策没有绝对的好坏之分,都具有阶段性和时代性,主要是针对当时的主要矛盾和突出问题来制定和实施的。其关键是看政策的实践效果,是否达到了预期目标,是否将不利影响控制在预期范围之内。因此,对于2004年以来我国实施的最低收购价、临时收购、目标价格等政策,应客观看待和评价,看到其在粮食增产、农民增收、产业增效等方面的积极作用。随着中国特色社会主义进入新时代,我国的社会主要矛盾已经转化为人民日益增长的美好生活需要和不平衡不充分的发展之间的矛盾,对价格支持政策乃至农业补贴政策体系都提出更高要求。因此,在进入新时代的背景下，我们应在减少直接价格支持政策的同时，更多地采取"绿箱"政策，构建与高质量发展、现代化经济体系建设要求相一致的农业补贴政策体系。

（二）建立以市场化和绿色生态为导向的农业补贴政策体系是大势所趋

由于直接的农产品价格支持政策受WTO"黄箱"政策限制，政策空间有限，影响农产品市场化价格形成机制，因此，近年来美欧等发达国家纷纷减少或取消直接价格支持政策，改为加大对农业保险、轮作休耕、绿色发展、环境保护、人员培训等方面的"绿箱"补贴政策。这些补贴政策有效地减少对市场机制作用发挥的直接影响，使农产品价格能够更多地反映供求关系。同时，发达国家对于农业保险的重视程度越来越高，在农业保险领域形成覆盖面广、灵活多样、有效满足不同需求层次的产品和模式。通过加强多层次保险政策，有效地保障了农民收入，提高了农产品的供给质量；通过依托保险公司等商业化企业，既降低了财政支出成本，又提高了政策效率。

（三）平衡好保护国内粮食生产与提升产业竞争力的关系

由于农业的劳动生产率总体上低于二、三产业，而农业本身又具有保障国家安全、优化生态环境、提供工业基础原料等公共属性，因此各国都对农业实施了保护和支持政策。但总体而言，美国在制定农业补贴政策的同时，尽量避免影响市场竞争机制作用的发挥，从而使其农业的劳动生产率和国际竞争力在补贴过程中得到不断提升。反观日本，虽然通过或明或暗的补贴和关税政策，较为有效地保护了国内大米生产，实现了较高的大米自给率，保障了农民收入总体不低于城镇居民。但是，过度的保护政策使得日本农业的规模化生产迟迟无法推广，农民兼业化现象普遍，财政负担一直较重。大米价格与国际倒挂、国内消费者承受更多负担，农业的国际竞争力一直难以有较大提升。加之饮食习惯的变化，日本国内大米的消费量不断下降，进一步限制其农业发展空间。因此，在对农业进行保护的同时，应更多地依托市场化手段，减少直接价格补贴，增加对收入保险、生态环境、产品品质、科技研究、人员素质等方面的投入和支持，使农业竞争力和劳动生产率在补贴的支持下不断提升、发展。

> 专栏 6—2
>
> **传统饮食习惯悄然改变　日本民众对大米需求持续下降**
>
> 　　面粉、大米和薯类是世界最主要的三类主食，但以日本、泰国等为代表的东亚和东南亚国家，以大米为主食的饮食习惯历史悠久。很久以来，日本民众就将稻米视为神灵，在许多祭祀活动中都有出现。他们对大米有一种特殊的偏爱，也习惯于食用本国种植的大米。但随着日本年青一代受欧美饮食文化的影响，以大米为主食的饮食习惯正在改变。相关统计显示，2011 年日本人均大米消费量仅为 58 千克，比 1962 年的 118 千克下降了一半多，而当年日本家庭的小麦消费量首次超过大米。与小麦同步上升的还有奶酪的消费量，日本人均奶酪消费量已从 20 世纪 60 年代的 0.2 千克上升至 2017 年的 2.4 千克。近年来，这一趋势越发明显，面对持续萎缩的国内大米消费市场，日本生产者不得不将目光转向包括我国在内的亚洲国家进行推销。

（四）从全球视角优化农业补贴政策，以统筹利用好两个市场，两种资源

　　美国、欧盟、巴西、俄罗斯等国家先天具有发展农业的自然条件优势，加之机械化和规模化水平较高，在全球的农业经贸格局中占有重要地位。近年来，我国农业的规模化、机械化、信息化水平快速提高，许多农产品在国际市场的竞争力越来越强。但同时应看到，国内对农产品的需求越来越多样化、个性化，而国内耕地、水、环境等资源有限，客观上需要从国外进口各类农产品。因此，农业补贴政策在设计时应从全球配置资源的视角统筹考虑，力求既保护国内农业发展，又有效利用好国际市场和资源。以美国实施多年的粮食对外援助政策为例，该政策既通过补贴收购了市场上过剩的粮食，又以粮食援助为抓手扩大其在发展中国家的影响力，帮助其实现全球战略布局。同时，通过粮食援助引导当地居民改变饮食习惯，更多地食用小麦产品，从而进一步扩大海外粮食市场，反过来又促进了国内农业生产和竞争力的提升。

第三节 农产品价格支持政策调整对下游产业影响研究
——以玉米产业为例

作为世界三大谷物中年产量最高的农作物,玉米是全球非常重要的主粮。它不但具有成熟快、亩产高、耐寒强等特点,而且营养价值较高,相关产业链较长。玉米收储制度自改革以来,我国临储库存快速下降,同时,下游深加工产能迅速膨胀。随着本轮在建和拟建项目的投产,玉米市场多年来供大于求的局面将出现逆转态势。2019年,玉米供给缺口可能进一步扩大,将给稳定物价总水平、防止加工领域过剩产能、控制非优势产区玉米种植面积等工作带来挑战,值得高度关注。

一 我国玉米产业发展概况

（一）我国是全球第二大玉米生产国和消费国

作为全球两大玉米种植黄金带之一,我国一直是世界上主要的玉米生产国。2012年以来,我国玉米产量一直保持在2亿吨以上,约占全国粮食总产量的1/3,约占全球玉米总产量的20%,紧随处于另一个玉米种植黄金带的美国之后,位居世界第二位。我国的消费量也位居美国之后,居世界第二位。从全球来看,玉米生产和消费总体呈现较为集中的格局。近年来,美国、中国、巴西和欧盟四个经济体的玉米产量和消费量占全球比重分别约为70%和65%（见表6—3、表6—4）。

表6—3 全球玉米主要生产国（地区）生产情况（万吨）

年份	美国	中国	巴西	欧盟	全球	四国（地区）占全球比
2005	28231	13937	4170	6116	69686	75.3%
2006	26750	15160	5100	5383	71105	73.7%
2007	33118	15230	5860	4756	79244	74.4%
2008	30714	16591	5100	6232	79882	73.4%
2009	33255	16397	5610	5695	81935	74.4%

续表

年份	美国	中国	巴西	欧盟	全球	四国（地区）占全球比
2010	31617	17725	5740	5617	83249	72.9%
2011	31392	19278	7300	6812	88664	73.1%
2012	27319	20561	8150	5890	86800	71.3%
2013	35127	21849	8000	6464	99047	72.1%
2014	36109	21565	8500	7573	101603	72.6%
2015	34551	22463	6700	5875	97221	71.6%
2016	38478	21955	9850	6174	107831	70.9%
2017	37096	21589	8700	6210	103666	71.0%

资料来源：Wind 数据。

表6—4　　全球玉米主要消费国（地区）消费情况（万吨）

年份	美国	中国	欧盟	巴西	全球	四国（地区）占全球比
2005	23206	13700	6150	3950	70389	66.8%
2006	23067	14500	6230	4100	72698	65.9%
2007	26163	14900	6400	4250	77195	67.0%
2008	25927	15200	6160	4550	78203	66.3%
2009	28159	16500	5930	4700	82282	67.2%
2010	28501	18000	6290	4950	85031	67.9%
2011	27903	18800	6950	5050	88316	66.5%
2012	26297	20000	6960	5250	86473	67.7%
2013	29297	20800	7650	5500	94885	66.7%
2014	30179	20200	7788	5700	98101	65.1%
2015	29879	21750	7350	5750	96801	66.9%
2016	31386	23200	7400	6050	106076	64.1%
2017	31853	24100	7600	6200	106934	65.2%

资料来源：Wind 数据。

（二）国内玉米受关税配额保护，自给率较高

我国在加入 WTO 时，为确保国家粮食安全，通过谈判争取到包括小麦、大米、玉米、棉花等在内的农产品进口配额制度。根据相关条款，

我们每年玉米的进口配额为720万吨，配额内关税为1%—10%，配额外的关税高达65%—180%。① 因此，我国进口玉米的规模有限，多年来都未将配额用完，自给率常年保持在97%左右的高位。从国际来看，美国、巴西和阿根廷是主要的玉米出口国，三国出口量之和约占全球的70%。相对于出口，玉米进口的集中度较低。2017年，日本、欧盟和墨西哥等主要进口国和地区的进口量之和，占全球玉米进口量的比重仅为35.8%，相对较为分散（见表6—5）。

表6—5　　　　　　2017年全球玉米进出口总体情况（万吨）

出口			进口		
国家	出口量	占比	国家	进口量	占比
美国	5652	37.4%	日本	1690	13.4%
巴西	3010	19.9%	欧盟	1650	11.3%
阿根廷	2501	16.5%	墨西哥	1620	11.1%
三国合计	11163	73.8%	三国合计	4960	35.8%
全球	15110	100%	全球	14583	100%

资料来源：Wind数据。

（三）我国玉米主要用于饲料消费，相关产业链较全

从消费结构来看，居民直接食用的玉米只占较小比重。我国每年生产的玉米主要用于饲料加工，近年来用量占玉米产量的65%—70%。此外，深加工用量约占25%，居民直接消费的比重不足10%。从产业链条来看，我国玉米产业链较长，门类环节较齐全。总体上看，玉米产业链主要包括种植、贸易、加工、流通、消费等多个环节，每个环节又包括若干配套产业。如种植环节包括育种、农资、农机等，贸易环节包括收购、交易中心、期货市场等。加工环节包括饲料加工和深加工，深加工又包括淀粉、酒精、玉米粉、淀粉糖、发酵品等。同时，随着科技的发展，不断衍生出麦芽糖、山梨醇、木糖醇、抗消化淀粉等附加值更高的

---

① 种用玉米、玉米、玉米细粉、玉米粗粒及粗粉等具体品种的关税配额税率有所不同。配额外关税税率除分品种不同外，还受是否为最惠国的影响。

新产品（见图6—2）。

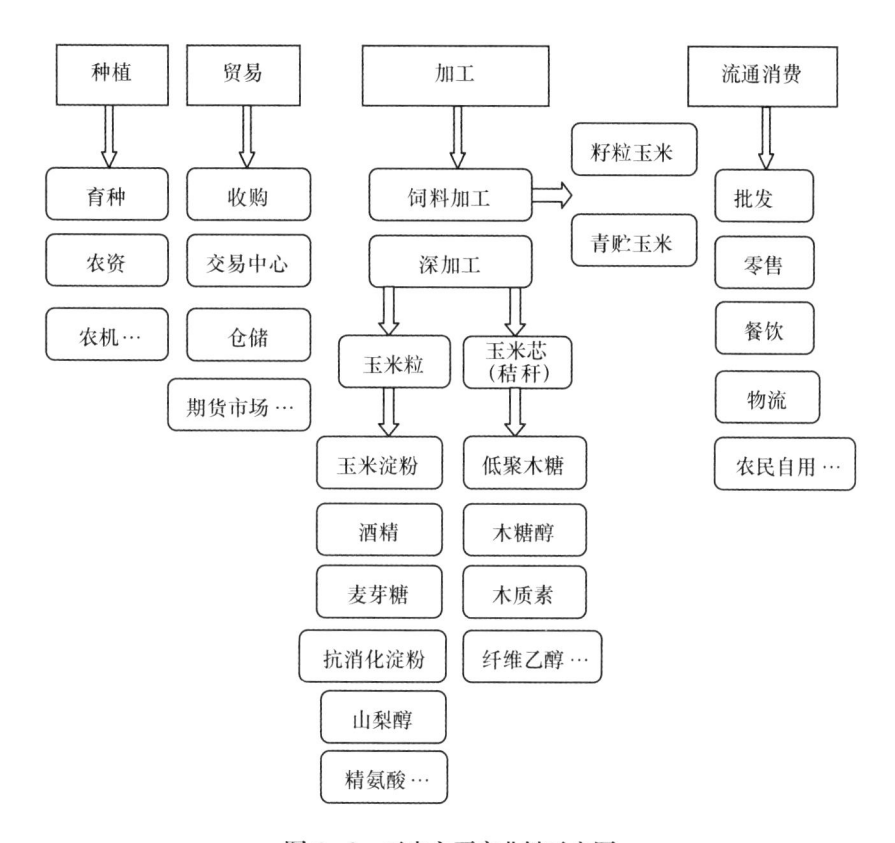

图6—2 玉米主要产业链示意图

资料来源：根据相关公开资料整理。

二 玉米价格支持政策变化对市场供给关系形成重大影响

玉米价格支持政策调整，对玉米市场供求和下游生产企业均产生较大影响。随着玉米产量持续下降和临储库存清空，以及深加工产能急剧扩张和新增饲料等对玉米需求的快速增长，玉米市场多年来供大于求的局面可能会在2019年发生根本逆转。

（一）从供给来看，玉米现有库存将于2019年基本出清

国家粮食交易中心数据显示，2016年以来，玉米临储拍卖规模迅速扩大，近三年来的拍卖量分别达到2182万吨、5873万吨和10014万吨，

累计消化临储库存超过 1.8 亿吨。目前，剩余库存约 8000 万吨，其中，2014 年和 2015 年剩余库存分别约为 7500 万吨和 500 万吨，所有库存将于 2019 年全部清空，玉米去库存工作将基本完成。

同时，我国玉米供给能力不断下降，种植面积和产量持续下滑。玉米收储制度自改革以来，近三年我国玉米种植面积累计调减超过 4500 万亩。近期公布的大豆生产者补贴标准远高于玉米，如黑龙江省大豆生产者补贴标准为 320 元/亩，比 2018 年每亩增加约 146 元，而玉米只有 25 元/亩，同比大幅减少。吉林省公主岭市的大豆种植补贴更是高达 580 元/亩，在这种情况下，预计 2019 年玉米产量将进一步下降。事实上，2018 年年初，我国新玉米市场近年来首次出现产不足需的情况，供给缺口达到 2800 万吨。2019 年，随着需求增长和临储库存消化殆尽，供求矛盾将进一步凸显。由于我国对玉米进口实行配额制，配额每年约 720 万吨，因此，短时间内难以通过进口来弥补国内的供给缺口。

（二）从需求来看，玉米深加工产能规模将创历史新高

近年来，为配合玉米去库存工作，各地纷纷放开玉米深加工产能限制，许多主产区鼓励发展规模以上加工企业，并采取各种补贴和优惠政策引导与支持项目上马，产能急剧扩张。目前，新增在建深加工产能超过 2800 万吨，预计 2019 年年底将达到 1.1 亿吨的历史新高。

同时，饲料行业对玉米需求将所有增加。为应对中美贸易摩擦升级可能对国内养殖业形成的冲击，饲料工业协会于 2018 年 10 月下旬发布仔猪生猪和蛋鸡肉鸡配合饲料新标准，可带动减少约 1400 万吨的大豆需求。据测算，减少的大豆蛋白部分需要通过增加玉米用量来弥补，不同技术对玉米的用量不同，但大体上对玉米的新增需求在 700 万—1100 万吨。

三　玉米供求格局变化将带来三方面不利影响

作为三大主粮之一，玉米的生产和加工能力均受政策的鼓励或限制而不断变化，实现供求动态平衡较为困难。目前，由于上游去库存与下游鼓励新建加工产能之间存在政策不协调和时间差等问题，库存已消化大半，但众多新建产能尚在申报核准和准备建设阶段，对未来形成一定的不利影响。

(一) 玉米及下游加工品价格上涨，可能引发物价水平一定幅度波动

受玉米市场出现较大供求缺口影响，2019年玉米价格将继续上涨。2018年，即使在1亿吨库存玉米投入市场的情况下，玉米价格仍较2017年有所上涨。2019年库存仅剩8000万吨，加之产量下降，可以预见，在2019年乃至今后两三年，玉米价格不断上涨的基础已经形成。事实上，一些企业已经注意到这个趋势，在2018年玉米库存拍卖过程中进行大规模补仓，"赌"未来玉米价格上涨，导致近期玉米拍卖价格出现上涨行情。从现货市场来看，寿光金玉米等加工企业14%水分玉米的收购价从2018年10月10日的1840元/吨增长至11月12日的2060元/吨，一个月内涨幅达到12%。考虑到玉米产业链条较长，原料价格上涨将显著推高饲料、淀粉、酒精等产业链下游企业的生产成本，从而在一定程度上影响食品类价格，进而影响物价总水平。此外，玉米价格上涨带来的种植意愿提升，也加剧了地租价格的上涨。调研发现，2018年黑龙江一些地区平均地租较2017年上涨约750元/公顷，涨幅达13%，2019年地租还将延续上涨态势，从而进一步抬高种粮成本。

(二) 玉米供应量不足且价格高涨，可能影响新上马深加工企业的开工率，导致形成新一轮的深加工过剩产能

我国在21世纪初经历过玉米深加工产能的大涨大落。2002年，出现过一轮玉米加工产能快速增长、一些项目盲目上马且集中建设的问题，使得短期内加工产能扩张速度远超当时玉米产量的增幅，一度出现"机器与人争粮食"的局面。为确保粮食安全，2007年开始全面清理新建和在建玉米深加工项目，严格控制深加工产能盲目过快增长。近年来，随着玉米价格上涨和产能持续扩张，玉米深加工企业的开工率在2016年一度高涨以后，已经在持续下降，目前已降至50%以下，接近收储改革之前的水平。从2019年的玉米产量和消费量预测来看，玉米深加工产能过剩迹象明显，平均开工率预计约为50%，值得高度关注。

(三) 玉米价格大幅上涨可能引发玉米种植面积特别是非优势产区种植面积的反弹

从种植收益比较来看，玉米亩均种植收益总体上高出大豆种植50%—60%，这主要由两者单产水平和市场价格决定。这种市场比价关

系是引导农户种植结构调整的主要依据。近两年大豆种植规模扩展较快，是在增加大豆种植补贴的同时，对玉米收储制度进行改革、减少玉米种植补贴的结果。如果2019年玉米价格出现较大幅度的上涨，无疑将会改变玉米与大豆的比较收益关系，可能会削弱农户种植大豆的积极性，不利于我国按照既定目标和节奏优化调整种植结构，从而影响我国在贸易摩擦升级背景下扩大国内大豆自主生产能力的战略推进力度。在玉米价格大幅上涨的情况下，如果进一步通过提高大豆相关补贴来确保大豆生产的积极性，即使财政能够负担得起，也将会进一步加剧市场扭曲。

四 促进玉米产业链持续健康发展的措施建议

在中美经贸摩擦背景下，农业作为"压舱石"的作用和意义越发凸显。玉米产量约占我国粮食总产量的35%，其下游产业发展情况对我国农业发展乃至经济社会稳定都有重要意义。由于玉米供给的调整是一个慢变量，因此应针对未来2—3年可能出现的问题，短期内从需求侧围绕加工企业制定针对性措施，通过深加工产能调控稳定未来玉米价格上涨态势，中长期从供给端探索玉米收储制度更为市场化的改革，合理引导种植业结构有序调整。

（一）短期内，围绕加工企业制定针对性措施

强化对新增玉米深加工产能的调控。按照生产规模、空间布局、环保标准等相关要求，适当放缓对新设项目的审批节奏。调减或暂停下游深加工补贴，有序疏导下游加工需求，避免低端加工产能过剩和无序同质竞争。同时，提高玉米精深加工转化能力，延长产业链条，增加产品附加值。对东北、华北玉米深加工企业实施"两暂停、一引导"政策，即暂停东北地区深加工和饲料企业的玉米收购补贴，暂停东北和华北新增与扩大产能项目审批；结合稻谷去库存工作，加大稻谷深加工补贴力度，有序引导部分玉米深加工产能（淀粉企业）向水稻加工行业转移。

鼓励玉米深加工企业直接参与临储玉米拍卖。据测算，目前临储拍卖出的玉米中，约有2/3是由贸易商接货。一些贸易商将玉米囤积起来，待未来价格上涨时再出售，这无疑会提高加工企业的原料成本。因此，可在2019年玉米临储拍卖前，对拍卖准入主体进行比例要求，限制贸易

商比重，增加深加工企业比重，从而促进临储玉米与下游企业的直接对接。

构建玉米种植主体与深加工企业更为紧密的利益联结机制。鼓励玉米加工企业与玉米种植大户、专业合作社等种植主体开展订单农业等贸易模式。完善主产区科学储粮支持政策，建立玉米篓子建设补贴机制，鼓励加工企业与农户合作建设简易仓储设施，力争平均每家储能达到10吨。这既可实现藏粮于民，又可减少新粮集中上市销售的情况，从而确保加工企业原料的持续有效供应，最大限度规避玉米价格波动带来的损害。

（二）从中长期来看，完善种植和收储等相关体制的改革

合理引导种植业结构有序调整。结合当前开展的粮食生产功能区和重要农产品生产保护区划定与建设工作，研究确定玉米和大豆的种植面积比值，稳定优势产区玉米和大豆种植。玉米亩产是大豆亩产的三倍以上，调减玉米种植面积，改种大豆或杂豆，必然造成粮食总产量的下降。因此，应结合稻谷去库存工作，在种植面积调整方面，调减水稻，增加大豆，稳定玉米。

完善与玉米市场化改革配套的相关政策。在外部环境复杂多变的形势下，在农业生产领域多投一些资金，把"压舱石"的作用发挥好，是值得且必要的。首先，加快完善农业风险保障体系建设。加快推动玉米试点县的成本保险和收入保险试点工作，及时总结执行中出现的问题及好的经验、做法。其次，建立玉米市场参考价格制度。在玉米购销过程中，尝试引入期货价格或农产品价格指数等参考价格，作为买卖双方交易的基准价格。此外，完善信息收集与发布机制。加强市场监测，摸清玉米等主要粮食基础数据，及时发布市场供求信息、价格信息、粮食相关基础数据和国家调控政策，增强数据的权威性和准确性，合理引导市场预期。

第四节　完善重要蔬菜品种价格调控机制研究

2004年以来，我国对稻谷、小麦、玉米、大豆、棉花等重要农产品建立了一系列价格支持政策。对于城乡居民生活必不可少的蔬菜而言，

由于其生产、存储、运输等方面的特殊性，中央并没有针对其制定专门的价格支持政策，但在实践中形成对重要蔬菜品种的价格调控机制。特别是近年来，蔬菜价格大幅波动情况频繁出现，对生产者、消费者及稳定物价水平等均产生不利影响。因此，有必要在对重要农产品给予价格支持的同时，也要进一步优化重要蔬菜品种的价格调控机制。

一 蔬菜价格大幅波动对生产者和消费者产生不利影响

（一）完善重要蔬菜价格调控机制的必要性

近年来，随着我国蔬菜价格波动幅度和波动频率加大，各界对政府是否应对蔬菜价格进行调控形成两种截然不同的观点。

一种观点坚持"市场能做的，政府就不要去干预"的原则，认为在市场经济条件下，菜价涨跌属正常现象，是市场进行自我调节的表现，用行政手段干预菜价将会损害市场效率。

另一种观点则认为，蔬菜是一种特殊产品，通过对其价格的科学调控，有助于引导市场，打击炒作，促进菜价的理性回归。从实际情况看，蔬菜价格的大幅波动严重损害了生产者和消费者利益，"菜价过高消费不起"和"菜价过低烂在地里"的现象频繁交替出现，造成资源错配和极大浪费，形成社会总体福利的净损失。因此，对蔬菜价格进行科学调控，减少其非理性波动带来的损失和浪费，是非常必要的。

（二）菜价大幅波动使生产者利益受损

蔬菜价格的大幅波动打乱了生产者预期，加大了蔬菜产业的投资风险，易造成资源错配，降低生产效率，减少生产者收入，利益受损。首先，蔬菜价格大跌时容易出现"菜贱伤农"的情况，使生产者蒙受直接经济损失，收入减少。其次，蔬菜价格大涨时，农产品生产资料价格也常随之上涨。由于流通环节过多，再加上缺乏完善的市场化贸易环境，价格上涨的利润常常沉淀在各个流通环节，生产者得到的利润有限，有时甚至出现价格上涨但收入下降的情况。此外，价格作为配置资源的重要杠杆，其频繁大幅波动必然会造成资源错配，使生产者利益蒙受损失。我国蔬菜生产规模小，专业化程度低，单一生产者往往根据上一年的市场供求及价格情况做出生产判断。市场价格信号往往存在滞后情况，蔬菜价格的大幅波动容易形成生产盲目跟风现象，进而出现大量同种蔬菜集中上市或同种蔬菜市场稀缺的情况，或蔬菜供不应求，或产量过大烂在地中，形成严重浪费。

专栏6—3

年初滞销年中狂涨　西红柿价格经历"过山车"

2018年第一季度，江苏、河南、四川等多地出现西红柿滞销，产地价格最低跌至两三毛钱一斤，即便如此，也卖不出去。数十吨西红柿烂在地里，一时间地方新闻媒体和微信朋友圈请求帮忙购买西红柿的消息四处可见。到了2018年9月底，西红柿批发均价猛涨至每斤2.6元，为近年来最高。这有上市期过于集中、品种不耐储存、冷库和冷链设施不足、保鲜技术研发不足等多方面原因，但更重要的是，对于重要蔬菜的价格调控机制不够灵活完善。如此"过山车"式的价格大幅波动，严重损害了种植者的利益。年初的巨大损失，可能超过之前一年的利润。调研中，一位菜农说出了"宁要稳定的一角收益，不要波动的一元利润"的心声。

（三）菜价大幅波动使消费者利益受损

蔬菜作为必不可少的重要农产品，需求量随我国人口的增长呈现刚性增长趋势。同时，菜价在消费者物价指数（CPI）的权重较高，约5%，是影响CPI的一个重要因素。蔬菜价格大幅上涨在增加居民购买蔬菜支出的同时，有可能使居民对整个农产品市场产生涨价预期，从而带动其他产品价格上涨，加剧通胀预期。物价问题最容易引起社会不满情绪滋生蔓延，不利于社会稳定和人心安定。此外，菜价过快上涨，给低收入群体带来较大压力，阶段性降低困难群体、中低收入家庭的生活水平。

二　近年来蔬菜价格大幅波动的主要原因

近年来，蔬菜价格频繁大幅波动，与蔬菜生产、流通、消费等环节中出现的一些新因素密切相关。①

（一）运输半径扩大使得放大价格信号的环节增多，容易放大价格波动幅度

蔬菜运输半径不断扩大。随着城镇化的快速推进，许多城市郊区的菜地被用于新城和住房建设，蔬菜产地与销地距离越来越远。同时，规模化生产使得蔬菜生产越来越集中于地理气候适宜、地理区位优越的地区，进一步扩大了产销地之间的距离。此外，随着生活水平的不断提高，居民对特色蔬菜和反季节蔬菜的需求不断增加，使得南菜北运、西菜东运等远距离、大范围的流通成为常态。这些都扩大了蔬菜运输的半径。

运输半径扩大加剧菜价波动。首先，放大价格信号的环节增多。生产、批发、运输、装卸搬运、仓储、包装、配送、消费等流通环节不断增加，每个环节的价格波动都可能引起最终菜价更大幅度地波动。其次，增加的运输时间可能赶不及市场信息的变化。运输半径扩大延长了运输时间，而市场供求关系变化较快，有可能发货时目的地市场还是供不应求，等到货时蔬菜已供过于求。最后，流通成本快速上升，一些地区"种得出，运不起"的问题越来越突出。流通成本的快速上升造成不同省份、不同城市间蔬菜价格差距较大，甚至即使在同一城市的不同地区，蔬菜价格也存在较大差距。

（二）极端天气造成蔬菜供给突然变化，导致价格波动加大

蔬菜生产受气候条件影响较大，对蔬菜稳定供给形成不利影响。近年来，我国极端天气频发，同样时节的气温变化较大，使得许多蔬菜的上市时间经常提前或延后，造成不同地区同种蔬菜同时短缺或集中上市的问题。蔬菜作为日常生活必需品，消费相对稳定，一旦遭遇连续恶劣天气或自然灾害，将引发局部供需失衡，导致价格波动幅度增大。

我国冷链设施建设仍满足不了需求的快速增长。虽然近几年随着生鲜电商等行业的迅速壮大，带动了我国冷链物流的跨越式发展，全国冷库容量超过1亿立方米，人均冷库容量达到0.14立方米，但人均容量仍不到发

---

① 由于蔬菜进出口量占我国蔬菜年产量的比重较小，对我国蔬菜价格波动的总体影响有限，因此本书不将蔬菜的进出口作为一个单独因素进行分析。

达国家的一半。并且，大部分蔬菜单价不高，主要采取常温物流，全程冷链比率偏低。一旦运输过程中出现问题导致时间延长，就会使蔬菜产生较大损耗。① 蔬菜运输以公路为主，极易受雨雪等恶劣天气的影响，加之货车普遍超载，增加了车辆出事故和故障的可能，延长了蔬菜的运输时间。

（三）蔬菜的金融属性有所强化，一些品种价格被人为炒作，导致价格波动加大

商业资本进入蔬菜领域，强化了部分蔬菜的金融属性。近年来，蔬菜的杠杆效应和新闻效应越来越强，对其他产品价格大幅波动的示范作用越来越大。特别是一些诸如葱姜蒜等品种小、总价低、易储存、产地较集中的蔬菜品种，消费属性有所弱化，金融属性不断强化。它们常常在资本炒作下，价格严重脱离实际供求关系，从而引发蔬菜价格的暴涨暴跌。② 随着互联网的普及和自媒体的快速发展，网络和新闻媒体报道的放大效应不断加强，一些不科学、不真实的新闻和谣言，也常常成为部分菜价出现大幅下跌甚至滞销或大幅上涨的重要推手。

三　减少蔬菜价格非理性大幅波动需要解决的三大矛盾

减少蔬菜价格的非理性大幅波动，必须解决好小生产与大市场、集中生产与远程消费、长期总体平衡与短期局部失衡三大矛盾。

（一）小生产与大市场的矛盾

我国商品市场体系建立已比较成熟，加之公路、铁路、航空、水运等交通运输的快速发展，我国基本形成全国性的农产品大市场。但从生产端来看，虽然生产规模不断扩大，但相对于粮食生产，我国的蔬菜生产总体上仍存在主体规模小、组织化程度低等问题。这种生产模式在较小区域内实现蔬菜自给自足是可行的，但面对越来越成熟的全国市场，已难以为继。首先，小生产模式增加了流通和交易成本，造成规模不经济，同时单个农户获取即时有效的市场信息难度较大，市场议价能力较

---

① 事实上，我国蔬菜运输的损失率常常高达20%—30%，远高于发达国家5%以下的水平。
② 近年来多次出现的"蒜你狠""姜你军""香死你"等情况，多数背后都有资本投机炒作的身影。

弱。其次，这种模式抵御风险能力较差，容易形成生产和交易的盲目性。此外，在面对日益增多的电子盘等现代交易方式时，小型生产者面对炒作资本无能为力，合理利益得不到保证。同时，市场一有风吹草动，菜价就可能形成较大波动。

（二）集中生产与远程消费的矛盾

蔬菜的生产地越来越向主产区集中。2016年，我国蔬菜产量超过2000万吨的省（自治区）达到11个，其中山东一省产量就突破1亿吨。11省（自治区）的播种面积之和为1438万公顷，占全国蔬菜播种面积的64%。产量之和为56039万吨，占当年全国蔬菜总产量的70%（见表6—6）。生产的相对集中和消费的较为分散，使得我国蔬菜的运输范围越来越广。有效需求能否得到及时满足，集中供给能否得到及时有效的时空分散，越来越取决于运输的能力和效率。运输环节一有风吹草动，菜价出现较大幅度波动的可能性就会大大增加。

表6—6　　2016年我国蔬菜主产区播种面积和产量情况

排序	地区	播种面积（千公顷）	总产量（万吨）
1	山东	1869	10327
2	河北	1236	8193
3	河南	1773	7808
4	江苏	1430	5594
5	四川	1379	4389
6	湖南	1420	4196
7	湖北	1248	4002
8	广东	1415	3569
9	广西	1270	2929
10	安徽	920	2775
11	辽宁	419	2257
11省（自治区）合计		14379	56039
全国		22328	79780
11省（自治区）占全国比重		64%	70%

资料来源：Wind数据。

而且，许多城市蔬菜的自给率在不断下降。随着城市化的推进和居民生活水平的提升，蔬菜消费越来越向城市集中。近年来，特大和大型城市人口迅速增长，城市郊区原有的菜地不断被高楼替代，蔬菜自给率明显下降。以北京、天津和上海为例，2001年，三个城市蔬菜总产量分别为394.2万吨、471.4万吨和424.0万吨，人均产量分别为285.0千克、469.5千克和262.7千克。到了2017年，三个城市蔬菜总产量的降幅分别达到66.4%、61.9%和37.8%，而同期人口分别增长57.0%、55.1%和49.8%，人均产量下降幅度分别达到70.3%、38.4%和56.0%（见表6—7）。蔬菜生产的集中和城市蔬菜自给率的下降，无疑导致保证稳定供应的难度增加，菜价的季节性波动在所难免。

表6—7　　北京、天津和上海蔬菜播种面积和产量变化情况

城市	年份	播种面积（千公顷）	总产量（万吨）	人口数量（万人）	人均面积（公顷/万人）	人均产量（千克/人）
北京	2001年	119.9	394.2	1383	86.7	285.0
	2017年	40.3	183.6*	2171	18.6	84.6
	变化幅度	↓66.4%	↓53.4%	↑57.0%	↓78.5%	↓70.3%
天津	2001年	129.5	471.4	1004	129.0	469.5
	2017年	49.3	450.4*	1557	31.7	289.3
	变化幅度	↓61.9%	↓4.5%	↑55.1%	↓75.4%	↓38.4%
上海	2001年	149.4	424.0	1614	92.6	262.7
	2017年	92.9	279.2	2418	38.4	115.5
	变化幅度	↓37.8%	↓34.2%	↑49.8%	↓58.5%	↓56.0%

注：带*数据为2016年数据。

资料来源：《中国统计年鉴》（2001—2018年）。

此外，随着生活水平的提高，反季节蔬菜产量不断增加，"夏季北菜南运、冬季南菜北输、全年各地互调"成为常态。目前，全国许多地区蔬菜生产规模化、专业化和合作化程度明显提高，蔬菜品种产区化特征明显，加之以山东省寿光市为代表的全国一大批大型蔬菜集散中心陆续建成，外地调菜比例不断上升。总体来看，蔬菜的供销已

从"就地生产、就地销售"的封闭格局转变为"集中生产、全国销售"的大流通模式。

(三) 长期总体平衡与短期局部失衡的矛盾

近年来,我国蔬菜生产规模稳定增长,播种面积和总产量连续多年居世界第一位。蔬菜播种面积从2001年的1.6亿亩上升至2016年的2.2亿亩,增长了约36%,2017年虽有下降,但仍接近2亿亩的水平;总产量从2001年的4.8亿吨上升至2017年的8.1亿吨,增长了约69%(见图6—3),已经多年超过粮食成为我国第一大农产品。我国常年蔬菜品种有150多个,居民人均年度食品消费量接近100千克,高于世界平均水平。

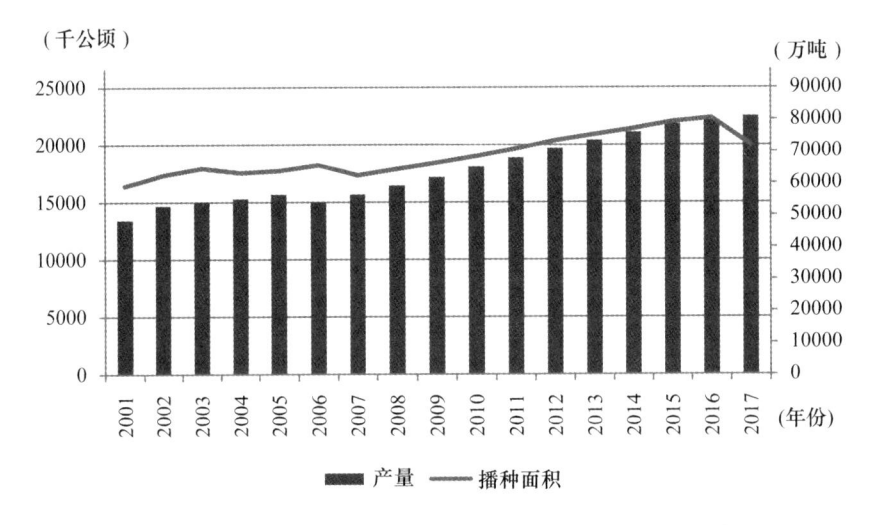

图6—3 我国蔬菜产量和播种面积变化情况(2001—2017年)

资料来源:Wind 数据库。

但是,由于蔬菜生产受生长周期、自然气候、病虫灾害和人为炒作等多种因素影响,其产量和上市时间并不完全固定。加之蔬菜生产进入大流通时代,生产和流通的某一环节出现问题,都会引发局部地区短期内出现蔬菜供求失衡,造成价格的大幅波动。①

---

① 从近年来主要蔬菜品种价格波动的情况来看,一些蔬菜品种价格的大幅波动主要是局部地区的短期现象,全国性的蔬菜供给失衡情况从未发生。

四 蔬菜价格调控的国内外经验

（一）国内相关政策

改革开放以来，蔬菜成为我国购销管理体制领域放开最早的农产品。为确保居民能够获得稳定的蔬菜供给，国家层面实施了"菜篮子"工程，下发了《国务院关于进一步促进蔬菜生产保障市场供应和价格基本稳定的通知》（国发〔2010〕26号）、《全国蔬菜产业发展规划（2011—2020年）》（发改农经〔2012〕49号）、《关于加强鲜活农产品流通体系建设的意见》（国办发〔2011〕59号）、《全国设施蔬菜重点区域发展规划（2015—2020年）》（农办农〔2015〕4号）等一系列文件。地方层面也在实践中形成建立蔬菜专业合作社联社、完善农超对接模式、建立蔬菜直供直销模式、提高蔬菜生产能力和城市自给率、建立蔬菜价格保险制度等好的经验做法，取得明显成效，但仍然存在调控蔬菜品种过多、政府调控工作压力较大，全国蔬菜产销布局结构不够合理，关注短期菜价波动多、建立长效调控少，对于市场信息和预期的引导不足等诸多问题。

（二）美国：通过农超对接降低物流成本

在美国，蔬菜比肉贵是一种常态，最便宜的鸡肉，价格有时可低于1美元/磅，一棵大白菜则折合人民币每磅四五十元。这主要是因为美国肉类食品生产规模大，生产成本较低。蔬菜则恰好相反，不易储存，价格较高。因此，美国在降低农产品价格方面的优势体现在物流渠道上。

"农超对接"是美欧等国普遍采取的一种农产品生产销售模式。农业生产基地与超市签订定向供应协议，直接向超市供应农产品，目的就是减少流通环节，将主要利润留给农民。目前，亚太地区农产品经超市销售的比重达70%以上，美国达80%，而我国只有20%多。即使是大中型超市的生鲜农产品直供直销比重，也仅约30%。美国的现代化蔬菜物流体系较为完备，蔬菜从生产、供货到销售，已形成大规模、系统性的供应链，成为美国菜价相对稳定的重要原因。

(三) 日本：通过稳定基金缩小菜价波动

20世纪50年代后期，伴随经济快速发展，日本的蔬菜价格开始出现频繁大幅波动。地方政府首先认识到稳定蔬菜价格的重要性，陆续颁布了地方性蔬菜价格稳定法，但地方性法规和蔬菜补贴制度难以稳定全国的蔬菜价格波动。因此，1966年日本中央政府在结合地方实践的基础上，制定了《蔬菜生产销售稳定法》，成立了销售者的自助组织——蔬菜生产销售稳定资金协会。1971年，日本对《蔬菜生产销售稳定法》进行修订，并为直接处理短期供需不平衡问题成立了"财团法人蔬菜价格稳定基金会"。

稳定基金制度也称价格风险基金制，调控对象分为14种重要调控蔬菜（卷心菜、黄瓜、芋头、萝卜、西红柿、茄子、胡萝卜、葱、白菜、青椒、莴苣、洋葱、土豆和菠菜）和34种一般调控蔬菜。蔬菜稳定基金制度与日本政府每年下达的蔬菜产销计划相配套，与相关法律制度共同构成日本政府对蔬菜价格进行调控的政策体系。当市场价格低于规定水平，其大部分差价由国家、地区政府、生产者等联合筹集的基金补助给生产者，其余差价由生产者自负风险。当市价暴涨时，生产者团体组织货源按全国指导价提前上市供货平抑物价。基金还用来扶助生产者栽培种子、育苗、吞吐储备等。通过稳定基金和其他措施，将日本蔬菜价格的波动幅度基本控制在50%之内，包括出现季节性调整和天气灾害等。

(四) 新西兰：加强蔬菜生产和仓储技术研发与应用

新西兰非常重视在蔬菜生产、流通和储存等方面的技术研发与应用，努力延长蔬菜保质期，降低物流损耗率，同时加强蔬菜供应的准时率，从而减少蔬菜价格大幅波动。

在生产领域，新西兰在蔬菜育苗阶段较早使用穴盘育苗技术，形成种苗质量好、病虫害少、适于长途运输和机械化生产的菜苗。在流通和仓储领域，新西兰进入智能化低温气调贮藏阶段。在对蔬菜运销全程跟踪测试、模拟研究和技术经济分析的基础上，针对不同蔬菜品种的特点，研究形成较为完备的冷链储运系统和最佳的低温气调贮藏技术，从而有效地减少产品的呼吸消耗，抑制乙烯的合成与累积，延缓品质下降，尤其是呼吸跃变型果实的衰老软化。① 新西兰许多出口的蔬菜等园艺产品，采收后大都进行及时的预冷、冷藏或低温气调贮藏。

五 以三大能力建设为抓手完善重要蔬菜价格调控机制

（一）加强蔬菜生产能力建设

中央政府应着力在全国大力发展蔬菜专业合作社，采取对内实行"计划"和对外遵循"市场"相结合的方式，逐步将一家一户的分散种植整合为有组织、有规模的生产经营，对内确定各农户每年种植哪些品种以及种植多少，对外统一集中采购生产资料和销售谈判。同时，加强信息公共服务体系建设，建立覆盖生产、流通和市场供求等环节的蔬菜综合信息平台，定期发布统一信息，加强信息的及时性和准确性，合理引导蔬菜生产和流通，规范蔬菜电子盘交易方式。

地方政府应科学设立本地区蔬菜自给率的目标，加强蔬菜基地建设，各地区根据实际情况，确定本地区较为合理的蔬菜自给率，在蔬菜运输受阻时确保一定时期重要蔬菜能够自给的能力。同时，建立和完善蔬菜价格风险调节基金，发挥好基金在政府价格政策补偿、扶持流通环节和强化终端市场公益性等方面的积极作用，并在重要蔬菜价格上涨超过一定幅度时，对低收入者开展定向补贴。

（二）加强蔬菜运输能力建设

中央政府应确保财政投入，加大对农产品市场和蔬菜产地冷链物流基础设施，特别是田头预冷设施的支持力度。通过发展具有集中采购、跨区域配送能力的现代化蔬菜配送中心，加大冷藏车运输比重，降低蔬菜流通环节损耗率，增加市场供应量，调节上市时间，稳定市场价格。

地方政府要着力减少蔬菜流通环节和流通费用，引导大型流通企业进入蔬菜流通领域，同时在全国一二线城市中大力推进农社对接项目，加强蔬菜物流中心和社区零售网点建设。进一步减免取缔蔬菜运输车辆经过二级及以下道路和桥梁所支付的各种形式的费用，清理并规范本地

---

① 新西兰的一些农场在马铃薯清洗、分级、精选以及包装等环节，都要进行低温冷藏，有效抑制马铃薯发芽，延长储藏时间。

区蔬菜批发市场、农贸市场和社区菜市场等的进场费和摊位费,规范收费行为。

（三）加强蔬菜存储能力建设

中央政府应着力加大产销集中地仓储建设,进一步加大预冷库建设补贴标准,缓解我国众多蔬菜产销集中地仓储和田头预冷设施严重不足问题。同时,大力支持蔬菜新技术应用和深加工发展,进一步研发和推广抗虫害与果实不易腐的蔬菜种子的应用,大力发展蔬菜深加工产业。

地方政府应着力建立健全蔬菜应急储备机制,各地应结合蔬菜基地就地储备和批发市场动态储备相结合的方式,对消费量大、耐储存和速生蔬菜进行一定量的应急储备,提高调控蔬菜市场和应对重大自然灾害、公共卫生事件或者其他突发事件引发的市场异常波动的保障能力。

主要参考文献：

[1] 国家发改委产业所课题组：《构建我国新的粮食价格支持政策框架的建议》,《经济纵横》2016 年第 5 期。

[2] 贾娟琪等：《中国主粮价格支持政策促进了农户增收吗？——基于农业农村部全国农村固定观察点调查数据的实证研究》,《华中农业大学学报》（社会科学版）2018 年第 6 期。

[3] 程国强：《完善粮食最低收购价政策》,《经济日报》2018 年 11 月 28 日。

[4] 韩啸、孙玲琍：《临时收储政策改革对农产品市场化影响实证分析》,《云南农业大学学报》（社会科学版）2018 年第 4 期。

[5] 巩蓉蓉、徐鹏：《我国主要农产品支持价格政策现状及对策研究》,《内蒙古科技与经济》2018 年第 13 期。

[6] 郜亮亮、杜志雄：《棉花目标价格改革对国内棉花市场影响的实证分析》,《改革》2018 年第 7 期。

[7] 郑适、崔梦醒：《玉米"市场化收购"加"补贴"新机制的改革成效研究》,《价格理论与实践》2017 年第 5 期。

[8] 李文娜、许海翠：《美国粮食价格支持政策及借鉴》,《农业经济》2018 年第 11 期。

［9］叶兴庆:《"十三五"时期农产品价格支持政策改革的总体思路与建议》,《中国粮食经济》2016年第1期。
［10］张标:《我国蔬菜价格波动成分构成及其贡献率》,《江苏农业科学》2018年第15期。

第七章

以推动农业高质量发展为目标完善我国农业补贴政策体系

农业是人类赖以生存发展、关系国计民生的基础产业，世界上绝大多数国家都建立了保护本国农业、支持农业发展的补贴政策体系。我国早在20世纪50年代就已有相关补贴政策，但最重要最成体系的农业补贴政策，主要是在2004年之后建立和实施的。加入WTO之后，除农产品价格支持政策外，我国还逐步建立了"四项补贴"、农业支持保护补贴、畜牧良种补贴、渔业补贴、农业保险补贴等一系列更加符合世贸规则的政策框架，在促进农业现代化发展、激发农村新活力、提高农民收入和种粮积极性等方面发挥了重要作用。但同时应当看到，随着各方对农业发展质量要求的不断提高，现行补贴体系存在的重生产轻销售、重普惠轻主体、重产量轻质量等结构性问题越来越突出。本章在剖析当前存在的主要问题的基础上，结合美欧日等国的相关经验，提出优化农业补贴需要处理好政策手段与市场机制、政策供给与需求错位、政策存量与改革增量、提升效率与保障公平四大关系，并进一步提出以绿色化、市场化为导向来优化农业补贴体系的政策建议。此外，针对小农户是我国农业保险发展的主要短板这一现实，进一步研究了如何破解小农户农业保险排斥问题。

第七章　以推动农业高质量发展为目标　完善我国农业补贴政策体系

随着中国特色社会主义进入新时代，我国经济社会发生巨大而深刻的变化。在此背景下，农业补贴的政策目标不再限于传统的保障粮食安全、促进农民增收、稳定农产品价格等，更要与时俱进，紧紧围绕社会主要矛盾的新变化、乡村振兴战略的新要求、人民群众的新期待，深入贯彻新发展理念，进一步发挥农业补贴政策在促进农业高质量发展、激发农村发展新活力、实现农民全面发展等的导向作用。国际经验表明，农业补贴的政策取向和实施方式是随着发展环境和实际情况的变化而不断调整的，虽然没有一劳永逸的政策，但是市场化、法制化、绿色化、绿箱化是未来的主流发展趋势。

第一节　我国农业补贴政策发展概况

除农产品价格支持政策外，我国还先后实施了包括种粮直补、农资综合补贴、良种补贴、生产资料补贴、规模化养殖补贴、农业保险保费补贴、退耕还林补贴、退牧还草补贴等多项农业补贴政策，对于促进粮食增产、农民增收、农业发展方式转变等起到积极作用。同时，农业补贴类型和方式也随着农业发展的实际情况而不断变化，越来越向市场化、绿色化的方向转变。

一　从"四项补贴"到"农业支持保护补贴"

为有效应对加入 WTO 后，市场准入承诺对我国农业农民可能生产的不利影响，我国加快了农业补贴政策体系的构建。根据当时的实际情况，形成以种粮农民直接补贴、农作物良种补贴、农资综合补贴和农机具购置补贴为主的农业补贴政策，称为"四项补贴"。2015 年 5 月，财政部、农业部发布《关于调整完善农业三项补贴政策的指导意见》（财农〔2015〕31 号），决定从 2015 年调整完善农作物良种补贴、种粮农民直接补贴和农资综合补贴三项补贴政策。2016 年 4 月，财政部、农业部印发《关于全面推开农业"三项补贴"改革工作的通知》（财农〔2016〕26 号），决定在总结试点经验的基础上，在全国全面推开农业"三项补贴"改革。至此，我国"四项补贴"的框架变为以农业支持保护补贴为主的政策框架。

（一）农作物良种补贴

良种补贴是指国家对农民选用农作物良种并配套使用先进技术进行的资金补贴，目的是鼓励农民积极使用优良作物种子，提高良种覆盖率，改善农产品品质，并为规模化、标准化种植和管理打下较好基础。2002年，中央财政首先设立大豆良种补贴专项资金，对购买大豆良种的农民给予补贴。在取得效果的基础上，逐步扩大到小麦、水稻、玉米、花生、油菜、棉花、马铃薯、青稞等品种；从2005年开始，进一步设立畜牧业良种补贴，将生猪、奶牛、肉牛、羊等品种也纳入补贴范围（见表7—1）。自2015年财政部、农业部开展农业"三项补贴"改革后，农作物良种补贴、种粮农民直接补贴和农资综合补贴合并为农业支持保护补贴，单独的农作物良种补贴不再存在。

表7—1　　　　　　　　我国农作物良种补贴开展情况

品种	设立时间	补贴标准	备注
大豆	2003	10元/亩	2015年开始"三项补贴"改革后，不再有单独的农作物良种补贴
小麦	2003	10元/亩	
水稻	2004	早稻10元/亩，中稻、晚稻15元/亩	
玉米	2004	10元/亩	
油菜	2007	10元/亩	
棉花	2007	15元/亩	

资料来源：《中央财政农作物良种补贴资金管理办法》（财农〔2009〕440号，2016年废止）。

（二）种粮农民直接补贴

种粮农民直接补贴是指国家按一定的补贴标准和粮食实际种植面积，给予农户的直接补贴。它是为调动种粮积极性、保护种粮农民利益、有效提高粮食产量、促进农民增收、确保国家粮食安全而设立的一项政策性补贴，是中央惠农政策的重要组成，简称粮直补。2001年，国务院发布《关于进一步深化粮食流通体制改革的意见》（国发〔2001〕28号），提出"选择一两个县（市）进行将补贴直接补给农民的试点"。根据这一精神，2002年先后在河南、河北、吉林、辽宁、安徽等粮食主产区开展粮食补贴方式改革试点工作。在此基础上，从2004年开始，在全国范围内实行粮食直补。2015年农业"三项补贴"改革后，政策目标调整为支持耕地地力保护和粮食适度规模经营，用于耕地地力保护的补贴资金，补贴对象原则上为拥有耕地承包权的种地农民。

（三）农资综合补贴

农资综合补贴是指政府对农民购买化肥、柴油、种子、农机等农业生产资料进行的一种直接补贴，以保证农民种粮收益相对稳定，提升国家粮食安全保障水平。2006年，为应对不断上涨的农业生产资料价格，中央在开展种粮农民直接补贴的基础上，进一步设立农资综合补贴，对农民购买化肥、柴油等生产资料实行直接补贴。2009年，财政部、国家发展改革委和农业部联合发文，按照"价补统筹、动态调整、只增不减"的原则，建立补贴标准与化肥、柴油等农资价格变化挂钩的动态调整机制。2015年农业"三项补贴"改革后，取消农资综合补贴，补贴重点倾向于开展机械化、规模化、智能化产生的新型农业经营主体。

（四）农机具购置补贴

农机具购置补贴是指国家对从事农业生产的个人、合作社、农机作业服务组织等，在购置和更新农业生产所需的农机具过程中给予的补贴，以提高农机化水平，改善农业装备结构，增强农业综合生产能力。2004年，中央财政设立农业机械购置补贴专项资金，对符合补贴条件的农民（农场职工）和直接从事农业生产的农机服务组织使用先进适用的农业机械进行补贴。中央财政对农机具购置补贴范围覆盖全国所有的农牧业县（场），补贴涵盖12大类46个小类180个农机品目，在此基础上，各地可自行增加30个品目。从2015年开始，补贴品种范围压缩至11大类43个小类137个品目，并按照"确保谷物基本自给、口粮绝对安全"的目标要求，将补贴重点放在粮、棉、油、糖等主要农作物生产关键环节所需的农机具上。2017年，为促进农业生产急需的农机科技创新成果转化应用，中央进一步扩大农机新产品补贴的试点范围，并允许在适宜地区开展植保无人机补贴试点。

总体来看，2004年以来，我国构建了以"四项补贴"为基础的农业补贴政策框架，在稳定农业生产、增加农民收入、扩大农民就业等方面发挥了重要作用。从规模看，"四项补贴"的规模从2004年的146亿元增长至2015年的1654亿元[①]，累计补贴金额达12671亿元，年均增长24.7%，其中2004—2012年的增速高达35.6%。从结构来看，良种补贴的金额虽然在上升，但占"四项补贴"的比重从2004年的19.9%下降至2015年的12.3%，粮食直补的绝对规模一直较为稳定，占比从2004年的79.5%快速下降至2015年的8.5%，农资综合补贴占比从2006年的37.6%快速上升至2015年的64.8%，成为"四项补贴"中规模最大的一项。农机具购置补贴于2009年实现大幅增长，2015年的占比为14.4%。不过，2017年的补贴资金缩减较多，主要是因为中央财政总体支出规模在压缩（见表7—2）。

表7—2　　　　　　　我国"四项"补贴总体情况（亿元）

年份	"四项补贴"总额	良种补贴	粮食直补	农资综合补贴	农机具购置补贴
2004	146	29	116	—	1
2005	174	39	132	—	3
2006	319	42	151	120	6
2007	514	67	151	276	20
2008	950	121	151	638	40
2009	1152	155	151	716	130
2010	1341	200	151	835	155
2011	1406	220	151	860	175
2012	1668	224	151	1078	215
2013	1666	226	151	1071	218
2014	1681	215	151	1078	237
2015	1654	204	141	1071	238
2016	—	—	—	—	228
2017	—	—	—	—	186

资料来源：根据农业部公开数据收集整理。

① 2015年农业"三项补贴"改革后，农作物良种补贴、种粮农民直接补贴和农资综合补贴合并为农业支持保护补贴，具体补贴金额数据未能从相关部门查到。

二 畜牧良种补贴和渔业补贴

（一）畜牧良种补贴

为进一步提高畜牧养殖的良种化率，提高畜产品质量，中央从2005年开始实施畜牧良种补贴政策，各地从2007年开始，实施本省（市）区的畜牧良种补贴政策。财政部、农业部2007年印发《生猪良种补贴资金管理暂行办法》，并从2009年开始，多次发布当年的《畜牧良种补贴项目实施指导意见》。从补贴范围来看，它包括生猪、奶牛、牦牛、公羊、鸡等品种。2005—2015年，中央财政共发放相关补贴89.9亿元，其中生猪占近60%（见图7—1）。此外，从2007年开始，中央财政还对生猪等规模化养殖开展补贴，以推动畜牧养殖业标准化、规模化发展。2018年生猪规模化、标准化养殖的补贴标准为：500—999头规模的补贴20万元，1000—1999头规模的补贴40万元，2000—2999头规模的补贴60万元，3000头以上规模的补贴80万元。

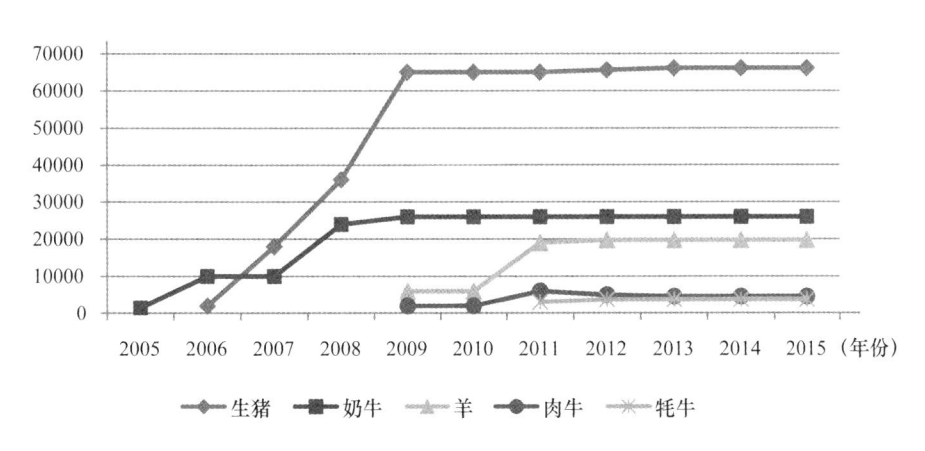

图7—1 中央财政畜牧良种补贴项目资金变化情况（万元）

资料来源：国家统计局数据库。

（二）渔业补贴

为促进渔业健康发展，我国实施了若干渔业补贴政策，主要包括渔业成品油价格补助、渔业资源保护补助、渔业机械购置补贴、海洋渔船更新改造补助、水产健康养殖示范区建设补贴等。其中，渔业成品油价格补助从2006年开始实施，是国家在渔业领域补贴规模最大、补贴范围最广、效果最为明显的一项补贴政策。目前，国家对渔业补贴的政策体系已基本形成，相关法律规定也较为全面（见表7—3）。

表7—3　　　　　　　　　近年来渔业补贴相关政策文件

年份	文件名称	发布部门	主要内容
2009	渔业成品油价格补助专项资金管理暂行办法	财政部 农业部	完善渔业成品油价格补助专项资金使用方式
2010	关于印发国内机动渔船油价补助用油量测算参考标准的通知	农业部	明确国内机动渔船油价补助的具体测算标准
2012	关于加强2012年海洋渔船更新改造项目管理的指导意见	国家发改委 农业部	提升渔船更新改造项目专项资金使用效率
2012	关于推进农业项目资金倾斜 支持国家现代农业示范区建设的通知	农业部	农业项目资金倾斜支持包括渔业在内的国家现代农业示范区建设
2013	关于实施以船为家渔民上岸安居工程的指导意见	建设部 国家发改委 农业部 国土资源部	安排以船为家渔民上岸安居工程资金
2013	关于开展农业部渔业健康养殖示范县创建活动的通知	农业部	健康养殖示范县申报工作
2015	关于调整国内渔业捕捞和养殖业油价补贴政策 促进渔业持续健康发展的通知	财政部 农业部	调整国内渔业捕捞和养殖业油价补贴政策
2016	加快推进渔业转方式调结构的指导意见	农业部	强化渔业补贴政策和金融保险支持
2017	国家级海洋牧场示范区建设规划（2017—2025年）	农业部	整合渔业现有支持政策，在有关项目和资金安排上对海洋牧场建设予以重点倾斜
2018	国家级海洋牧场示范区年度评价及复查办法（试行）	农业农村部	对复查结果较好的示范区在政策支持和项目安排方面予以倾斜

资料来源：根据公开资料整理。

三 农业保险补贴政策有效提升了农业生产抗风险能力

为鼓励农民积极参与农业保险，减轻各种自然灾害带来的损失，2007年，财政部出台《中央财政农业保险保费补贴试点管理办法》，并于当年在吉林、内蒙古、新疆、江苏、四川、湖南6个省（自治区）实施了种植养殖业保险保费补贴政策试点工作，后逐步扩展至全国。从补贴品种来看，由开始的6个品种逐步扩大到包括种植业、养殖业、森林和其他在内的4大类15个品种[①]，并鼓励地方开展多种形式的互助合作保险，选择地方特色险种进行补贴。2007—2017年，中央及地方财政拨付农业保险保费补贴从21.5亿元增长至179.0亿元，补贴资金合计超过1100亿元，累计为超过16亿户次农户提供了至少10万亿元的风险保障（见图7—2）。

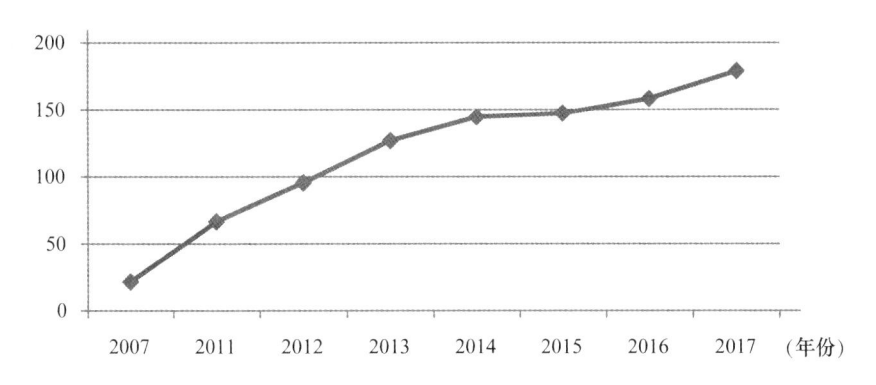

图7—2 中央及地方财政拨付农业保险保费补贴规模变化情况（亿元）

资料来源：根据财政部公开数据整理。

此外，中央政府还实施了包括化肥淡季商业储备利息补贴、测土配

[①]《中央财政农业保险保险费补贴管理办法》（财金〔2016〕123号）提出，中央财政补贴险种标的主要包括：（1）种植业：玉米、水稻、小麦、棉花、马铃薯、油料作物、糖料作物；（2）养殖业：能繁母猪、奶牛、育肥猪；（3）森林：已基本完成林权制度改革、产权明晰、生产和管理正常的公益林和商品林；（4）其他品种：青稞、牦牛、藏系羊（以下简称藏区品种）、天然橡胶，以及财政部根据党中央、国务院要求确定的其他品种。

方施肥补贴、耕地保护与质量提升补助、农业防灾减灾稳产增产关键技术补助等上百项农业补贴项目，共同构成我国农业补贴的政策体系。

四　农村一二三产业融合发展背景下农业补贴政策存在的主要问题

21世纪以来，我国在种植养殖、土壤改良、机械化生产、最低收购和目标价格、农业保险等方面建立了上百项农业补贴政策，在调动农民种粮积极性、提高主要农产品产量、促进农民增收、推动农业发展方式转变等方面发挥了积极作用。但是，随着农村三产融合发展不断推进，农业补贴体系存在的重生产轻销售、重普惠轻主体、重产量轻质量等结构性问题越发凸显，亟须加以优化改进。

（一）补贴方向上，重生产轻销售，不利于各类融合模式有效推广

加快农业生产环节向产前产后延伸，开发农业多种功能，发展农业新型业态，是农村三产融合发展的关键所在。目前，农业补贴政策的重点仍主要集中在生产环节，对于提升产业链附加值、拓展农业功能、创新业态模式等有利于农村一二三产业融合发展方面的补贴明显不足。

加工和销售环节补贴偏少，不利于农业产业链延伸。从补贴数量看，在不完全统计的50余项中央农业补贴项目中，涉及生产环节的有30余项。农产品加工和销售环节的补贴政策合计不足10项，特别是最低收购价和目标价格等政策，看似是销售环节的补贴，其实是以鼓励生产为目的而设立的，实际上是生产环节的补贴政策。重心在生产环节的补贴方式，使得农产品产地初加工和农村特色加工业发展相对滞后，农业生产性服务业发展难以满足不断增长的需求。现代物流体系建设进展缓慢，不利于延长产业链，提高附加值。

功能开发领域补贴不足，不利于农业多功能拓展。现行的中央农业补贴政策中，在推进农业与旅游、教育、文化等产业深度融合方面的补贴较少。在农家乐、休闲农庄、农业主题公园、特色景观旅游村镇、农事体验等方面的补贴力度较小，政策较为零碎，相关基础设施、信息化服务设施、贷款融资等配套服务的补贴政策不健全，制约了农业从生产向生活、生态等多种功能的开发。

新型业态扶持不够，不利于技术推广和商业模式创新。近年来，随

着互联网、物联网、大数据等新技术与农业的结合，催生了信息农业、智慧农业、创意农业等众多新型业态，对于农业现代化发展起到重要的推动作用。但总体而言，中央层面在这些领域的补贴政策较少，一些地方政府虽设有相关补贴，但规模较小，不成体系。许多村镇在发展农产品电子商务时，面临着网络通信设施建设不到位、交通不便、网络技术人员不足、物流难以入村等实际问题，迫切需要通过政策引导给予有效解决。

(二) 补贴对象上，重农民轻企业，制约各类融合主体快速成长

家庭农场、种养大户、农民合作社、龙头企业等是构建我国现代农业产业体系、推进乡村振兴战略实施的主力军。目前，大量补贴资金面向全体农民"撒胡椒面"，平均施力，"四项补贴"和价格补贴等政策已被异化视为农民的福利政策。这既造成政策目标的扭曲，又削弱了对新型农业经营主体的支持力度，不利于各类融合主体快速成长。

普惠性补贴政策占用大量资金，分散了对新型农业经营主体的扶持力度。以促进生产为重点的补贴方式，将很大一部分资金补贴在分散的小农户身上，成为其每年一项固定的收入来源。但由于农民基数大，这类补贴政策对普通农户增收的效果并不十分明显，提高农民生产积极性的政策边际效用也在不断降低，同时还弱化了对新型经营主体的支持力度。此外，它还加大了农村一二三产业融合发展过程中所需的标准化生产设备、仓储物流、无害化处理设施等方面获得有效政策和资金支持的难度。

补贴政策偏向普通农户，阻碍土地向新型农业经营主体流转。带有普惠性的补贴政策，在执行过程中是按照土地承包权和承包面积来确定补贴对象和补贴金额的。这一方面使得拥有土地的农民即使不种地每年也有固定收益，从而降低流转土地的意愿；另一方面，即使将土地流转出去，补贴资金仍会补给原有农户而非拥有土地经营权的实际种地的种粮大户。这实际上保护了传统的、分散经营的方式，增加新型农业经营主体通过土地流转实现规模经营的成本和难度，制约了机械化、集约化、标准化生产方式的推广、普及。

（三）补贴目标上，重数量轻质量，造成各类融合服务供给不足

基础设施建设、相关中介服务、金融科技支撑等配套服务，是改善农业营商环境、提升农村一二三产业融合发展质量的重要保障。目前，补贴政策主要聚焦于重要农产品产量增长等"硬指标"，对于促进发展农业生产性服务业、营造良好发展环境等"软指标"投入不足。

农村金融、科技等服务补贴力度偏低，生产要素难以有效向农业流动。农村融资难、融资贵问题多年来未能得到有效解决，新型职业农民、专业技术人才、领军人才等多元化人才短缺问题突出。中央虽设有短期贷款贴息、防灾减灾稳产增产关键技术补助、基层农技推广体系改革与示范县建设等补贴政策，但资金规模小，对社会资本的引导能力较弱，金融、人才、技术、管理等要素始终难以有效流向农业，农村一二三产业融合发展面临的要素瓶颈问题难以得到有效解决。

农业保险补贴不足，难以满足现代农业发展要求。2007年至今，农业保险保费补贴已扩展到全国范围。但是，农业保险补贴规模总体不大，虽然连年增长，但中央层面2017年的补贴资金不到180亿元，平均落到每位农业生产经营人员身上也就几十元。同时，目前的农业保险总体上还是以保成本为主，对于预期收益关注较少，使得农民获得的理赔金额与心理预期差距较大。虽然2018年8月财政部、农业农村部和银保监会联合下文，开展三大粮食作物完全成本保险和收入保险试点工作，但试点效果及未来在全国推广的成效仍有待观察。

专栏7—1

我国开展三大粮食作物完全成本保险和收入保险试点工作

2018年8月，财政部、农业农村部和银保监会发布通知，公布了三大粮食作物完全成本保险和收入保险试点工作方案。决定从2018—2020年，在安徽和湖北各选择4个县开展水稻的完全成本保险试点；在山东和河南各选择4个县开展小麦的完全成本保险试点；在内蒙古和辽宁各选择4个县，其中2个县开展玉米的完全成本保险试点，另外2个县开展玉米的收入保险试点。

（四）补贴方式上，市场化程度不高，评估和问责机制不健全

我国农业补贴政策实施的市场化程度不够高。农业作为特殊产业，对政府补贴具有较强的依赖性。政府在农业补贴政策的制定过程中，从研究到发布，从执行到监督，各个环节都以各级政府为主体，对于政策目标主体的需求对接不足。在政策制定过程中，作为利益相关者的农民、新型农业经营主体、社会组织等市场主体话语权较小，容易造成政策目标与实施效果的偏差。一些诸如标准制定、信息发布、补贴执行、服务提供等工作虽然已经逐步由一些行业协会或中介组织来完成，但由于这些协会、商会等机构长期依附于相关政府部门，难以成长为独立性强、话语权充分的第三方社会力量，因此难以完全反映农业经营主体的补贴需求。同时，在政策实施过程中，对于如何采取更为市场化的方式和手段等方面的思考与研究仍然不足。

此外，以提升政策效率为核心的绩效评估与问责机制尚未完成建立。农业补贴政策的第三方绩效评估机制尚未建立，保生产、增产量仍是补贴效果的主要考核标准。如在农民合作社的补贴执行过程中，对合作社的活跃度识别不够，对一些"死社"也予以补贴。同时，监管体制不顺，中储粮作为政策性粮食收储的主体，国家粮食和物资储备局应对其直属库负有监管职责。但由于同为部级单位，在人事、编制、经费等方面没有隶属关系，因而在实际操作过程中，地方粮食厅难以对本地库存形成常态化监管。中储粮系统事实上处于自我监督的状态，近些年陆续爆出中储粮河南、辽宁、吉林等分公司以陈顶新、恶意套取价差补贴、抬价压价、私设小金库等案件。并且，问责机制不完善，中储棉投资巨额亏损事件、中储粮黑龙江和湖南等地的大火事件等，均对国家财产造成重大损失，但对有关负责人的责任追究和处罚力度明显偏弱，权责明显不一致。

第二节 农业补贴政策优化的国际经验

从主要发达国家农业补贴政策的制定和实施情况看，各国都根据本国农业的发展模式和主要特点实施了形式多样的补贴，并且政策在实践

中不断优化完善。总体来看，美欧等国的补贴规模持续扩大，补贴的法制化、市场化程度不断提高。通过补贴开展对外粮食援助以扩大影响力等方式，值得我们学习和借鉴。

一　美国：以大农场为主要对象的补贴模式

美国的农业非常发达，开展农业补贴的历史也较长。美国的农业补贴政策众多，并且在不同发展阶段，根据实际情况和遇到的主要矛盾而不断调整。由于美国以家庭农场为主的模式较为稳定，因此，其补贴政策主要是围绕大型家庭农场制定和实施的。从补贴目标来看，大体可分为促进农业生产发展的补贴和保护农业资源及生态环境的补贴两大类。其中，促进农业生产发展的补贴包括农产品生产成本补贴、农产品价格支持和农业保险补贴等，是美国农业补贴政策体系中最主要、最核心的内容。

1933年，美国出台《农业调整法》，设立了农产品价格支持政策，同时对轮耕休耕、减少耕种面积等给予补贴。"二战"后，美国的农业补贴政策从应对危机的应急性措施转变为带有福利性质的常态政策，燃油补贴、农药补贴、化肥补贴等各项农业生产资料补贴的范围和额度都在不断扩大提升。特别是1996年之后，美国将目标价格支持转变为固定直接补贴政策，形成与农产品生产和价格脱钩、只按基期的补贴产量和补贴面积给予补贴的农产品生产成本补贴。由于这一政策扭曲了农产品价格，属于WTO规定中的"黄箱"政策，因此，该政策又逐步被目标价格支持政策代替。2014年，美国彻底取消固定直接补贴，但棉花的仓储补贴、经济调整援助补贴和长绒棉竞争力补贴等继续保留，同时休耕补贴、农牧地维护补贴、环境质量激励补贴等政策继续执行。此外，还建立了2亿美元的农业研究基础资金，并提高了特种作物每年的研究资金额度，力求进一步提升美国农业的研发水平。

二　德国：基于家庭农场的合作社模式

德国的农业现代化程度较高。从生产模式来看，99%以上的农业主体是家庭农场,并且以中小型农场为主①,其占全部家庭农场的比重超过90%。为确保中小农场为主体的农民利益,德国成立了世界上最早的农业合作社。目前,德国的农业合作社遍布农村地区,覆盖绝大部分农产品的生产、流通、销售、加工等环节,有效地提高农业生产经营组织化程度,促进其规模化、专业化水平,保障农民利益的最大化,促使本国完成从传统农业向现代农业的跨越。

作为农业合作社组织的发源地之一,德国于1867年就出台了世界上第一部《合作社法》,历经数次修订沿用至今。由于合作组织发达,德国的很多农业补贴政策都是针对合作社而制定的。例如,大部分合作社在营业税、机动车辆税、农产品增值税、法人税等方面,均能享受到较大幅度的降低甚至是免税的补贴政策。在信贷方面,德国政府通过政策性银行以补贴、资助等方式,对合作社在开展农业生产、扩大生产规模、增加雇佣人员、引进机械设施等方面进行资金支持。此外,和大多数欧盟国家一样,德国各级政府依据种作物面积、牲畜养殖头数、休耕土地面积等开展生产成本补贴。

三 日本:以家庭经营、深耕细作为主的补贴模式

日本政府对农业的重视程度很高,农业补贴项目繁多,有人将日本农业称为"被宠坏了的农业"。之所以出现这样的情况,与日本以家庭经营为主的生产模式以及强大的农协组织密切相关。由于日本的农业自然禀赋较差,土地经营规模零散,未能像美欧许多国家那样实现大型或中小型家庭农场的生产模式,而一直是以家庭经营、深耕细作为主。随着"二战"后经济快速发展,小农户与大市场之间的矛盾越来越突出。为解决二者的对接问题,农协组织应运而生。根据1949年颁布的《农业协同组合法》,日本各地陆续建立了"农业协同组合"组织。该组织与政府机构类似,形成中央、县级(都、道、府)和基层(市、町、村)三级组织体系。各级组织联系密切,行动统一,几乎涵盖日本所有的农户,人

---

① 在德国,经营土地规模在100公顷以上的,为大型家庭农场;规模在30—100公顷之间的,为中型家庭农场;规模在30公顷以下的,为小型家庭农场。

口规模和组织能力都很强大。从经济职能来看，农协在生产、加工、销售、融资贷款等方面，均发挥了积极作用，通过对内协定计划、对外统一面向市场，实现以规模效益保障农民利益的目标。从政治职能来看，农协作为农户与政府之间的中介和纽带组织，政治影响力越来越大，已经成为可以影响日本政策走向的政治团体，并由此促使政府不断增加对农业的补贴规模。

日本的农业补贴种类繁多，既有对农民的直接收入补贴，又有对购买或租赁机械设备等的补贴，还有各种农业贷款利息补贴、长期低息贷款等政策。同时，日本的农业补贴政策不但有覆盖面较广的大项补贴，还有一些针对特殊群体、特殊情况的小额补贴，补贴工作较为细致。例如，日本政府认为生活在山区、半山区的农户受自然条件等限制，单靠自身难以有效提高收入水平。针对这一问题，日本2000年出台了《针对山区、半山区地区等的直接支付制度》，要求政府与所有处于山区、半山区的农户签订协议，每年给予直接的收入补贴。又如，为鼓励耕地相近的小农户们联合起来进行耕地平整，中央政府对其购置农机具方面给予销售价格50%的补贴，县级（都、道、府）政府再给予25%的补贴，剩下25%的费用中，一部分由基层（市、町、村）政府补贴，另一部分可以通过优惠利率银行贷款获得，农户自己所需支付的比例很小。此外，日本政府每年还投入大量资金用于农业农村基础设施建设、科技推广及人才培养等。针对农业人口老龄化问题，日本政府于2012年设立了青年务农补贴制度，对中青年务农给予免费培训和直接补贴。

四　各国农业补贴政策的发展趋势及启示

（一）补贴规模持续扩大

随着工业化、信息化的融合发展，传统农业相对于工业和服务业的劳动生产率较低，但农业在国家安全、保障就业、稳定社会、提供原材料等方面的作用越来越突出。因此，主要发达国家对农业补贴的规模和力度越来越大。

美国在1933年最早实施农业补贴时，其补贴额度为1.31亿美元，1995年的《农业法》规定年均直接补贴为133亿美元，2002年的《农业法》进一步提升到每年190亿—210亿美元,占家庭农场收入的20%以上。2014年以来,美国每年的农业直接补贴规模维持在200亿美元,但一些补贴以更加市场化、更为隐蔽的方式进行,难以统计到传统的补贴之中,实际规模应该更大。

德国的农业补贴也在不断增长。德国联邦政府和地方政府依据不同作物的播种面积、休耕面积、养殖牲畜数量等对农民进行补贴,直接补贴规模有时可占到德国农民收入的一半左右。欧盟各国对农业的支持力度同样在不断加大。共同农业政策实施50多年来,在促进欧盟经济一体化、推动欧洲农业发展、稳定农产品市场等方面发挥了重要作用,农业补贴规模也在不断上升。在欧盟农业人口不断减少的情况下,农业投入占总财政支出的比重却不断上升,从2005年的24.1%上升至2013年的48.1%,在不到十年的时间里占比翻了一番(见表7—4)。

表7—4 欧盟政府对农业支持情况(%)

年份	农业投入占总财政支出比例	农业人口占比
2005	24.1	25.8
2006	26.3	25.0
2007	25.4	24.3
2008	27.8	23.7
2009	30.2	22.2
2010	32.6	18.5
2011	34.5	16.4
2012	39.7	15.3
2013	48.1	13.9

资料来源:梁芷铭:《欧盟共同农业政策分析》,《世界农业》2014年第11期。

(二)补贴依据法制化

市场经济是法治经济,主要发达国家对农业实施的补贴政策,均是源于问题,始于立法,通过新设或修订原有相关法律法规、完善本国农业补贴法制框架等方式,从法律层面确保农业补贴的合法性、合规性、有效性和长期性。

作为世界上最早开始农业补贴的国家，美国在补贴政策出台之初，就配以相关法律和法案作为保障。1933年出台的《农业法》成为美国农业基本法，它由于在1936年被美国最高法院判决为违反宪法，因此于1938年进行修订，颁布了新的《农业调整法》。从此，美国农业法大体上四五年修订一次，到目前已经出台20多部相关法案，成为依法开展农业补贴的典型代表。2014年出台的《新农业法案》已经到期，美国的新农业法案正在形成，据悉新法案的立法原则已经确定（见表7—5）。

表7—5　　　　1933年以来美国主要农业补贴相关法律法规

年份	名称	主要内容
1933	农业调整法	大萧条时期，罗斯福政府为振兴美国农业出台的第一部农业法案
1938	农业调整法	进行玉米、小麦等农产品价格支持，并开展临储工作
1941	斯蒂格尔修正案	针对"二战"的特殊时期，对主要农产品价格实行支持政策
1948	农业法	采用灵活的价格支持政策，稳定农产品价格
1949	农业法	否决灵活的价格支持政策，把主要农产品价格支持水平维持在70%—90%
1954	农产品贸易发展和援助法	为开拓海外农产品新市场、通过农产品援助促进美国对外政策实施
1956	农业法	除传统农业补贴政策外，对休耕退耕等进行补贴，更加注重对土壤、水、生态的保护
1962	食物和农业法	鼓励提高和拓宽农村土地的使用效率与用途，结合国内外需要进行农业生产
1970	农业法	对生产者和消费者之间的利益进行平衡，确定每个农场主从每种作物中获得农业补贴总额的上限
1973	农业和消费者保护法	实行与种植面积挂钩的目标价格补贴政策
1977	食品与农业法案	对未来四年鼓励农场主开展计划储备、农业技术培训等进行规定
1981	农业和食物法	针对国内外市场供需变化情况，取消大米销售配额，降低对奶制品的支持力度

续表

年份	名称	主要内容
1985	农业安全法	受财政预算约束,通过减少对生产和流通环节的补贴,提升美国农产品的国际竞争力
1990	食品与农业贸易保护法	在关贸总协定开展乌拉圭回合谈判的背景下,本法案计划降低农业补贴水平,更多地依靠市场的力量
1996	联邦农业完善与改革法	结合履行乌拉圭回合协议,农业补贴从价格支持政策向收入保障政策转变,引入农业收入保险
2002	农场安全和农村投资法	更加重视对农业生产和经营过程中出现的风险进行管理,增加反周期补贴
2008	食品保护和能源法	该法案备受争议,曾两度被布什总统否决,后国会又推翻总统决议。法案提出未来五年补贴政策要更加重视食品、环境和能源安全等方面内容
2014	农业法	以市场化为导向进行补贴政策改革,取消直接支持、反周期补贴等,扩大农业保险的支持和保障力度
2019	农业提升法案	尚未公布,预计可能会对价格和收入补贴进行改革,大幅增加资源保护补贴规模,并开展补充营养援助、学校营养午餐等涉及民生福祉的营养项目等

资料来源:根据公开资料整理。

德国是一个逻辑严谨、法律体系完善的国家,在农业补贴法律方面,同样如此。1867 年,德国政府出台了世界上第一部《合作社法》,此后经历数次修订沿用至今。《合作社法》详细规定了合作社的法人地位、成员组成、组织机构、法律责任、社员出资、盈余分配、社员权责以及解散清算等各种事项。不断完善的合作社法为德国合作社的多元化发展提供了有效的法律保障。1955 年,德国制定《农业法》,明确规定政府可以通过各种补贴政策来促进耕地合并,实现规模化经营。1969 年,德国政府出台《改善德国农业结构和海防共同任务法》,旨在通过直接补贴、贴息贷款等形式,增强本国农业竞争力,提高农民收入水平。2002 年,德国出台《生态农业法》,对开展产业全链条监管、保障食品安全等民众越来越关心的工作提出更高的要求,并根据欧盟的总体要求和新形势新变化,分别于 2009 年和 2013 年进行了修订。

(三) 补贴方式市场化

在近百年的农业补贴实践过程中，为提高农业补贴效率，同时减少"黄箱"补贴水平，美欧日等国越来越倾向于借助市场化的手段和方式来保障农民利益，实现补贴效用的最大化。各国在政策手段上灵活多样，更多地采取贷款、贴息、担保、保险补贴、生态补贴等形式，支持具体农业项目，补贴的覆盖范围也越来越广。

美国早在1933年出台的《农业法》中，对农业进行补贴的主体提出明确要求，认为实施补贴政策的主体不应是政府，而是通过成立美国商品信贷公司，借助市场化信贷手段来保障农民的利益。同时，规定农场主可以用尚未收获的农产品作为抵押，与商品信贷公司签订贷款合同，获得的贷款用于农业生产。到农产品收获后上市之时，若农产品的市场价格高于目标价格，农场主则以市场价格在市场上出售，向公司还本付息后还有一部分剩余收入。若市场价格低于目标价格，则按目标价格向公司出售，其中的差价由政府补贴给公司。此外，美国在农业保险实施过程中，也经历由政府成立保险机构直接办理到引入商业保险公司共同办理，再到政府只提供补贴、具体业务全部交由商业保险公司办理的过程，实现了保险补贴的完全市场化方式。

(四) 通过补贴开展对外粮食援助

作为全球最大的粮食出口国，美国凭借其优越的农业自然条件和先进的农业技术装备，同时依靠各种农业补贴政策，确立了其在全球粮食贸易格局中的优势地位。美国政府一方面大力推行全球粮食自由贸易，通过出口信贷担保补贴等粮食出口补贴，扩大本国农产品出口；另一方面还实施了机制化的对外粮食援助。

1954年，美国政府颁布《农产品贸易开发与援助法》（480法案），提出政府可以通过无偿或有偿援助等方式向其他国家提供粮食，通过法律使对外粮食援助制度化。在政府相关政策支持下，开展对外粮食援助，既有效解决了粮食和其他农产品过剩的问题，又为开拓海外农业市场打下基础，还为其全球战略的实施提供服务。事实上，欧盟也有向不发达国家或受重大灾害的国家进行国际粮食援助的成熟机制。在我国粮食生产能力保持在历史高位、粮食阶段性去库存压力显现的情况下，开展对外粮食援助是我们应更加重视并将其制度化的一种政策取向。

> 专栏 7—2
> **美国通过粮食援助扩大了对非洲的影响力**
> 　　美国通过对非洲开展粮食援助，有效扩大了其对非洲的影响力。在粮食援助过程中，美国会向受援国提出一系列附加条件。如在购买美国其他粮食和加工品时，必须用美元结算，允许美国涉农企业进入受援国开办生产和加工工厂等。大批粮食进入非洲，抑制了非洲自身生产粮食能力的提升。几十年来，非洲的粮食自给率一直处于较低水平，没有明显提升。并且，随着人口的快速增长，许多非洲国家的粮食供给越来越依赖援助和进口，不得不以矿产、木材、橡胶等初级农产品与美欧各国换取粮食，经济运行受外部市场的控制程度较高。特别是一些国家因此债台高筑，外贸逆差持续扩大，财政收支长期失衡，经常出现因粮价上涨而引发通货膨胀，甚至形成社会动荡的情况。

第三节　多管齐下完善我国农业补贴政策体系

随着中国特色社会主义进入新时代，农业补贴需要根据社会主要矛盾的新变化、乡村振兴战略的新要求、人民群众对品质安全的新期待，以乡村振兴战略为指导，以实现农业高质量发展为目标，深入贯彻新发展理念，以建立有效的绩效评估和问责机制为保障，实现农业补贴由生产环节为主向全产业链并重转变，政府主导向政府、市场、社会共同作用转变，传统管理模式向现代治理体系转变，努力实现农业补贴政策的"绿色化、绿箱化、市场化、动态化"，从而有效促进农业发展方式转变，拓宽农业发展新空间，激发农村改革新活力，开辟农民增收新渠道。

一　优化农业补贴需要处理好的四个关系

（一）政策手段与市场机制的关系

在制定和实施农业补贴政策过程中，首先要明确政府和市场"两只手"各自的功能和长处,进一步厘清二者的边界,力求二者有机结合、良性互动。在从计划经济向市场经济转变的过程中,受传统思维束缚,政府容易放大市场失灵的后果,为强化政府干预寻找依据。不当使用或滥用农业补贴的手段干预农村土地、资本、劳动力、科技等要素资源配置,容易造成社会福利损失。因此,要在充分发挥补贴政策引导作用的同时,尽量避免其对市场正常运行的影响,特别是在执行方式上,可借鉴国际相关经验,通过更加市场化、商业化的方式实现农业补贴的政策目标。许多政策的实施主体可以不是各级政府,而是委托相关协会、学会、企业等以市场方式开展。但同时,政府要发挥好引导和监管作用,确保补贴政策有效落实,补贴资金没有被挪作他用。

(二)政策供给与需求错位的关系

当前,农业发展存在的一个突出问题就是,生产要素有效供给不足与人民群众对农产品需求提质升级的矛盾。农业补贴的一个重要目标就是实现生产要素在农业领域的优化配置。目前,农村低端劳动力供大于求,懂技术会管理的中高端人才缺乏。农村土地的区域性突出,距离中心城市较远的土地难以得到市场青睐。城市的资本、科技、信息要素充足,但与农村农业的需求又存在错位,高大上的科技农民用不了,农民生产生活中实际急需的技术又提供不了。这些都需要在乡村振兴战略的总体指导下,深化农业补贴改革,着力矫正供求结构错配和要素配置扭曲,通过顶层设计、分类谋划、分批推出,促进中长期科技创新、制度创新和管理创新,满足更多层次的需求,实现土地、资本、劳动力、科技、信息等要素资源在升级基础上的优化配置,积极改善供求结构,激发和释放新的潜力。

(三)政策存量与改革增量的关系

"盘活存量、用好增量",是优化农业补贴的不二法门。随着乡村振兴战略的深入推进,用于农业领域的补贴资金将会越来越多。这些资金在使用之初,就应有更加科学合理的方案设计,使其效用和带动作用能够得到最大程度的发挥,有效引导农业沿着现代化和高质量的方向发展。同时,对来自农业农村、财政、发改、水利、扶贫等部门的相关农业补贴资金和项目,要进一步有机整合,实现项目资金统筹规划,提高资金的使用效率和效益，从而实现对存量补贴政策的提质和盘活。

（四）提升效率与保障公平的关系

农业补贴制度改革必然涉及对原有政策的调整，从而在实践中会形成补贴对象和补贴额度的变化，对原有利益进行重新调整。这就需要在政策优化过程中，尽量兼顾效率和公平。首先，兼顾东部发达地区和中西部欠发达地区的农业补贴规模，由于东部沿海的地方财力较强，对于开展地方性农业补贴的资金较为充裕，因此，在政策设计时可考虑中央财政补贴资金向欠发达地区适度倾斜。其次，既要通过补贴鼓励新型农业经营主体开展适度规模经营，也要兼顾2.6亿小农户的利益，要有面向这一群体的专门补贴政策设计，引导传统小农户迈向现代化农户。

二 由以生产环节为主向全产业链并重转变

（一）进一步扩大农业补贴规模

把握好乡村振兴战略对于促进农业发展的重大机遇，建立健全国家农业投入增长机制，加大政府投资向农业领域的倾斜力度。对推进农业绿色发展、完善粮食主产区利益补偿机制、提升农业机械化水平等领域，加大补贴力度，提高补贴政策的指向性和精准性。

（二）加强对加工环节的补贴力度

创新财政补贴方式，新增财政补贴资金重点向新型经营主体倾斜，引导家庭农场、农民合作社等新型农业经营主体就地开展农产品初加工，鼓励龙头企业建设专业化、标准化的生产基地，发展农产品精深加工。创新金融产品，开展产业链融资服务，根据加工企业实际情况，合理设计贷款期限，适当延长贷款期限，加大对涉农企业发行企业债、中小企业私募债、集合债等的支持。

（三）补贴政策向销售环节倾斜

扩大财政补贴覆盖范围，将农产品储藏设备、农村电子商务智能终端设备和休闲农业设施改造等纳入财政补贴目录。鼓励农产品流通方式和销售模式创新，开展农村网络和交通改造提升行动，支持农产品产地直销、农超对接、农企对接、农校对接等方式，加强对农产品品牌建设和营销推介的支持力度。

（四）健全对新兴业态的扶持政策

完善企业从事涉农电商、休闲农业、设施农业、创意农业等新业态的补贴政策，推广"田头市场＋电商企业＋城市终端配送"等营销模式，加强对现代生态农业技术研发与集成应用、示范推广的支持力度。鼓励农民采取转包、转让、出租、互换、抵押等形式流转土地承包经营权用于农村一二三产业融合发展，并将农村土地流转与农村劳动力转移结合起来，解决好土地流转后农民的住房安置、就业、养老、社会管理等问题。

三 由政府主导向政府、市场、社会共同作用转变

（一）拓展社会中介组织和公众参与渠道

在补贴政策制定过程中，应广泛征求农民、新型经营主体、有关专家、行业协会、商会等方面的意见，使各方有实质性参与，补贴具体标准和实施细则须经相关利益方充分讨论和质询、主要意见统一后才可实施。政策执行时要尽量简化流程手续，更多发挥专业中介组织作用，通过购买社会服务等，提高政策执行效率。

（二）加快从直接补贴向农业保险转变

借鉴美国以市场化的农业收入保险取代直接支付的政策走向，扩大农作物保险的覆盖范围和补贴额度，将农业保险由生产环节向销售环节延伸。除对农作物种植和牲畜养殖保费补贴外，开发对农作物利润进行保险的产品，基本利润保费由政府财政负担，更高比例的利润保费实行商业化运作，由生产者自由选择支付，最大限度地避免补贴政策对市场的影响，同时减轻政府的支出压力。

四 由传统方式向现代治理的转变

（一）加强主管部门的责任落实

在涉农机构进行大调整的背景下，应按照三定方案要求，进一步发挥农业农村部在涉农财税、价格、收储、金融保险等相关政策制定和提出扶持农业农村发展财政项目建议以及开展监督管理等方面的职责，继续有效发挥中央农村工作领导小组办公室的作用，协调督促有关方面对

农业补贴工作的落实情况。加强与财政部、国家发展改革委等涉及农业补贴工作的相关部门的协调配合，理顺各项补贴政策从制定、细化到实施、执行、监督等各环节的分工职责，形成政策合力。

(二) 完善绩效评估机制

强化政策实施的"成本—收益"理念，结合互联网、大数据等现代工具对现行补贴政策进行全面系统评价，并将其作为今后新政策出台的标准环节和决策程序的重要组成部分。进一步完善考核评价体系，指标体系应涵盖产量、面积、价格、投入、环境、社会、分配等各个方面，真正体现补贴政策的实施效果、资金效率和各方满意度。

(三) 健全公众监督和问责机制

完善公开透明的补贴政策信息发布和社会监督机制，建立农民、市场主体、社会组织、新闻媒体等共同参与的多元协商机制。明确各个环节的责任主体，以法律法规形式明确相关惩罚标准，形成科学有效的问责机制。

第四节　补齐小农户参保短板全面提高农业保险保障水平

——我国小农户农业保险排斥问题研究

农业保险是市场经济条件下保证农业现代化发展的重要支柱之一，既是WTO所规定的"绿箱"政策，又是分散农业风险、保障粮食安全、稳定农民收入、促进农业发展的有效政策工具。但是，由于小农户对农业保险存在排斥态度，很大程度上影响我国农业保险积极作用的发挥，从而出现"供求火热，参与偏冷"的小农户农业保险市场格局。未来，需要政府、农业保险公司和小农户三方共同努力，多管齐下，破解这一难题。

一　我国农业保险发展迅速，但小农户参与率偏低是主要短板

(一) 从总量规模看，我国已成为全球第二大农业保险市场

从1934年金陵大学农学院和上海银行在安徽和县成立乌江耕牛保险

会算起,我国农业保险至今已有80多年的发展历史。从发展规模和发展速度来看,我国农业保险大体经历了探索尝试(1934—1948年)、起步建立(1949—1977年)、市场化发展(1978—1992年)、停滞萎缩(1993—2003年)、复苏拓展(2004—2011年)、提质增效(2012年至今)六个阶段。

总体来看,20世纪80年代至90年代初是我国农业保险的第一个快速发展阶段,农业保费收入从1984年的1137万元增加到1992年的8.62亿元,年均增长率达71%。但由于多种原因,之后农业保险市场开始萎缩。1993—2003年我国农业保费收入不及全国总保费收入的1%,按全国2亿—3亿农户计算,平均每户农业保险保费收入不足2元。到2003年,我国农业保费收入仅为4.64亿元,是1992年的54%。这一阶段,我国农业保险发展严重滞后,农业保险市场存在严重的供给不足。

经历了1993—2003年的滑坡阶段后,从2004年开始,政府加大了政策性农业保险支持力度,选取9个省区(市)启动政策性农业保险试点工作,农业保险市场供求关系逐步得到改善。2004—2017年,农业保费收入由3.77亿元猛增至478.9亿元,增长了126倍,年均增长率超过30%。随着现代农业发展的需要和国家及地方财力的增强,农业保险保费补贴区域扩展到全国范围,补贴品种基本覆盖主要大宗农产品。其中,玉米、水稻、小麦三大口粮作物承保覆盖率均超过70%,受益农户规模也不断扩大(见表7—6、图7—3)。[①]

表7—6　　　　　我国农业保险及农业保险保费补贴情况

年份	全国原保险保费收入(亿元)	财产保险原保费总收入(亿元)	农业保险原保费总收入(亿元)	农业保险费占财产保险费比例(%)
2004	4318.1	1090.0	3.7	0.3
2005	4927.3	1229.9	7.3	0.6

---

① 2017年我国农业保险为2.13亿户次农户提供风险保障金额2.79万亿元,4737.14万户次贫困户和受灾农户受益。

续表

年份	全国原保险保费收入（亿元）	财产保险原保费总收入（亿元）	农业保险原保费总收入（亿元）	农业保险费占财产保险费比例（%）
2006	5641.4	1509.4	8.5	0.6
2007	7035.8	1997.7	51.8	2.6
2008	9784.1	2336.7	110.7	4.7
2009	11137.3	2875.8	133.9	4.7
2010	14528.0	3895.6	135.7	3.5
2011	14300.1	4617.8	173.8	3.8
2012	15488.0	5330.9	240.1	4.5
2013	17222.2	6481.2	306.7	4.6
2014	20234.8	7203.0	325.7	4.5
2015	24282.5	8423.3	374.9	4.5
2016	30959.1	9266.2	417.7	4.5
2017	36581.0	10541.4	478.9	4.5
增长	8.5倍	9.7倍	126倍	

资料来源：Wind 数据，中国银保监会历年保险统计数据报告。

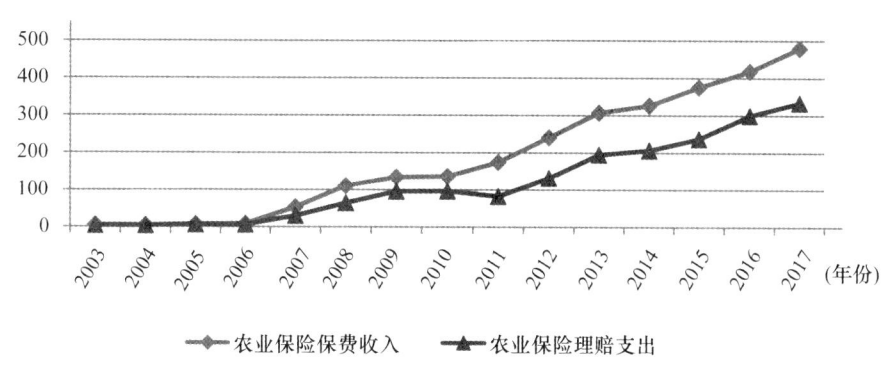

图7—3 我国农业保险发展状况（亿元）

资料来源：Wind 数据。

从国际横向比较看，2013 年，我国农业保险实现保费收入 306.7 亿元，首次超过日本，成为仅次于美国的全球第二大农业保险市场。2017

年，我国农业保险累计保费收入478.9亿元，与美国农业保险市场规模的差距在不断缩小。

（二）农业保险的密度和深度与许多国家相比仍有较大差距①，小农户参保率不高是重要原因

尽管近年来我国农业保险市场保持了发展较快的良好势头，取得明显的发展成效，但从农业保险的密度和深度看，与许多国家相比仍有较大差距。2004年以来，我国农业保险的密度快速提升，从2004年的0.53元/人跃升至2017年的83.0元/人，增长近156倍。农业保险深度也从2004年的0.02%增长至2017年的0.73%，增长36倍。但是，与主要发达国家（如美国农业保险深度为7.47%）和一些发展中国家（如印度农业保险深度为2%—5%）相比，仍存在较大差距（见表7—7）。特别是农业巨灾保险覆盖面不足、农业完全成本保险和收入保险发展滞后等问题越来越突出，成为农业现代化发展的一大瓶颈。

表7—7　　　　　　我国农业保险密度和深度变化情况

年份	农业保费收入（亿元）	乡村人口（亿）	农业总产值（亿元）	农业保险密度（元/人）	农业保险深度（%）
2004	3.8	7.57	18138.4	0.53	0.02
2005	7.3	7.45	19613.4	1.0	0.04
2006	8.5	7.37	21522.3	1.2	0.04
2007	51.8	7.28	24658.1	7.1	0.21
2008	110.7	7.21	28044.2	15.4	0.39
2009	133.9	7.13	30777.5	18.8	0.44
2010	135.7	1.40	36941.1	96.9	0.37
2011	173.8	6.57	41988.6	26.5	0.41
2012	240.1	6.42	46940.5	37.4	0.51
2013	306.7	6.30	51497.4	48.7	0.60

① 农业保险密度＝农业保费收入/乡村人口，表示一个国家或地区农业保险的普及程度和发展程度。农业保险深度＝农业保费收入/农业总产值，表示农业保险在农业经济发展中作用发挥的程度。

续表

年份	农业保费收入（亿元）	乡村人口（亿）	农业总产值（亿元）	农业保险密度（元/人）	农业保险深度（%）
2014	325.7	6.19	54771.5	52.6	0.59
2015	374.9	6.03	57635.8	62.2	0.65
2016	417.7	5.90	59287.8	70.8	0.70
2017	478.9	5.77	65468.1	83.0	0.73

资料来源：Wind 数据，《中国保险年鉴 2004—2017》。

我国农业保险的一些重要指标与国外存在较大差距，关键在于我国小农户参与农业保险的程度不高，使得农业保险的发展潜力难以被完全挖掘出来。1992 年，我国农业保险收费占全行业总保费收入的比重为 2.2%，2017 年则进一步降至 1.3%。即使仅从财产保险市场看，农业保险保费在财产保险收入中的比重也非常小，2012 年以来一直保持在 4.5% 的占比，低于发达国家和一些发展中国家水平。

2016 年，课题组赴全国 8 省（市）就小农户参保问题开展调研。[①]问卷结果显示，在调研的 120 家农业大户（规模农户）中，108 家购买了农业保险，投保比例为 90%。而在调研的 850 家小农户中，投保的只有 377 户，投保比例仅为 44.4%。可以说，小农户参保率不高已经成为农业保险发展的最大短板，同时小农户也是未来农业保险持续扩大发展的重要潜力所在。在乡村振兴战略实施背景下，如何实现小农户和现代农业发展有机衔接，是一个重要而又不可回避的问题。在今后相当长的时间里，一家一户的小农户生产都将一直存在，这就需要通过现代农业保险来带动小农户的现代化发展。

（三）小农户与新型农业经营主体在参保行为方面存在差异

进一步分析可以发现，在对待农业保险方面，小农户与新型农业经

[①] 作者承担了农业部软科学项目"我国小规模农户农业保险排斥状况研究"，其间组织课题组赴山东、山西、河南、河北、陕西、江西、重庆、黑龙江 8 个省（市）的 23 个县进行调研，共开展深度个案访谈 61 户，发放问卷 1600 份，回收有效问卷 1512 份。本节所提到的调研数据，均为本次调查问卷统计分析的结果。

营主体之间存在明显差异。一是在应对农业风险的态度和处理方式方面存在不同。小农户在生产中不仅面对农业自然风险，还要应对农产品和农业生产资料价格波动等市场风险，议价能力弱，基本上只能被动接受价格变化。在应对风险时，小农户更多的是采取风险规避方式，这与千百年来农户"靠天吃饭"的生产理念有关，通过保险来规避风险的意识薄弱。另外，小农户应对风险和补偿风险损失的机制与手段的成本较高，相比高风险、高收入的农业生产活动，小农户更愿意选择风险小、利润水平较低的生产方式。新型农业经营主体因为自身经历、认识水平、生产投入规模和收入规模等影响，更倾向于购买农业保险。在应对农业风险手段的选择上，他们也偏好多元化生产和高风险、高收入的农业生产。

二是在农业风险处理方式上存在不同。小农户因为外部风险分散和防范的机制薄弱，以及缺乏有效的资本市场来分散风险，通常由家庭自身或亲戚朋友帮助来化解风险。新型农业经营主体可以通过保险和套期保值、改变种植策略、在市场上筹措资金等更加灵活的方式来应对和规避各种风险。此外，即使小农户有参保的意愿，但由于各方面原因，真正实施的比例不高。调研发现，近90%的小农户在访谈中表达了对农业保险的需求，但最终的参保率却不足45%。

三是在影响参加农业保险的主要因素方面存在不同。影响小农户购买农业保险的主要因素是成本—收益比。如果小农户农业收入占总收入比重较低，农业受灾损失对农户影响较小，同时保费价格及后期需求理赔的时间成本高于预期理赔收入，小农户将不倾向于购买农业保险。当前城市郊区和发达地区的兼业农户多为这种情况。新型农业经营主体由于生产经营规模较大，每年的生产投入较多，农业保险占其总投入的比重较小，其更关注农业保险的避险和防止出现重大损失的功能，因而更倾向于购买农业保险。

二　造成小农户参保率低的三个主要原因

通过对相关理论的研究推导和对调查问卷的实证分析可知，当前造成我国小规模农户出现农业保险排斥现象的最主要原因有以下三个（按照影响程度由高到低排列）。

(一) 保险公司网点公布不合理，信用程度不高

保险公司经营网点数量和分布情况直接决定了小农户获取保险服务的难易程度，是产生排斥的重要原因。调研发现，我国的农业保险公司经营网点数量偏少，且多集中在市县一级，乡镇和农村地区网点很少。以我国某保险公司为例，其近 90% 的子公司或子系统分布在东部和中部地区，西部许多地域存在"保险真空"。调研中，82% 的小农户表示"不知道农业保险网点在哪儿"或者"农业保险网点距离太远"，其中 45% 的小农户因此放弃购买农业保险。

同时，小农户对保险公司的信任程度也不高。一方面，保险公司风险评估及理赔程序复杂，保障水平较低。调查发现，保险公司理赔时间普遍在 90 天以上。在没有购买农业保险的受访小农户中，92% 是因为保险公司理赔程序过于复杂，理赔标准偏低而放弃购买的。另一方面，为减免责任，保险公司在保险条款、保险标的等方面附加了一系列条件，阻碍了农户获取农业保险服务。调研发现，许多小农户在投保过程中并没有了解清楚自己的权益，在农业受灾后，保险公司凭借专业的合同规章和附加免赔条款，以及拥有的条款解释权，减少农业赔付甚至拒绝赔付，使农民权益受损，降低小农户继续投保的意向。

(二) 对一些地方政府特别是基层政府的信任度不高

就小农户而言，政府的公信力主要体现在是否能够真正落实国家的相关政策，公平公正处理具体问题，合理维护小农户正当利益等。但由于各种原因，一些地方政府工作人员在事务处理中出现各种损害农民利益的行为，加之网络舆论的片面引导，削弱了一些地方政府特别是基层政府的公信力，导致小农户因对政府信心不足而放弃购买农业保险的情况。调查发现，在一些乡镇，村委会与农户之间存在较严重的不信任情况。以对某省的问卷调查为例，在没有购买农业保险的小农户中，有近 50% 是由于对政府不信任而放弃的。

(三) 小农户受教育程度不高

受教育程度是显著影响农业保险排斥的重要因素。实证分析结果显示，小农户每增加 1 年的教育年限，农业保险排斥就会相应减少约 0.13 个单位，即小农户受教育程度越高，农户农业保险排斥发生的概率就会

越低。调查发现，受教育年限在10年以上的小农户，约80%购买了农业保险，而受教育年限不足10年的低学历小农户中，只有不到40%购买了农业保险，这其中还包括一部分被强制购买的农户。

三 多管齐下破解小农户保险排斥困境

当前我国小农户农业保险发展缓慢，存在较为严重的农业保险排斥问题。并且，小农户农业保险排斥不仅存在自身排斥，还存在着较为严重的被动排斥，被动排斥比例还高于农户自身排斥比例。因此，化解小农户农业保险排斥问题不仅要依靠政府，还要从保险公司环节寻找解决途径，同时加强小农户的需求侧引导，从而形成企业、政府和农户三方合力解决的局面。

（一）农业保险公司层面

一是创新农业保险制度，规避逆向选择和道德风险。首先，通过调整保险期限来减少逆向选择，期限延长不仅可以减少农户后期逆向选择，还能有效减少销售保单费用。其次，尝试推广集体风险保险计划，将农户是否理赔与全县（乡镇）农作物平均产量挂钩，在平均产量低于保险产量时，农户自动得到理赔。此外，灾害频发、风险较高的地区，可尝试由巨灾风险制度来代替农业保险制度。

二是形成农业保险有效运行机制，维护市场稳定。首先，根据经济发展情况适时调整和完善农业保险相关规章制度，辅以投保及理赔程序等配套政策，优化农业保险流程，为农业保险顺利实施提供制度保障。其次，鼓励各地分公司或子公司开设特色农业保险品种，以满足不同农户的需求，提高保险覆盖率。此外，加大监管力度，严厉打击造假骗保、截留保费、保费返还等违法行为，并及时公开投保标准、理赔项目、理赔结果等信息，确保投保到户、定损到户、理赔到户。

三是创新农业保险模式，提高风险保障水平。首先，设立灵活的农业保险补贴标准，以满足不同农户需求。其次，开发价格保险、产量保险等新险种，鼓励农户在购买政策性农业保险的基础上投保商业性农业保险。再次，推动多种形式的农业保险试点工作，鼓励有条件的保险公司根据各地区农业发展情况，探索适合小农户的农业保险项目，地方开展天气指数保险、区域产量保险、目标价格保险等，鼓励合作社、企业等新型经营主体开展互助保险，鼓励农业再保险。最后，重点关注和及时总结开展三大粮食作物完全成本保险和收入保险试点的实践经验与主要问题，提升试点工作的科学性、可复制和可推广性。

（二）政府层面

一是完善相关法律法规。法律制度是政策顺利实施的前提和必要条件，只有完善的农业保险法律规范，农业保险才能做到依法开展。同时，法律制度必须同社会经济发展相适应，不断地调整和完善，以支持农业保险的健康发展。我国政策性农业保险自2004年试点以来，在较长一段时间内都缺乏具体的法律法规支撑，主要依据2015年修订的《保险法》、2002年修订的《农业法》和相关部门颁布的农业保险规章制度。因此，应首先由地方政府、保监会和各大保险公司根据辖区内农业保险的经营模式，制定农业保险的地方性法规，然后国务院参照地方经验，制定农业保险条例，进而通过人大常委会上升为法律。

二是提高财政补贴效率。首先，构建多层次的农业保险体系，协调各级政府、农户及保险公司的利益，明确各方职责。其次，通过各类支持政策引导国有保险公司、社会保险公司、有资质的专业保险中介和兼业代理机构进入农业保险市场，激发市场活力。再次，创新农业保险模式，重点发展互助保险、价格保险、产量保险等，设立"低保费，广保障""高保费，高保障"等灵活补贴标准类型，满足不同地区不同农户的需求。最后，构建普惠性农业保险体系，对于关乎国计民生和对农户收入水平影响较大的作物、畜类等，实施给予一定补贴的强制性保险。

三是建立再保险机制。首先，完善农业保险再保险法律法规，制定明确的制度规则。其次，合理计算再保险保费价格和赔付标准，协调市场与行政手段，完善农业大灾风险分散机制。此外，建设农业风险管理平台，构建有效的农业自然灾害风险管理综合防范体系。

（三）小农户层面

一是发挥农村服务组织作用。我国小农户分布较为分散，单纯依靠保险公司在农村推广保险的难度过大。可借鉴国外相关经验，积极发挥农村地区农民组织或地方非营利性组织的积极作用，依托在农村分布广泛的农业技术推广站、农村信用社银行、邮政储蓄银行等机构，开展与农业保险公司的合作，力求低成本、高效率地推广农业保险。

二是提升小农户的生产风险意识。首先，整合农村资源，加强农民生产和农业保险知识等的基础教育，重点培养新型农民和职业农民，发挥其在农业保险领域的带动作用。其次，重视电信设备等农村基础设施建设与改造，通过新媒体促进农业保险知识传播。此外，支持保险公司通过各种形式的宣传和讲座，增强小农户风险防范意识，并探索形成与政府、农户之间更紧密的利益联结机制。

主要参考文献：

［1］柯炳生：《三种农业补贴政策的原理与效果分析》，《农业经济问题》2018 年第 8 期。

［2］张天佐等：《基于价格支持和补贴导向的农业支持保护制度改革回顾与展望》，《农业经济问题》2018 年第 11 期。

［3］彭超：《我国农业补贴基本框架、政策绩效与动能转换方向》，《理论探索》2017 年第 3 期。

［4］于晓华等：《欧盟农业改革对中国的启示：国际粮食价格长期波动和国内农业补贴政策的关系》，《中国农村经济》2017 年第 2 期。

［5］袁祥州、程国强：《美国农业保险财政补贴机制及对我国的借鉴》，《保险研究》2016 年第 1 期。

［6］梁芷铭：《欧盟共同农业政策分析》，《世界农业》2014 年第 11 期。

［7］粟芳、方蕾：《中国农村金融排斥的区域差异：供给不足还是需求不足——银行、保险和互联网金融的比较分析》，《管理世界》2016 年第 9 期。

［8］王修华、谭开通：《农户信贷排斥形成的内在机理及其经验检验——基于中国微观调查数据》，《中国软科学》2012 年第 6 期。

［9］余博、郭军：《农业保险市场供求失衡成因探析——农业保险排斥性视角》，《农村经济》2014 年第 4 期。

［10］陈文辉：《中国农险发展改革研究》，《中国金融》2015 年第 11 期。

第八章

开放条件下提升我国粮食安全保障能力和国际竞争力研究

"洪范八政,食为政首。"从古至今,确保粮食安全都是治国安邦的首要政务,是一国农业发展的最核心目标之一。纵观世界,主要大国均高度重视粮食安全问题,将其视为本国发展强大的根本前提和重要基础。我国是世界上人口最多的国家,吃饭问题必须依靠自己,口粮安全必须绝对保证。近年来,随着我国粮食综合生产能力持续提升,对于粮食安全的保障层次已经跨过"吃得饱"阶段,正从"吃得好"向"吃得健康,吃得安全"阶段迈进。在加快构建开放型经济新体制、扎实推进"一带一路"建设的背景下,我国粮食安全保障工作面临着新机遇和新挑战。一方面,在对外开放程度不断提高的情况下,我国农业将会在越来越广的领域面对全球农业强国的挑战,如何在保障粮食安全的同时,有效提升农业的国际竞争力是我们需要解决的一个问题;另一方面,随着越来越多的企业"走出去",我国农业发展面临着广阔的全球市场和前所未有的历史机遇,如何统筹用好两个市场两种资源,有效提高农业对外合作水平,是我们需要解决的另一个问题。在此背景下,本章从开放的视角对我国粮食安全问题进行研究,在对新时代我国粮食安全的新内涵、保障能力变化情况、面临的主要问题、国际农产品贸易格局变化情况以及相关国际经验分析的基础上,提出开放条件下提升我国粮食安全保障能力和农业国际竞争力的对策思路。此外,在中美贸易摩擦背景下,以我国开放程度较高的大豆产业为例,对如何在开放条件下保障重要农产品产业安全问题进行专节论述。

第一节 粮食安全内涵演变及我国粮食安全保障状况历史沿革

根据粮食生产对粮食安全的影响变化情况，可以将新中国成立70年来我国的粮食安全保障历史大体划分为五个阶段。目前，我们正处于历史上保障能力最强的阶段。随着经济社会的快速发展，粮食安全的内涵也在不断丰富和拓展，对我们的相关工作也提出更高要求。

一 粮食安全概念的提出

粮食安全这个概念最早是由联合国粮农组织（FAO）在世界人口快速增长、粮食短缺成为制约经济发展和扰乱社会稳定的背景下提出的。几十年来，其内涵随着经济社会的发展而不断深化，实现从基本的数量型需求向更高标准的质量型需求的转变。

（一）提出背景

"二战"后，全球人口快速增长，粮食供给面临的压力越来越大。1800年，全球人口约为10亿，增长到20亿人用了130年的时间，从20亿人口增长到30亿用了30年。而从1960年的30亿人口增长到40亿仅仅用了14年的时间。全球人口增长速度远高于同期粮食产量提升的速度，从而出现粮食供给不足的问题。特别是在20世纪70年代初，许多国家遭遇大范围的自然灾害，粮食大幅减产，一些国家和地区出现了粮食短缺甚至饥荒的情况。

在一些国家处于粮食极度短缺状态的同时，一些跨国企业却囤积居奇，通过国际粮食贸易大发横财。总体来看，全球人口的快速增长只是引发国际粮价上涨的一个原因，另一个重要原因是一些国家的大企业凭借其在世界粮食市场上的垄断地位，人为压缩粮食供给量，抬高粮价借以敛财，从而加剧许多国家特别是发展中国家的粮食危机。在此背景下，世界各国深刻认识到粮食安全的重要性，并将这个问题提升到全球高度。

（二）主要内涵

1972年爆发了全球性粮食危机。为应对这轮危机，联合国粮农组织于1974年在罗马召开世界粮食首脑会议，主题就是粮食安全问题。会议通过了《世界粮食安全国际约定》和《清除饥饿和营养不良的罗马宣言》，首次提出"粮食安全"的概念，认为粮食安全是"保证任何人在任何时候，都能够得到为了生存和健康所需的足够食品"。

当时粮食安全的内涵仅仅是从人们对粮食基本需求的角度来定义的。1983年，FAO将粮食安全的内涵进一步扩展，提出粮食安全是"确保所有人在任何时候，都能买到且买得起所需的基本食品"。随着经济的发展和人们生活水平的提升，1996年在罗马召开的世界粮食首脑会议将粮食安全的内涵进一步拓展为："让所有人在任何时候都能享受到充足的粮食，过上健康，富有朝气的生活。"此时，粮食安全的内涵已经从"吃得饱"转向"吃得好"。

可见，粮食安全的内涵是随着经济社会发展而不断被完善、被赋予新内容的。对我国而言，开放条件下的粮食安全内涵应该至少包括三个层次：第一个层次是确保主粮的数量型有效供给。即实现谷物基本自给，口粮绝对安全，这是一个人口大国确保粮食安全的最基本要求。第二个层次是实现与需求升级紧密对接的农产品质量型有效供给。随着新时代社会主要矛盾的变化，人民群众对食品的安全性、多样性、个性化、便利化等提出更高要求，推进农业高质量发展，提升农产品品质，实现从"吃得好"向"吃得健康，吃得安全"的跃升，是中国特色社会主义进入新时代对粮食安全赋予的新的时代内涵和要求。第三个层次是开放条件下对全球农业资源和市场的有效利用。在我国对外开放水平不断提升的情况下，粮食安全的内涵已不再局限于传统的国内自给自足的安全，更要抓住我国深度融入全球化的战略机遇，让更多的国际农业资源和广阔的国际市场为我所用。这既可发挥和培育好我国的农业国际竞争新优势，又可充分利用好国际的耕地、劳动力、环境、特色农产品等优势要素和产品，缓解国内农业资源和环境压力，逐步构建我国在全球范围内种植、加工、存储、运输、定价的世界农业大循环体系。此外，我国还要深度参与全球农业治理，加强对粮食安全状况严峻国家的支持和帮助，树立负责任的大国形象，提升我国在全球农业领域的话语权。这是在新时代对外开放不断扩大和我国国际地位不断提升的背景下，对我国粮食安全保障工作赋予的新内涵和更高要求。

二 新中国成立后我国粮食安全保障能力变化情况

新中国成立70年来,我国粮食生产大体经历了快速增长、骤减后恢复增长、低速增长、连续减产、"十二连增"基础上的稳定高产五个阶段,粮食安全保障能力也随之变化。总体而言,我国的数量型保障水平不断提高,对农产品质量安全的保障能力也实现了大幅提升。

(一)粮食恢复生产阶段(1949—1958年)

新中国成立后,我国建立了新的农业生产组织方式,极大地释放了农民种地的热情,从而实现了新中国成立以来粮食产量的首次"九连增"。

从总量上看,粮食产量从1949年的11318万吨快速增至1958年的19765万吨,年均增长6.5%,是同期人口增长率的3倍左右,粮食安全保障水平得到较大提升。从人均上看,1949年人均年粮食产量为209千克,1956年首次突破300千克,达到307千克。这一阶段的粮食保障能力总体处于基本满足生存要求的水平(见图8—1)。

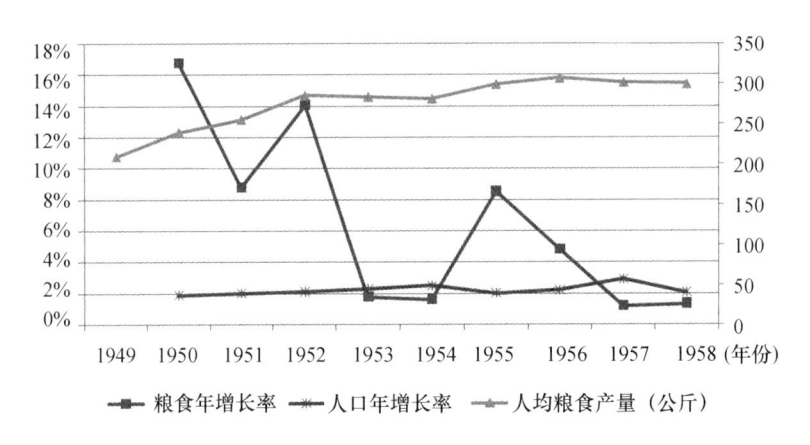

图8—1 我国人均粮食产量和人口增长率变化情况(1949—1958年)

资料来源:Wind数据。

(二)产量骤减与恢复增长阶段(1959—1977年)

受多种因素影响,1959—1961年我国粮食生产出现重大问题。粮食产量大幅下降,年均降幅达到11.5%。1961年的产量仅为13650万吨,比 1958 年减少 31%，相当于 1950 年的水平，而当时的人口已比 1950 年多了 1 亿人。① 这一阶段粮食产量出现新中国成立以来 -15.2%（1961 年）和 -14.2%（1960 年）的历史最大跌幅，同时也是新中国成立以来仅有的两个人口负增长年度（见图 8—2）。1960 年的人均年粮食产量仅为 217 千克，为新中国成立以来的最低水平。

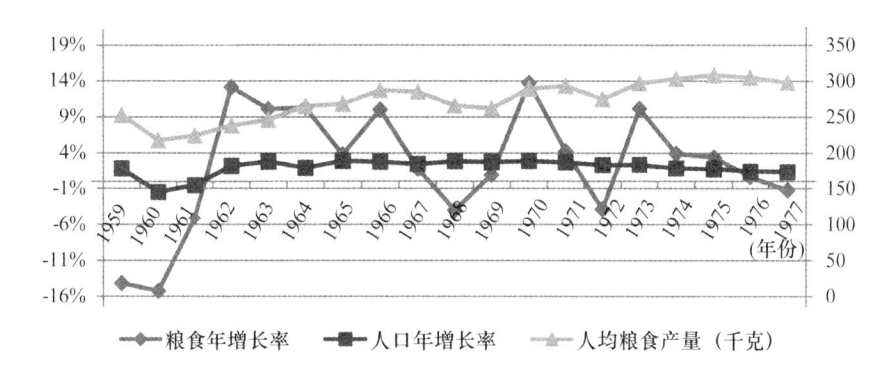

图 8—2　我国人均粮食产量和人口增长率变化情况（1959—1977 年）

资料来源：Wind 数据。

这一阶段的恢复性生产是从 1962 年开始的，之后大体形成"两丰两平一欠"的生产周期。粮食产量保持年均 4.8% 的增速，是同期人口增速的两倍多，1977 年产量达到 28273 万吨。人均年粮食产量于 1974 年再次突破 300 千克，达到 303 千克。粮食安全保障水平实现满足基本生存并向温饱迈进的突破。

（三）粮食低速增长阶段（1978—1998 年）

改革开放以来，农村家庭联产承包责任制有效地调动了农民种粮的积极性，粮食产量总体上持续增长，产量增速大体呈现"两年升一年降"的态势，总体保持年均 3.2% 的增速。1984 年，粮食产量首次突破 40000 万吨，1996 年突破 50000 万吨，1998 年更是创下了当时 51230 万吨的历史新高。同时，由于计划生育政策的实施，人口增长率已降至 1.3%，远

---

① 1950 年时全国人口总量为 5.52 亿人，到 1961 年已达到 6.59 亿人。

低于同期粮食增速,从而人均年粮食产量快速增长,1983年首次突破350千克,1996年更是首次突破400千克,达到414千克(见图8—3)。粮食保障能力实现了由温饱型向小康型的迈进。

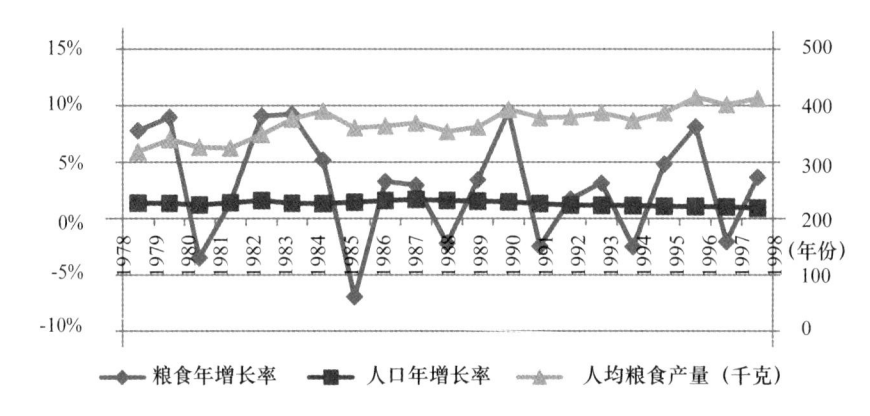

图8—3 我国人均粮食产量和人口增长率变化情况(1978—1998年)

资料来源:Wind数据。

值得一提的是,该阶段农民收入也实现了快速增长。除1986年、1987年和1991年外,其他年份的收入增速均保持在10%以上。这一阶段,农民人均收入的平均增速高达16.1%,人均收入的绝对值从1978年的134元涨至1998年的2062元,增长了14.4倍(见图8—4)。

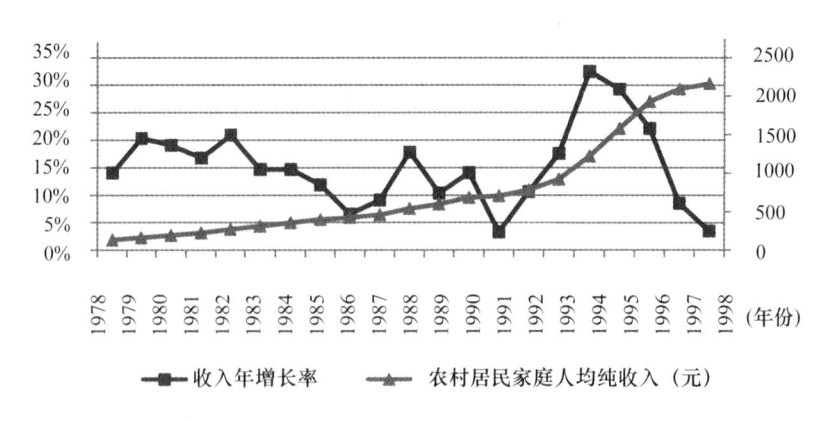

图8—4 我国农村居民家庭人均纯收入变化情况(1978—1998年)

资料来源:Wind数据。

(四) 粮食周期性减产阶段 (1999—2003 年)

经过上一阶段的持续增产，我国粮食市场出现阶段性供大于求的情况。在市场和政策的双重作用下，我国粮食生产从 1999 年开始出现连续五年的回调过程。粮食产量从 1998 年的 51230 万吨连续下跌至 2003 年的 43070 万吨，降幅达 15.9%。其中，2000 年的降幅达到 9.1%，是新中国成立以来除 1959 年和 1960 年之外的第三大年度降幅。人均年粮食产量也从 400 千克左右降至 2003 年的 334 千克，仅为 20 世纪 80 年代初的水平。这一阶段粮食供求总体呈紧平衡状态（见图 8—5）。

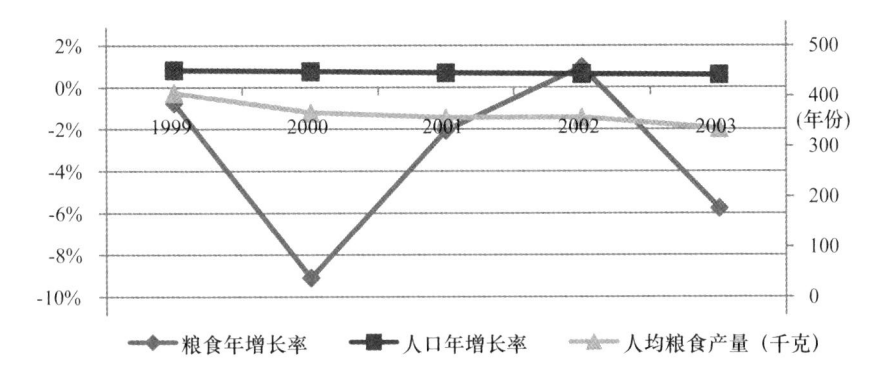

图 8—5　我国人均粮食产量和人口增长率变化情况 (1999—2003 年)

资料来源：Wind 数据。

从农村居民人均可支配收入看，该阶段的收入增长也较慢，人均收入年均增长率仅有 4.5%，远低于上一阶段的 16.1%，也低于同期 GDP 的增速。该阶段城乡居民人均收入差距迅速扩大，城乡居民收入比从 1999 年的 2.65 快速上升至 2003 年的 3.23（见表 8—1）。

表 8—1　城乡居民人均可支配收入差距变化情况

年份	城镇居民人均可支配收入（元）	农村居民人均可支配收入（元）	城乡居民收入比
1999	5854	2210	2.65
2000	6280	2253	2.79
2001	6860	2366	2.90
2002	7703	2476	3.11
2003	8472	2622	3.23

资料来源：国家统计局数据库。

(五)"十二连增"基础上的稳定高产阶段（2004年至今）

2004年，在各项补贴政策和市场价格变化的共同作用下，我国粮食生产结束了连续减产的态势，开始进入持续上升阶段，并开启了新中国成立以来史上最长的"十二连增"。2012年粮食产量首次突破6亿吨，2015年达到历史最高的66060万吨。2016—2018年的粮食产量虽略低于2015年，但仍然保持在6亿吨以上的高位（见图8—6）。这一阶段是我国历史上粮食供给保证能力最高的时期，改变了自1983年以来"两年增一年减"的生产变化周期，在有效满足居民需求的同时，对于稳定物价、防范通胀也起到积极作用。

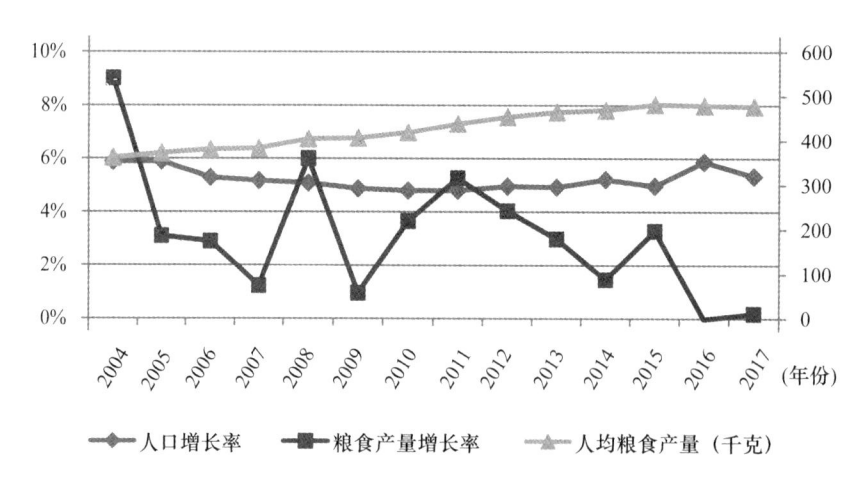

图8—6 我国人均粮食产量和人口增长率变化情况（2004—2017年）

资料来源：国家统计局数据库。

该阶段粮食产量维持在高位的主要原因，是在科技进步和农田水利设施持续改善的共同作用下，粮食单产实现大幅提升。据测算，单产提升因素对本阶段增产的贡献率超过60%。2004年，我国粮食单产达到4620千克/公顷，打破了1998年创造的最高单产纪录。2018年，这一纪录又提升至5621千克/公顷，实现连续多年粮食单产持续上升，比2004年提高21%。从收入来看，该阶段农村居民人均可支配收入实现在基数较大情况下的快速增长，从2004年的2936元增至2017年的13432元，增长了3.6倍（见图8—7）。

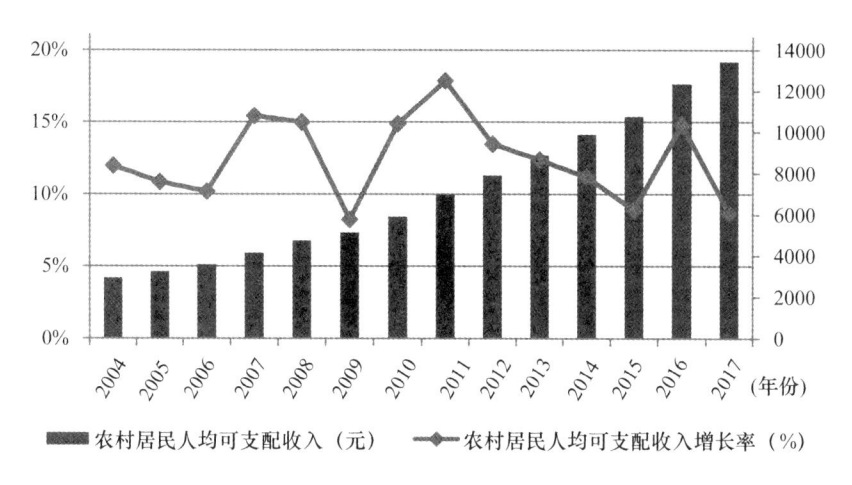

图8—7　我国农村居民家庭人均纯收入变化情况（2004—2017年）

资料来源：国家统计局数据库。

值得注意的是，在这一阶段，我国的粮食安全水平实现了从"吃得饱"向"吃得好"的转变，并正在向"吃得健康，吃得安全"的更高阶段迈进。随着农业供给侧结构性改革的深入推进，农业生产面向需求越来越大的无公害产品、高品质产品、绿色食品等的供给能力不断提升，食品安全保障水平大幅提高，我国粮食安全的内涵也随之变化。

三　当前我国粮食安全水平处于历史高位

（一）从产量来看，我国重要农产品的产量均处于历史较高水平，有效满足居民需求

2012年以来，我国粮食产量连续7年保持在6亿吨以上的高位，人均粮食产量2012年以来保持在900斤以上，2018年超过950斤，为国家安全战略提供了有力支撑。同时，油料、猪牛羊肉和水产品等产量也都大幅增长。2017年上述重要农产品的人均主要农产品产量分别达到25.1千克、47.3千克和46.5千克，有效满足了城乡居民的各类需求（见图8—8）。

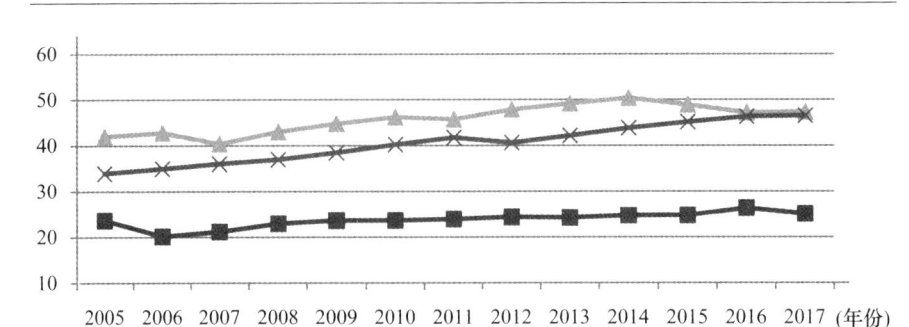

图8—8 我国人均主要农产品产量变化情况（2005—2017年）（千克）

资料来源：国家统计局数据库。

（二）从价格来看，重要农产品水平总体稳定，确保我国价格总水平保持在合理区间

不断优化的农业补贴政策以及电子商务、信息技术等在农业领域的广泛应用，既提升了重要农产品的有效供给能力，又增强了政府的价格调控能力，确保多年来包括粮食在内的重要农产品价格的总体稳定。粮价是百价之基，较为稳定的农产品价格为实现我国价格总水平多年来总体较为平稳态势，做出了重要贡献。特别是近年来，国际大宗农产品市场价格大幅震荡，局部地区粮食危机时有发生，但我国重要农产品价格保持了总体稳定，波动幅度明显低于国际市场，有效化解了国际农产品价格大幅波动对国内价格运行形成的输入性影响。从图8—9至图8—12可以明显看出，2007—2017年大米、小麦、猪肉和菜籽油等农作物国内价格波动情况明显小于同期国际市场价格波幅，其国内价格变异系数分别是国际市场价格变异系数的77%、59%、63%和67%。

（三）从调控手段来看，农业补贴和价格支持政策效果明显，较为有效地保障了农业生产者的利益

为鼓励粮食生产，调动农民种粮积极性，我国自2004年以来陆续出台了包括最低收购价、临时收储、目标价格和市场化收购加补贴等一系

列政策。这有效保障了农业生产者的利益,调动了农民种粮的积极性,实现新中国成立以来粮食产量最长的"十二连增",在世界上都较为罕见,极大地提升了我国粮食安全的保障能力,同时有效推动了农民收入实现较快增长。

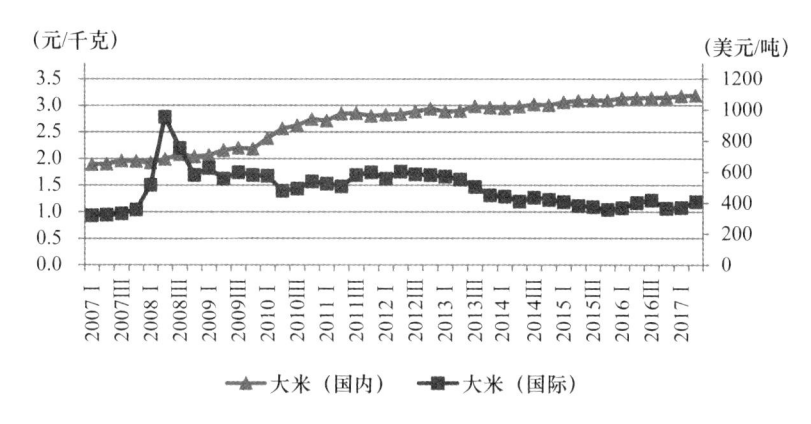

图 8—9 国内外大米价格波动变化情况（2007—2017 年）

资料来源：国内数据来自历年《中国农产品价格统计年鉴》,国际数据来自 Wind 数据。

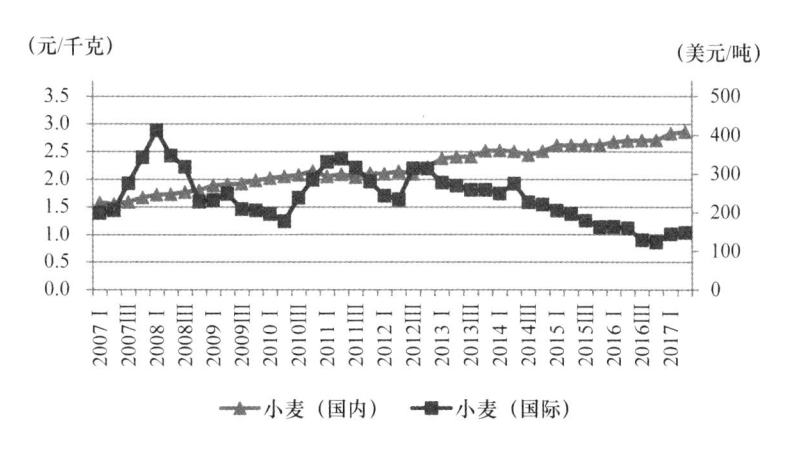

图 8—10 国内外小麦价格波动变化情况（2007—2017 年）

资料来源：国内数据来自历年《中国农产品价格统计年鉴》,国际数据来自 Wind 数据。

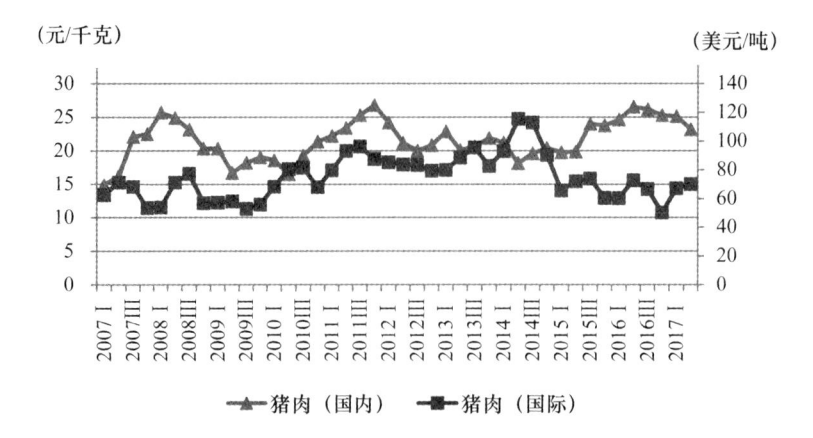

图 8—11　国内外猪肉价格波动变化情况（2007—2017 年）

资料来源：国内数据来自历年《中国农产品价格统计年鉴》，国际数据来自 Wind 数据。

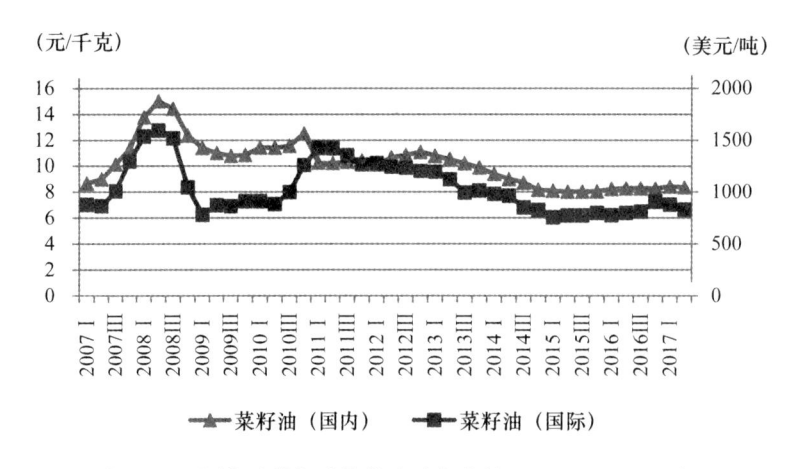

图 8—12　国内外菜籽油价格波动变化情况（2007—2017 年）

资料来源：国内数据来自历年《中国农产品价格统计年鉴》，国际数据来自 Wind 数据。

调控政策和手段应随着供求变化的情况而不断调整。鉴于部分粮食品种库存不断上升，以及只涨不跌的最低收购价格对于市场机制的扭曲等原因，2016—2018 年我国连续下调稻谷的最低收购价，2017 年又首次下调了小麦的最低收购价，体现了粮食生产调控政策从追求数量型向追求质量型的转变。更为灵活、更加市场化的调控方式，是实现我国粮食安全得到长期保障的体制支撑。

（四）从国际化程度来看，农业国际合作的区域和领域不断拓展，农业企业"走出去"的规模越来越大

我国与相关国家开展农业合作的机制化建设不断加强。欧洲方面，我国与许多欧洲国家特别是中东欧国家的农业经贸合作不断深化，截至2018年，已成功举办13届中国—中东欧国家农业经贸合作论坛。南美洲方面，2013年6月，中国—拉丁美洲和加勒比农业部长论坛在北京召开，论坛通过了《中国—拉丁美洲和加勒比农业部长论坛北京宣言》，中拉农业合作进入机制化、常规化轨道。2014年7月，国家主席习近平在中国—拉美和加勒比国家领导人会晤上，提出共同构建中拉"1+3+6"合作新框架，其中，六大领域之一就是农业合作，并建立了5000万美元的中拉农业合作专项资金。国际交流与议题方面，2016年6月，在陕西省西安市成功举办二十国集团农业部长会议，就粮食安全、科技创新、农业可持续发展、贸易投资等议题深入探讨，并通过了《G20农业部长会议公报》。农业"走出去"方面，随着"一带一路"建设的持续推进，我国与沿线国家和地区不断加强农业科技交流，打造了一批农业产业国际合作示范区，搭建了众多国际农业合作平台，形成互惠双赢、优势互补的局面。

我国与许多农业自然条件优越的国家存在较强的优势互补。以南美为例，南美洲土地面积超过1700万平方公里，大约四分之三的面积处于热带范围之内，大部分地区年平均气温20摄氏度以上，雨水充足，土壤肥沃，农产丰富，非常适宜农业生产。由于以巴西、阿根廷等为代表的拉美国家，在20世纪六七十年代，试图人为地以牺牲农业发展为代价，跨越劳动密集型产业发展阶段，直接向资本密集的重化工业阶段迈进，从而使其农业生产技术水平总体较为落后。这与我国农业技术发达、企业资金实力较强、配套机械设备完善等比较优势正好互补，同时可以化解国内剩余耕地资源较少、一些地区气候条件恶劣、农业生产生态环境约束不断增强等问题。可见，未来我国农业"走出去"的空间还很广阔。

近年来，我国农业对外贸易的规模持续扩大。从总量来看，我国农

产品外贸持续多年增长。2010年，农产品进出口总额首次突破1000亿美元，2017年达到1999亿美元，是世界第二农产品贸易国（见图8—13）。其中，出口额从2010年的601亿美元增长至2017年的751亿美元，增幅约为25%，成为世界第五大农产品出口国。从具体品种来看，我国是世界上最大的蔬菜和水产品出口国，苹果汁、罗非鱼、大蒜等农产品出口规模稳居世界首位。

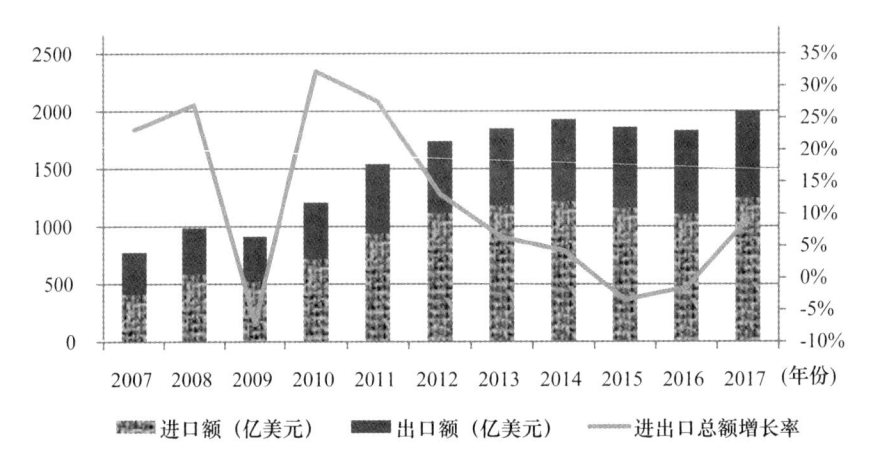

图8—13 我国农产品进出口变化情况（2007—2017年）

资料来源：Wind数据。

第二节 开放条件下我国保障粮食安全面临的主要问题

从中长期趋势看，国内粮食产量增速将逐步放缓。随着居民饮食消费结构升级，特别是对肉蛋奶需求的持续增长，未来对于粮食的需求量还会继续增长，同时对"吃得健康，吃得安全"的要求也会越来越高，这对粮食安全形成数量型和质量型同步提出的更高要求。同时，从全球来看，粮食安全问题仍是未来世界发展面临的一大难题。不同区域对粮食安全保障能力的差距会进一步加大，我们确保粮食安全的外部环境并不宽松。此外，在开放条件下，如何实现两个市场两种资源的有效利用，实现国内农业更加开放、更加市场化的发展，也是我国粮食安全保障工作面临的一项重要议题。

一 粮食供给持续增长的难度加大

（一）耕地资源约束日益增强

从耕地数量来看，随着城镇化快速推进，耕地与建设用地之间的矛盾不断加剧，耕地面积总体呈减少态势。1986—1995 年，建设用地占用耕地数量达 1.45 亿亩，相当于韩国耕地总量的 4 倍。[①] 2001—2008 年，我国又减少耕地 8800 多万亩。2009—2017 年，我国耕地面积又净减少 1000 多万亩。[②] 总体来看，21 世纪以来，我国耕地已减少约 1 亿亩，而我国耕地面积超过 1 亿亩的省份只有 5 个，相当于 17 年间减少了一个产粮大省。

从耕地结构看，虽然还有进一步提升耕地质量的空间，但提升的成本会越来越高。自然资源部 2016 年开展的"全国耕地质量等别调查评价与监测工作"结果显示，我国的优等和高等耕地占全部耕地的比重为 29.5%，中等地、低等地占比分别为 52.7% 和 17.8%（见表 8—2）。[③] 从数据上看，似乎我国中等地和低等地的质量提升空间还比较大。但进一步分析可知，在 14.2 亿亩的中等地和低等地中，有 10 亿亩是在我国西部地区。这些地区人口占全国比重较低，多数地区经济发展水平较东部和中部地区滞后，对于耕地质量改造提升的动力和需求不足，财政支持的力度和能力也有限。而东部、中部和东北等地区，集中连片的耕地大多已经实现质量提升，其他需要升级的耕地许多为山地丘陵或较零散土地，土层薄砾石多，提升这些耕地质量所需的成本比之前要高很多。一些耕

[①] 张剑雄：《对我国粮食安全问题的思考》，《湖北大学学报》（哲学社会科学版）2007 年第 6 期。

[②] 第二次全国土地调查前，我国 2008 年的耕地面积为 18.26 亿亩，第二次全国土地调查后，2009 年我国的耕地面积增长至 20.31 亿亩。受调查标准和技术方法改进等因素影响，统计多出约 2 亿亩耕地，因此不能直接将 2001 年和 2017 年的耕地面积数据进行比较。因此，本书对于耕地减少的面积分为 2001—2008 年和 2009—2017 年两个阶段分别计算。

[③] 自然资源部将全国耕地评定为 15 个等别，1 等耕地质量最好，15 等最差。其中，按照 1—4 等、5—8 等、9—12 等、13—15 等将全国耕地划分为优等地、高等地、中等地和低等地。

表 8—2　　　　　2016 年全国耕地不同质量等级占比情况

耕地类型	等级	面积（万亩）	较上年变化情况	占比（%）	较上年变化情况
优等地	1	665	−68	0.3	−0.03
	2	889	−10	0.4	0.00
	3	1711	−27	0.9	−0.01
	4	2584	−8	1.3	0.00
	小计	5849	−113	2.9	−0.04
高等地	5	5496	−1	2.7	0.01
	6	13298	5	6.6	0.03
	7	17141	−17	8.5	0.02
	8	17758	−62	8.8	0.00
	小计	53693	−75	26.6	0.06
中等地	9	21003	−157	10.4	−0.04
	10	26610	−248	13.2	−0.07
	11	30488	−194	15.1	−0.04
	12	28362	−16	14.0	0.04
	小计	106463	−615	52.7	−0.11
低等地	13	16901	19	8.4	0.04
	14	11504	19	5.7	0.03
	15	7527	55	3.7	0.04
	小计	35932	93	17.8	0.11
总　计		201937	−710	100	100

资料来源：根据自然资源部发布的 2015 年和 2016 年《全国耕地质量等别更新评价主要数据成果》整理。

地从经济性角度考虑，甚至不值得大量投入以提升质量。事实上，优等和高等耕地近年一直在减少。在 2016 年比 2015 年减少的 710 万亩耕地中，优等地和高等地就减少了近 190 万亩，低等地又增加了 93 万亩。可见，通过耕地质量来大幅提升粮食产量的潜力并没有想象中那么大，在现实操作过程中也没有那么容易。

（二）资源环境约束增强

化肥和农药的过量使用对耕地和环境的影响越来越大。十多年来，我国粮食产量处于连续增长或保持高位的最主要贡献因素，就是单产的提高，而单产提高除技术进步因素外，另一个重要原因是化肥、农药的大量投入。2000—2017 年，我国化肥施用量从 4146 万吨上升至 5984 万吨，增长了 1800 多万吨，每年消耗的化肥数量约占全球的 1/3。尽管 2016 年和 2017 年连续两年实现化肥的负增长，但降幅都很小（见图 8—14）。2017 年我国农作物亩均化肥施用量仍高达 28 千克，远高于世界每亩约 8 千克的平均水平。并且，施肥水平不均衡，东部地区明显高于西部。农药的使用量这些年同样在不断上升，2014 年全国农药使用量超过 180 万吨。化肥和农药的过度使用，导致我国耕地板结化、土壤酸化，造成耕地污染，形成食品残留。这既危害农业生态环境，又威胁人民群众食品安全。因此，依靠透支资源环境来提高单产的模式难以为继。

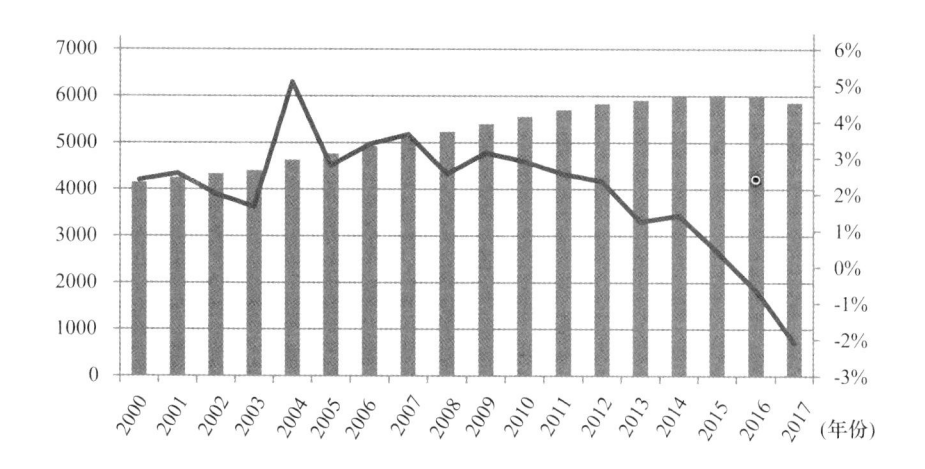

图 8—14　2000 年以来我国化肥施用量及增长率变化情况（万吨）

资料来源：《中国统计年鉴》（2001—2018 年）。

水资源特别是淡水资源匮乏的问题日益凸显。我国人均水资源仅为世界平均水平的 1/4，是全球人均水资源最贫乏的国家之一。而农业用水占到全国总用水量的约60%，未来我国农业用水规模难以有较大提升空间，水资源约束问题日趋突出。首先，我国耕地和水资源时空分布不平衡。全国81%的水资源集中在占耕地36%的长江及以南地区，占总耕地64%的淮河及其以北地区仅占有19%的水资源，却承担着全国约40%的人口的粮食供给任务。① 同时，我国13个粮食主产区有7个在贫水的北方，6个在丰水的南方。20世纪90年代初，两方的粮食产量占全国比重相差无几，此后南降北升。目前，北方的粮食产量已远高于南方，但北方河流超限利用和地下水超采现象严重，增产难以为继。其次，水污染问题日趋严重。由于工业废水直接排放、农业化肥过量施用等问题，我国许多河流被严重污染。在粮食单产较高、水资源较为丰富的东南沿海地区，污染情况也日益严重。由于超采地下水，一些地方还出现地面沉降等严重的地质问题。此外，粗放型的农业用水方式浪费严重。我国许多地区农田水利设施陈旧落后，仍然采用传统的灌溉方式，农业用水的有效利用率仅在45%左右，远低于欧美等发达国家70%—80%的水平。

（三）自然灾害和极端天气多发

我国每年所遭受的自然灾害较多，频繁的干旱、洪涝等灾害给农业发展造成较大影响。进入21世纪以来，随着我国农田水利设施的完善和农业科技的发展应用，农作物受灾面积总体呈下降趋势。2001年，我国农作物受灾面积超过7.8亿亩，占当年耕地面积的比重超过40%；2017年的受灾面积已降至2.8亿亩，占比约为14%（见图8—15）。但总体来看，仍高于美欧等发达国家水平。特别是近年来，农业自然气候条件总体较好，极端天气大面积、频繁发生的情况较少出现，对于我国粮食生产形成促进作用。但是，全球气候条件是在不断变化的，风调雨顺与各种灾害是交替往复的，未来"厄尔尼诺""拉尼娜"等灾害天气发生的概率较大，我国粮食生产的自然风险总体仍然较高。

---

① 潘岩：《关于确保国家粮食安全的政策思考》，《农业经济问题》2009年第1期。

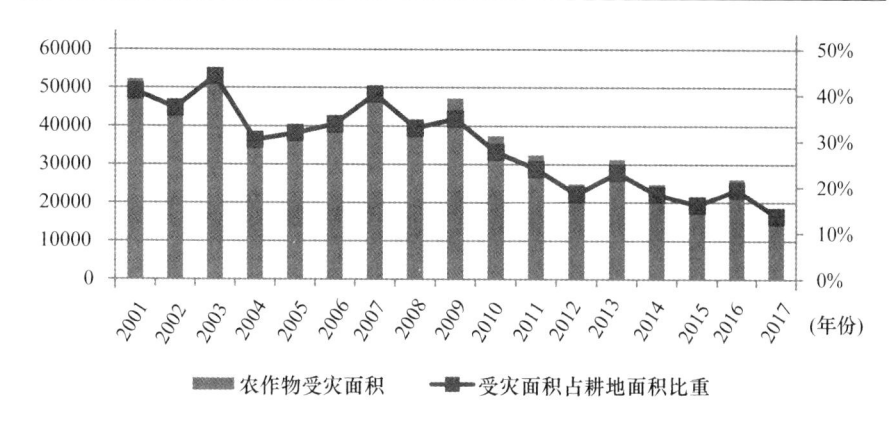

图 8—15　我国农作物受灾面积变化情况（2001—2017 年）（万亩）

资料来源：根据历年《社会服务发展统计公报》（民政部发布）和历年《中国统计年鉴》整理。

（四）农业补贴的规模和力度难以实现大幅提升

我国农业生产的总体效益较低，特别是农业生产中的粮食种植效益更低。虽然近年来国家连续出台多项粮补惠农政策，粮食价格曾多年上涨，但补贴增长速度和粮价上升速度赶不上农业生产成本上升的速度，在不断高涨的生产资料价格及其他生活产品价格的冲击下，农民种粮收益率不断下降。同时，随着近年来全国各地不断上调最低工资标准，农民工工资普遍提高，农民种粮的机会成本明显上升，进一步降低农民的种粮意愿。随着我国经济增长进入新常态，财政收入增速明显放缓，通过大幅增加财政补贴额度来调动农民积极性的政策空间不断缩小。同时，农业补贴政策的市场化改革是大势所趋，单纯依靠提高补贴来扩大粮食种植的政策边际效用不断下降，未来的政策手段和政策工具必须进行改革调整，通过传统补贴政策推动粮食增产的难度越来越大。

二　粮食需求持续增长

（一）人口增长和城镇化进程带来刚性需求

人口增长对粮食带来新增需求。2017 年，我国人口达到 13.9 亿人，国家卫计委推测，随着"全面两孩"政策的实施，我国人口将在2030年达到14.5亿的峰值，并且即使峰值过后，到2050年我国还会有约14亿人口。① 以目前人均年粮食消费量计算，到2030年新增人口至少增加400亿千克的粮食需求。同时，城镇化推进对粮食带来新增需求。随着新型城镇化的有序推进，粮食消费"城市靠市场，农村靠自己"的模式被打破，许多原来"自给自足、有余出售"的粮食生产者，进入城镇后变成不再从事生产而到市场购买的纯粮食消费者。由于城镇人口人均粮食消费水平显著高于农村居民，因此，随着城镇化率的不断提高，即使人口总量不变，对粮食的消费量也会不断增加。

（二）人均消费量持续增长

相对于人口增长对粮食需求的增加量，人均消费量的持续增长是对粮食需求不断增长的最主要因素。20世纪90年代中期，我国人均粮食产量突破400千克，实现由温饱型向小康型的迈进，进入了以需求为导向的粮食消费时期。我国拥有几千年的"吃文化"，随着经济发展和收入水平的提高，居民对饮食的要求不断提高，饮食消费结构不断优化升级，消费的质量和多样性都在提升。

国际经验表明，随着城镇化的推进、生活水平的提高和膳食结构的多元化，居民对直接粮食消费的需求将减少，对肉、蛋、奶等粮食转化的农副产品消费量将增加。我国人均肉类占有量从改革初期的9.1千克增加到2017年的62.3千克，同期人均奶类占有量从1.2千克增加到22.7千克。通常情况下，鸡肉的粮食转化率为1∶2（即2斤粮食可以转化为1斤鸡肉）、猪肉的转化率为1∶4、牛羊肉的转化率为1∶7。牛奶和饲料转换率虽然超过1∶1，但要达到"每天一斤奶，强壮中国人"目标，对粮食的消耗也非常巨大。目前，我国人均年粮食消费量约为400千克，据测算，到2030年，我国人均年粮食消费量将达到500千克左右。这虽与欧美国家人均近1000千克的消费量有较大差距，但仍较目前消费水平有约25%的涨幅，对粮食的新增需求还是较大的。

---

① 2017年3月11日，十二届全国人大五次会议记者会上，国家卫计委相关领导公布的数据。

(三) 工业及宠物用粮增长较快

工业用粮规模快速增长。近年来，我国口粮消费量有所下降，但以大豆、玉米、稻谷、小麦等为主要品种的工业用粮规模明显增加，所占比重不断增长。其中，糖果、调味品、淀粉、食品添加剂、乙醇、酒等食品制造工业的消耗量约占全部工业用粮的60%。随着人们消费结构的提升和生物工业技术的发展，未来工业用粮需求将继续增长。

宠物用粮也在快速增长。相关机构调查显示，过去10多年里，我国的宠物数量增长了500%，仅宠物犬一项就超过1亿只。随着新型城镇化的快速推进和人口老龄化的加速，尤其是现代紧张忙碌的生活方式，以及越来越以网络为媒介的社交方式，逐渐形成人们相对独立的生活状态，人们的孤独感、空虚感在增强。因此，越来越多的人将宠物视为自己亲密的伙伴，我国宠物特别是犬、猫的数量快速增长，宠物消费市场出现持续强劲的发展势头。从国外发展规律来看，人均宠物数量与人均收入呈现正相关关系，人们的生活越富裕，人均宠物数量越多。美国的宠物数量约有4亿只，总数量大约是全国人口总数量的1.3倍，其中，人均拥有猫狗宠物0.5只。[①] 目前，我国人均宠物猫狗的数量仅为0.06只。随着全面小康社会即将实现，人们生活水平提升的同时，对于宠物数量的需求还将保持较快增长态势。即使我国的人均宠物量只有美国的一半，全国的宠物数量也将达到惊人的7亿只。按每只宠物每天用粮0.2千克计算，未来宠物用粮一年的规模可能会达到500亿千克。

三 利用国际农业资源和市场的能力有待进一步提升

(一) "走出去"企业的主体和方式存在不足

农业"走出去"的主体不够多元。目前，在南美、东欧、俄罗斯等国家和地区开展农业项目的企业仍以国有企业或国有企业参股的企业为主，企业的综合实力虽然较强，但身份较为敏感，容易引起当地政府或居民的不满和戒备。数量众多的中小企业、民营企业在农业"走出去"

[①] 《2017年中国人均宠物数量、宠物消费情况及宠物食品市场空间分析》，中国产业发展研究网，2017年12月27日。

过程中的积极作用，尚未通过更加有效的政策激励得以充分发挥。

"走出去"的产业位势不够高。在农业企业"走出去"初期，一些企业在海外开展农业项目时，面对海外一些国家和地区的耕地价格比国内便宜较多的情况，对海外购地表现出极大的热情和兴趣。甚至一些企业在南美、俄罗斯等国家和地区，一次性租用几十万公顷的土地用于农业种植。但这种"海外屯田"的方式也会引起所在国和国际社会的关注与质疑，在产业链条上的位势也较低，经营收益不高，不利于我国农业其他比较优势的有效发挥。

(二)"走出去"企业在海外生产的农产品回运存在问题

我国在南美、俄罗斯等国家和地区租用的耕地、劳动力等要素成本比国内要低，自然气候条件又较好，因此多数时候在这些国家种植的农产品价格要低于国内。但是，受国家粮食进口配额限制、海外仓储设施不足、国际物流成本较高、进口环节税费较多等因素影响，"走出去"企业在海外种植的农产品在运回国内的过程中存在一些问题，一定程度上影响农业企业"走出去"的积极性。

(三) 我国在全球粮食安全方面的影响力有待提升

近年来，世界范围内的自然灾害和极端天气多发频发，全球粮食生产的集中度进一步提高，与人口的集中度并不一致。全球人口已由20世纪末的60亿很快上升到2017年年底的74亿，对粮食的需求不断增加。因此，未来十几年全球粮食供求虽然总体上处于基本平衡态势，但区域不平衡的问题将更加突出，部分国家和地区面临的粮食安全形势仍非常严峻。同时，国际游资和全球粮商巨头常常通过金融市场以播种面积变化、气候变化、运输事故等题材进行炒作，形成全球粮价的暴涨暴跌，对于粮食安全保证能力低的国家，将是重大的冲击。在此背景下，我国作为全球经济体之一，在世界经济政治格局中的地位越来越突出和重要，需要同时提升我们在全球粮食安全方面的影响力和话语权。因此，应从开放视角进一步提升国内粮食生产能力和海内粮食市场及上下游产业链的控制能力，通过开展对外粮食援助等方式，促进全球粮食安全水平提升以及我们统筹国际农业资源和市场的能力。

第三节 提升粮食安全保障水平的国际经验

粮食安全是一个国家和地区经济社会稳定发展的重要基础，是关系国计民生、国家安全的重大问题。特别对于人口和经济大国而言，有效保障粮食安全更是确保其在全球治理中有效发挥大国作用的前提基础和必要支撑。美欧日等大国的粮食生产能力和自给水平各不相同，因此其保障本国本地区粮食安全的政策措施也不完全相同。本节将从耕地保护、种植、销售、储备、外贸等环节，对三大经济体的农业政策进行分析，并在此基础上提出对我国的启示。

一 在耕地资源保护环节，实施有效的耕地保护政策

（一）美国是世界上较早推行耕地保护政策的国家

美国农业自然条件优越，规模化、机械化程度高，是全球最大的粮食出口国。历届政府都高度重视粮食安全问题，通过实施多项政策确保其全球农业强国地位，并通过粮食出口提升其在世界粮食安全中的地位和影响。

1933年，美国颁布《土壤保护法》，将土壤保护和农产品价格支持政策挂钩，自此不断加大对耕地保护的支持力度。一是实施耕地保护计划。1977年和2002年，美国政府分别颁布《土壤和水资源保护法》和《农业安全与农村投资法案》，加大对耕地保护的投入规模，用于耕地保护的财政资金规模连续翻番。二是实施土地休耕政策。鼓励农民休耕部分土地，既可恢复地力，提高土地质量，保护水土资源，又可通过短期休耕政策来控制粮食产量，解决农产品过剩问题。三是实施土壤保护储备计划。政府通过与水土流失严重地区的农场主签订激励性合同，鼓励农场主在休耕期间维护地力，不得抛荒，政府将给予其相当于每年地租、绿化及土壤保护成本总和一定比例的补偿。

（二）欧盟高度重视对耕地的保护工作

欧盟作为全球第三大粮食出口地区，农业现代化程度高，内部分工协作较多，近年来特别强调农业的绿色化发展，为确保耕地数量和质量，

采取了多项政策措施。

欧盟共同农业政策对于耕地保护形成法制化和制度化要求，突出强调耕作方式的绿色化和耕地利用的精准化。同时，与美国类似，它出台了许多涉及休耕和环保等方面的补贴政策，鼓励农民保护耕地，并减少化学药剂使用。同时，为防止耕地撂荒闲置或挪为他用，欧盟规定对于无人照管或经营不善的农业土地，政府可进行征购，实施高土地税，并赋予附近农民对于该耕地的优先购买权和租赁权。

(三) 日本对土地资源实行严格的分类管理

日本土地瘠薄细碎，耕地资源有限，人均耕地面积不足世界平均水平的1/10，规模化程度低，粮食自给率低，高度依赖进口。因此，日本政府一直高度重视粮食安全问题，成为世界上少数几个对本国农业保护最多、时间最长的国家之一。

日本政府依据自然条件、地理位置等将农用地大体分为三类，进行分类管理。第一类是包括高产耕地、公共投资进行改良的耕地和新开发耕地等，这类耕地除公共用途外不得转用。第三类是土地利用区划调整区域内的土地、基础设施区内的农地等，原则上可以转用。第二类介于第一类和第三类之间。同时，日本政府分别于1949年、1952年颁布《土地改良法》和《耕地培养法》，鼓励土地开发和土地改良，扩大耕地面积，提高耕地质量。

二 在种植环节，开展粮食生产补贴和科技投入补贴

(一) 美国的粮食生产补贴方式和类型不断变化

美国政府曾长期对农业生产进行直接和间接补贴，通过核定单产和种植面积来确定补贴额度。2014年，美国新农业法案取消了实施多年的直接补贴和反周期补贴等政策，以更为市场化的农业收入保险政策补贴来代替。同时，美国还建立了较为完善的农业保险和灾害补贴体系，对农场主因自然灾害、恶劣天气或不利经济形势等情况造成的损失进行补贴，以帮助其稳定收入、恢复生产。

美国农业之所以现代高效，一个重要原因就是对农业科技和基础设施建设投入的高度重视。早在19世纪，美国就在各州建立了公立农学院

和农业试验站，20世纪初已建立了覆盖全国的农业科技推广系统。对农业公共研究的大规模投入，为美国粮食生产奠定了坚实基础，其科技在农业发展中的贡献率高达70%。同时，美国政府大力建设和完善农业基础设施，大型灌溉设施由联邦政府和州政府投资建设，中小型灌溉设施则鼓励单个农场主或联合投资，政府给予补贴资助。

(二) 欧盟的粮食补贴政策包括多个方面

一是耕地面积补贴，欧盟于1992年在共同农业政策改革中将粮食生产补贴与产量脱钩，实行与作物面积挂钩的直接补贴政策。二是休耕补贴，即在粮食供过于求时，对于符合休耕条件的农户按休耕面积进行直接补贴。[①] 三是环保补贴，欧盟近年来在减少价格干预的同时，更加强调农业的绿色化发展，提升农产品和食品质量安全，通过环保补贴政策引导农民减少化肥、除草剂、杀虫剂等化学药剂的使用量。此外，还包括税收优惠、信贷支持、基础设施建设补贴等各种补贴政策，对于促进粮食生产，确保粮食安全产生积极作用。

同时，欧盟高度重视科技对粮食生产的提升作用，在农业科研领域，每年保证较大规模的投入。同时，重视农业生产科技的推广普及工作，构建了包括正规农业学校教育、高等农业院校教育、农民培训中心等在内的多层次、高效率的技术推广和服务体系。

(三) 日本高度重视本国粮食生产工作

2000年，日本出台了《针对山区、半山区等的直接支付制度》，通过对山区、半山区耕地农民实行直接补贴，以弥补山区和平原地区生产成本的差异造成的收入差距，调动生产积极性。同时，政府和农户共同出资建立稻作安定经营基金，根据前3年的粮食价格平均数算出基准价格，再从该基金中支付基准价格与当年实际价格差额的80%，用以补偿农民因价格下跌而带来的收入损失。此外，还开展了生产资料购置补贴、保险补贴和自然灾害补贴等其他补贴。2003年通过的《粮食法修改案》，对

---

① 欧盟将休耕补贴对象根据粮食产量分为强制性休耕义务农场和自愿性休耕农场。前者必须休耕至少10%的耕地，但总休耕面积不得超过申请补贴面积的33%，后者休耕面积不得超过总耕地面积的33%。

农业生产特别是水稻生产补贴进行改革，大米生产由政府制订生产计划改为由农业协会来制订，补贴政策也进行相应调整。

与欧美类似，日本也形成了较为完善的农业科研和推广体系。农业技术研发机构主要由中央和地方政府设立的公立科研机构、高等院校与民间科研机构三部分组成。值得一提的是，日本政府对于农业的重视在教育领域体现得尤其充分。在中学阶段，建立了农业劳动体验制度，要求中学生定期参观农业工作，进行农业体验，以激发其对农业的兴趣。在高中阶段，设立专门的农业高中，主要培养农业自营者和相关技术人员。在高等教育阶段，建立了农业者大学，主要培养地区农业核心人才和现代农业经营者。此外，还建立了涵盖中央、都道府县、市町村等各个层次的农民职业教育体系，开展农民职业继续教育工作。同时，依托强大的农协组织，开展农业技术普及教育工作，有效地促进农业技术的普及推广，持续提升农业劳动者的素质和技能。

三　在销售环节，实施农产品价格干预政策

（一）美国较早实施农产品价格干预政策

美国于1933年颁布《农业调整法》，对粮食产品实施价格支持政策，即为农民提供一个最低的农产品保护价格。以保护农民的利益。在2002年的农业法中，提出实施"目标价格与反周期支付"政策，即对目标价格与有效价格进行差额补贴，确保农民最终的实际价格不低于合理价格。2014年的农业法案标志着美国农业支持政策由直接补贴时代向农业保险时代转变，对农民的种植收入进行保险补贴。

（二）欧盟实施粮食最低价格制度

欧盟各成员国参考往年市场价格水平，制定一个当年粮食销售的支持价格或保护价格，当市场价格高于保护价格时，农民或按市场价出售粮食，并从欧盟设在各成员国的农产品干预中心获得市场价格与干预价格之间的差额补贴，或者直接以保护价格卖给农产品干预中心，从而保证农民的收入和种粮积极性。

四 在储备环节，制定政府补贴政策

（一）美国的粮食储备政策以稳定价格和保障粮食安全为主要目标

从储备类型看，美国建立了包括粮食生产者和加工商维持正常经营的商业性储备、政府和企业参与的调节供求的政策性储备以及自愿参加储备计划的农民自有储存等在内的多元化储备体系。政府根据不同类型，给予各类储备主体不同程度的补贴。从储备规模看，美国粮食总仓储能力约为5亿吨，其中，农场等生产者的粮食仓储能力约为60%，农场以外的商业性仓储能力约为40%。特别是近年来，美国政府积极鼓励农民增加自有储备，不断扩大社会、农民私人储备的规模，不断降低储备管理的运行成本，进而提高储备效率。

（二）欧盟主要按照"干预价格"收购粮食

由于欧盟粮食长年供过于求，大量的粮食储备费用占用较多财政资金。因此，欧盟主要成员国基本不建设和经营国有粮食储存设施，主要依靠收购机构、仓储公司或私人企业代为收储，政府给予其必要的储费和利息补贴，并采取"月加价"政策（即每增加一个月的储存期另外给予补贴的政策），鼓励种粮农户和私人企业合理自储粮食。

（三）日本将粮食储备法制化

由于粮食自给率一直较低，日本对于粮食储备工作非常重视。在1942年、1995年颁布的《粮食法》和《新粮食法》中，它明确提出政府储备在平衡供求、调控市场、稳定价格和储备急用等方面的职责，对生产者在年末未能卖出的储备给予部分补贴。由于日本耕地资源有限，难以支撑本国三大主粮都保持较高的自给率，因此，根据以大米为三餐主食的传统饮食习惯，将保证大米自给率作为农业安全的重要工作。自"二战"后，日本一直保持较高的大米自给率。同样，在粮食储备方面，日本政府将主要补贴用在大米储备方面，主要为政府对本国生产的大米进行直接收购和少量进口大米的储存。日本的储备库由政府和民间组成，其中政府储备量约为20%，大部分通过市场化方式交由农协组织或其他专业储备公司代储，政府按照一定标准对其补贴。除大米储备外，日本政府还根据市场需求和财政承受力规定了小麦、大豆等粮食的储备量。

总体而言，由于日本整体的粮食自给率较低，特别是近几年自给率持续在40%以下，因此，其粮食储备规模总体不大。

五　在外贸环节，根据本国实际制定相应粮食贸易政策

（一）美国：通过粮食出口消化国内过剩产能

作为全球第一大粮食出口国，美国将粮食贸易政策作为减轻国内粮食过剩压力、保障国内农业稳定发展、增强国际市场影响力的重要手段。它主要通过本国粮食出口减免关税和外国粮食进口加征关税的保护性关税、出口补贴和出口信贷等政策，支持和鼓励粮食出口。

（二）欧盟：鼓励粮食对外出口

欧盟的粮食产能总体上也是供大于求，因此在粮食出口方面，也有相关鼓励政策。近年来，为减少"黄箱"政策，欧盟将直接收入补贴改为价格补贴和出口补贴等，以保证出口粮食在国际上的竞争力。同时，为避免低价粮食进口对欧盟市场的冲击，欧盟各国对进口粮食实行"门槛价格"政策，而在欧盟各成员国内部的粮食跨境贸易则不收此项税。

（三）日本：确保稻谷维持较高的自给率

日本由于粮食自给率较低，实施了鼓励进口的政策，以稳定国内粮食供给。同时，由于大米自给率较高，且涉及本国农户数量较大，日本政府在大米进口方面又采取了提高关税等保护政策。值得一提的是，由于高度依赖海外粮食进口，国内经济容易受国际粮食价格大幅波动的冲击，因此，日本政府长期以来一直在探索如何更好地实施农业"走出去"战略，以谋求更加稳定多元的海外粮食供应。日本政府一方面鼓励企业凭借资金和技术优势，在海外通过订单合同或与当地企业联营等方式，形成稳定的粮食生产；另一方面，通过购买或长期租赁海外耕地，进行海外屯田。目前，其海外屯田面积已是国内耕地面积的3倍以上，成为日本重要的海外粮仓。

六　共同经验及启示

（一）将保障粮食安全视为重大任务

民以食为天。不管是美国、欧盟等粮食供大于求的国家或地区，还

是日本这样自给率较低的国家，都把如何确保粮食有效供给、农业生产能力有效提升作为头等大事来抓。各个国家和地区根据具体国情和粮食安全总体形势，纷纷采取一系列政策措施来实现有效保障粮食安全的目标。虽然在政策取向和方式上有所不同，但最终目标都是一致的，即在力求本国粮食安全确保无失、全球农产品市场拥有更大支配力以及全球粮食安全问题上有更大影响力。

（二）采取措施保护耕地数量和质量

日本由于人多地少，因此对于耕地资源的保护更加重视，并通过相关补贴政策鼓励新增耕地，首先保证耕地的数量规模。美国和欧盟的耕地资源丰富，粮食生产能力总体供大于求，这些国家和地区均实施休耕补贴和环境保护补贴等政策，其政策导向在于提升耕地资源的质量。无论是对耕地数量的保护还是质量的提升，最终都是对本国粮食生产能力和资源的保护。

（三）对粮食生产多环节进行补贴支持

实现粮食安全的有效保障，不仅仅是将粮食种植出来，还必须确保种出的粮食存得住、卖得出、运得走，相关政策可持续。因此，美欧日等都在保护耕地的基础上，在种植、研发、销售和储备等环节对农业进行补贴和支持。这样既不违反 WTO 相关规定，又可以确保农民种粮的积极性和粮食生产能力的持续提升，从而形成多层面、多环节、全方位的农业支持政策体系。

（四）高度重视国际粮食市场和农业资源的有效利用

无论是生产能力超出本国需求的美国和欧盟，还是粮食自给率不到 40% 的日本，都在积极利用国际农业市场和资源，来补充和优化本国生产。美国和欧盟可以通过出口消化国内的农业过剩产能，同时增强国际影响力。日本则通过大量海外屯田、并购、合作经营等方式，以扩大海外粮食生产能力和控制能力，来弥补国内生产的不足，实现进口来源的多元化和可控化，通过海外途径有效提升本国的粮食安全保障水平。

第四节　国际重要农产品贸易格局变化及应对思路

农产品贸易是国际贸易的重要组成部分。21世纪以来，国际农产品贸易规模占全球商品贸易额的比重从2000年的8%提升至目前的10%左右，总体呈稳步增长态势。从粮食生产布局来看，亚洲和美洲仍是全球的主要粮食生产基地，中国、美国、印度、俄罗斯四国的粮食增产为全球粮食增加做出重要贡献。从粮食贸易格局来看，2000年以来，全球粮食出口规模增长67%，远高于同期粮食产量44%的增幅，印度和越南的稻谷出口、俄罗斯的小麦出口、乌克兰的玉米出口、中国的大豆进口均在近几年出现大幅提升，成为影响全球粮食贸易格局的新因素、新力量。从对产业上下游的影响来看，大豆和棉花等大宗农产品的贸易格局将随中国需求的变化而在未来几年加快调整。面对日益复杂多变的国际环境和农产品贸易格局，我国应保持战略定力，稳中求进，在乡村振兴战略的总体指导下，妥善处理好保障粮食安全与农业对外开放、纺织服装行业转移与企业有序"走出去"、实施保护政策与提升国际竞争力、增加农产品数量和提升产品质量四大关系，为全面建成小康社会乃至"十四五"时期推进社会主义现代化建设奠定良好基础和安全保障。

一　从全球粮食生产布局来看，亚洲和美洲带动粮食产量稳步增长，中美印俄等粮食生产大国地位进一步强化

（一）从生产情况看，全球粮食产量实现较快增长，亚洲和美洲贡献近八成

2016年，全球粮食产量达到25.51亿吨，比2000年增长7.75亿吨。从生产布局来看，亚洲和美洲对全球粮食产量增长的贡献最大，其2016年产量比2000年分别增长3.70亿吨和2.33亿吨，增产之和占同期全球粮食增产量的78%。欧洲粮食产量同期增长1.22亿吨，对全球粮食增产的贡献占比近16%。而非洲2000年以来仅增产5000万吨，平均每年仅增长3.4%，仅略高于该地区人口增长速度，表明十多年来非洲地区的粮

食自给水平未得到有效提升（见表8—3）。

表8—3 分地区全球粮食产量增长情况（2000—2016年）（亿吨）

地区		2000年粮食产量	2016年粮食产量	2016年比2010年增产量	本地区增产量占全球增产量比重
亚洲		9.49	13.19	3.70	47.7%
其中	东亚	4.18	5.94	1.76	22.7%
	南亚	3.08	4.10	1.02	13.1%
美洲		4.77	7.10	2.33	30.1%
其中	北美	3.55	5.01	1.46	18.8%
	南美	0.96	1.70	0.74	9.5%
欧洲		2.50	3.72	1.22	15.7%
非洲		0.76	1.26	0.50	6.5%
全球		17.76	25.51	7.75	100%

资料来源：根据联合国粮农组织（FAO）数据整理。

（二）从产量增速看，21世纪以来粮食产量增速扭转了前期持续放缓的态势

回顾20世纪60年代以来的全球粮食产量增速情况，可以发现增速总体呈V字形态势。随着农业生产在"二战"结束后的恢复发展，60年代以来实现了粮食产量的快速增长。但从80年代开始增速出现下滑，特别是在1986—1995年，有5年的粮食产量为负增长，平均增速仅为1%。21世纪以来，全球粮食产量增速恢复上升，2011—2017年的年均增速达2.7%的较高水平（见图8—16）。

（三）从增产原因看，产量的增长主要得益于单产的提高

粮食产量主要由播种面积和单产水平决定。2016年，全球粮食播种面积为5.69亿公顷，比2000年的5.06亿公顷增长12.5%。2016年全球粮食的平均单产水平达到299.4千克/亩，比2000年提高27.9%。其中，玉米单产水平增长最快，稻谷相对较慢（见表8—4）。总体来看，全球粮食产量增长的主要动力来自单产的提升。初步测算，单产提升因素对全球粮食增产的贡献率超过70%。

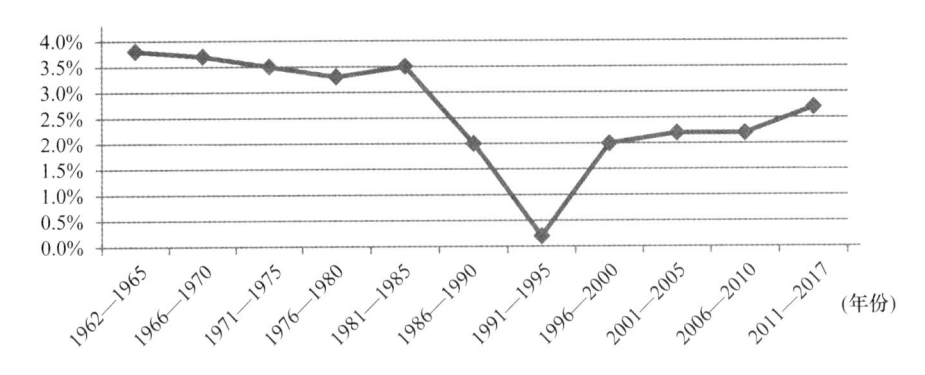

图 8—16　全球粮食产量增速变化情况

资料来源：根据 FAO 数据计算得出。

表 8—4　三大粮食作物全球平均单产变化情况（千克/亩）

	稻谷	小麦	玉米	粮食
2000 年	259.2	181.46	288.24	234.0
2016 年	309.1	227.0	376.0	299.4
增长幅度	19.3%	25.1%	30.4%	27.9%

资料来源：根据 FAO 数据计算。

（四）从国家层面看，生产的集中度基本稳定，中美印俄四国增产规模较大

全球粮食生产的集中度稳中略有提升。粮食产量排在前七位的国家产量之和占全球的比重从 2000 年的 62.4% 提升至 2016 年的 64.3%，粮食生产大国地位稳中有升。从国家层面看，中国、美国、印度和俄罗斯的粮食产量实现较大幅度增长，2016 年比 2000 年分别增长 1.79 亿吨、1.37 亿吨、0.63 亿吨和 0.53 亿吨，四国产量增长之和占全球粮食增长量的 55.6%（见表 8—5）。

表 8—5　粮食产量前七位国家产量和增产变化情况（亿吨）

序号	国家	2000年产量	2016年产量	2016年比2000年产量增长量	增幅
1	中国	3.96	5.75	1.79	45.2%
2	美国	3.21	4.58	1.37	42.6%
3	印度	2.16	2.79	0.63	29.0%
4	印度尼西亚	0.62	0.98	0.36	58.6%
5	俄罗斯	0.37	0.90	0.53	145.5%
6	巴西	0.45	0.82	0.36	80.6%
7	阿根廷	0.33	0.60	0.27	80.2%
合计		11.10	16.42	5.31	43.6%
七国产量之和占全球产量比重		62.4%	64.3%	—	—

资料来源：根据 FAO 数据计算。

二　从全球粮食贸易格局看，随着一些亚欧国家出口规模的快速扩张，三大主粮的贸易格局正在发生变化

（一）稻谷：亚洲内部循环的贸易格局有所弱化，印度和越南出口规模快速增长

受历史文化和饮食习惯等方面影响，全球稻谷的生产和消费长期集中在亚洲地区。从生产来看，稻谷产量位于前八位的中国、印度、印度尼西亚、孟加拉国、越南、缅甸、泰国和菲律宾均位于亚洲，2016 年八国产量之和占全球稻谷产量的比重超过 82%。

从贸易情况来看，亚洲内部循环的贸易格局有所弱化。21 世纪初，亚洲出口了全球 71.2% 的稻谷，同时又进口了 50.5% 的稻谷，全球稻谷贸易呈现出明显的亚洲内部循环模式。2016 年，亚洲出口稻谷数量占全球的比重进一步上升至 77.20%，但进口稻谷的比重下降至 410%。同期，非洲地区稻谷进口量占比从 2000 年的 22.2% 上升至 2016 年的 33.1%。由于非洲人口增长较快，且本身粮食生产能力较弱，从而成为全球稻谷消费的新增长点，全球稻谷的贸易流向正在发生变化（见表 8—6）。

表8—6 各大洲稻谷进出口量占全球稻谷贸易比重变化情况

国际贸易	地区		2000年	2016年
出口	亚洲		71.2%	77.0%
	其中	东亚	13.3%	1.5%
		南亚	15.2%	34.3%
		东南亚	42.2%	39.9%
		西亚	0.5%	1.3%
	美洲		18.1%	15.4%
	欧洲		6.2%	5.4%
	非洲		1.8%	1.6%
进口	亚洲		49.8%	40.9%
	其中	东亚	9.7%	13.3%
		南亚	8.7%	5.4%
		东南亚	13.7%	8.5%
		西亚	17.7%	13.7%
	美洲		13.2%	14.3%
	欧洲		12.7%	10.3%
	非洲		22.2%	33.1%

资料来源：根据FAO数据计算。

从国家层面看，中国、印度和越南的贸易情况变化较大。一方面，中国从稻谷净出口国变为净进口国。2000年，中国出口306万吨，进口58万吨，全年净出口248万吨。2017年出口降至120万吨，进口达到403万吨，全年净进口283万吨，进口量占全球进口规模的约10%，其中，80%是从越南和泰国两国进口。另一方面，印度、泰国和越南的稻谷出口规模均实现较大幅度增长。2016年比2000年出口量分别增长834万吨、374万吨和173万吨，不但弥补了中国从净出口国变为净进口国所形成的供需缺口，还有效地支撑了向其他国家和地区的出口。印度、泰国和越南三国的大米出口量占全球比重约为62%，特别是印度大米出口近年来实现大幅增长，2012年出口规模首次超过泰国，打破泰国长期保持世界第一大米出口国的格局，2017年更是以超过1200万吨的出口量稳居全球第一（见图8—17）。

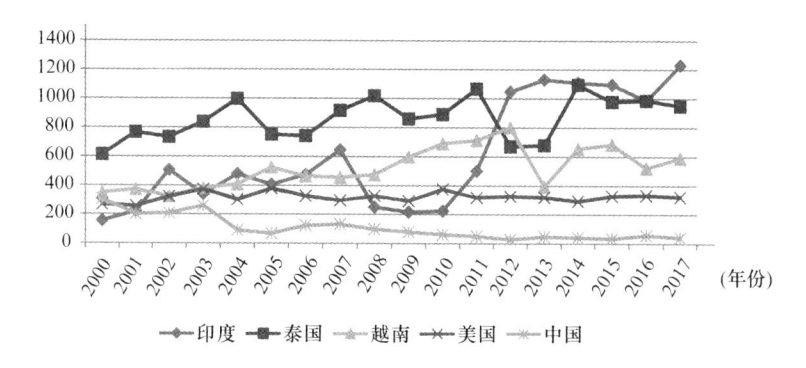

图 8—17 主要国家稻谷出口变化情况（万吨）

资料来源：根据 FAO 数据计算。

(二) 小麦：欧洲出口规模超过美洲，俄罗斯成全球最大出口国

与稻谷和玉米不同，小麦的出口量占其全球产量的比重高达 25%，比稻谷和玉米的出口比重要高很多（见图 8—18）。2016 年，全球小麦出口量达 1.84 亿吨，高于玉米、大豆和稻谷的出口规模。从主要出口地区看，欧洲和美洲地区的小麦出口量占全球比重长期保持在 88% 左右，是全球小麦最主要的出口地区。但近年来美洲比重在下降，欧洲比重在上升，2008 年欧洲小麦出口规模超过美洲成为全球最大的小麦出口地，2016 年占全球比重达到 57.1%。进口地区主要在亚洲和非洲，进口占比实现小幅增长，2016 年两大洲进口小麦量占全球比重为 64.3%（见表 8—7）。

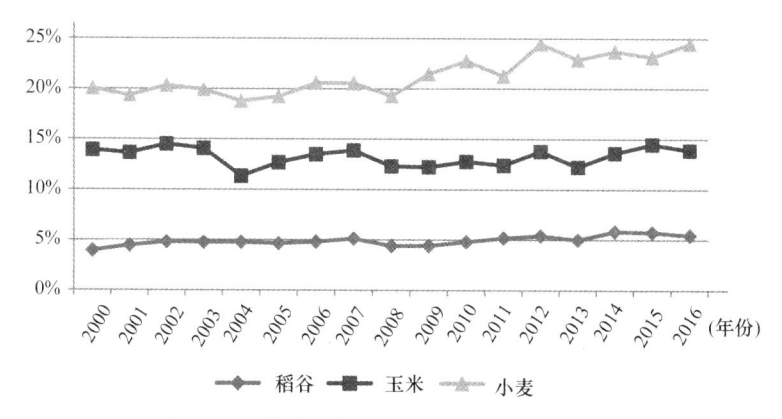

图 8—18 世界三大主粮出口量占产量比重情况

资料来源：根据 FAO 数据计算。

表8—7　　各大洲小麦进出口贸易占全球小麦贸易比重变化情况

国际贸易	地区		2000年	2016年
出口	欧洲		28.4%	57.1%
	美洲		49.3%	30.5%
	其中	北美	39.8%	23.8%
		南美	9.5%	6.7%
	亚洲		6.6%	2.6%
	非洲		0.2%	0.1%
进口	亚洲		38.2%	40.5%
	非洲		20.6%	23.8%
	欧洲		23.7%	22.1%
	美洲		17.1%	13.1%

资料来源：根据FAO数据计算。

从国家层面看，2013年以来，俄罗斯小麦出口规模快速扩大。俄罗斯农业部数据显示，在2017年7月至2018年6月的农业年度中，俄罗斯出口小麦约4000万吨，超越美国和欧盟，成为全球最大的小麦出口国，约占全球小麦出口量的1/5。这意味着俄罗斯在短短的5年时间内，小麦出口规模增加了约2600万吨，比2013年增长近2倍，对全球小麦贸易格局产生较大影响（见图8—19）。近年来，我国从俄罗斯进口小麦的规模不断扩大，特别是国家质量监督检验检疫总局于2018年2月发布《关于进口俄罗斯小麦和匈牙利玉米植物检验检疫要求的公告》（2018年第25号），取消了2016年规定的俄罗斯小麦检疫要求，允许从俄罗斯6个地区进口小麦，这无疑有利于未来扩大我国从俄进口小麦的规模。在进口方面，印度尼西亚、意大利、埃及、巴西、日本等是主要小麦进口国，我国2014年以来的进口规模保持在400万吨以上，距离963.6万吨的进口关税配额上限还有一定空间。

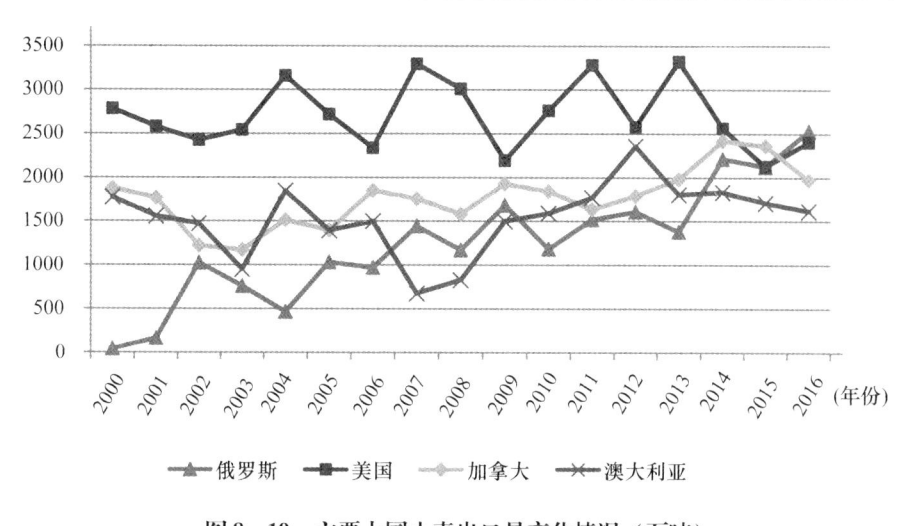

图 8—19　主要大国小麦出口量变化情况（万吨）

资料来源：根据 FAO 数据计算。

（三）玉米：美洲的出口贸易优势地位持续保持，乌克兰近年出口规模实现较快增长

从主要出口地区看，美洲在玉米出口贸易的绝对优势地位一直无人能撼。2000 年以来，该地区出口量占全球比重一直保持在 72% 以上。但从内部来看，北美出口比重下降了约 20 个百分点，下降的这部分正好被南美的增长所填补。进口方向主要集中在亚洲和美洲，2016 年两大洲玉米进口规模约占全球的 68%（见表 8—8）。

表 8—8　各大洲玉米进出口贸易占全球玉米贸易比重变化情况

国际贸易	地区		2000 年	2016 年
出口	亚洲		13.2%	1.2%
	美洲		72.2%	72.2%
	其中	北美	58.6%	39.2%
		南美	13.6%	33.0%
	欧洲		13.5%	24.3%

续表

国际贸易	地区	2000 年	2016 年
进口	亚洲	51.6%	42.7%
	美洲	21.5%	25.1%
	欧洲	15.0%	18.7%
	非洲	11.9%	13.4%

资料来源：根据 FAO 数据计算。

从国家层面看，乌克兰玉米出口规模近年快速扩大，2016 年出口量超过 1100 万吨，比 2010 年增长 813 万吨，目前已是排在美国、阿根廷和巴西之后的全球第四大玉米出口国（见图 8—20）。进口方面，日本、韩国的进口规模较为稳定，墨西哥和越南进口量近年快速增长，2016 年两国比 2011 年的进口量均增长超过 60 万吨（见图 8—21）。

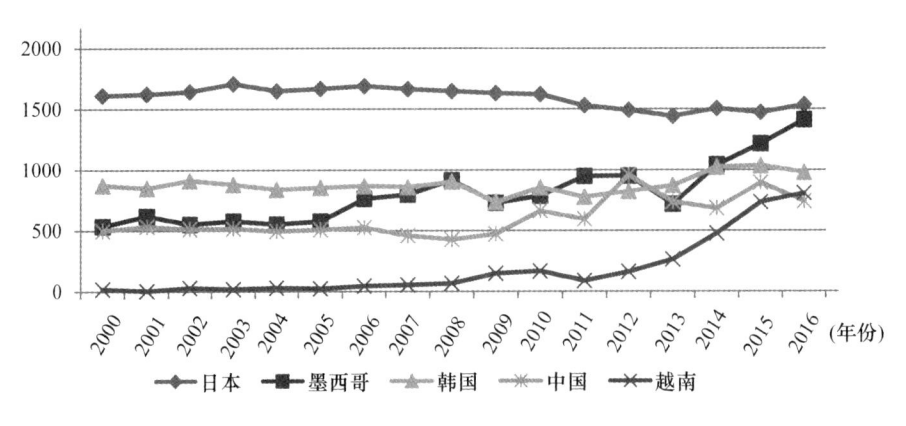

图 8—20 主要国家玉米出口量变化情况（万吨）

资料来源：根据 FAO 数据计算。

三 从下游产业变化对上游农产品贸易的影响看，大豆和棉花的全球贸易格局正在发生重大调整

（一）大豆：美洲保持出口主导地位，中国需求正在进行较大调整

作为全球最主要的油料作物和植物油脂来源，大豆具有一定的不可

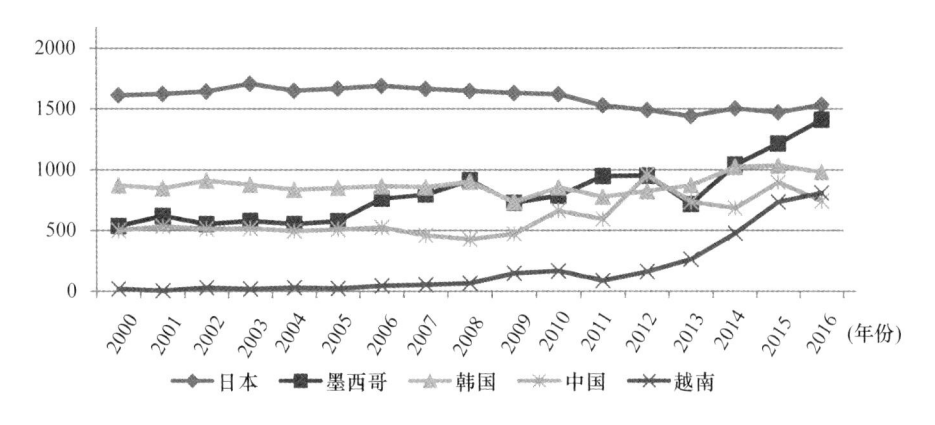

图 8—21　主要国家玉米进口量变化情况（万吨）

资料来源：根据 FAO 数据计算。

替代性。其产业链长，相关产品多，除豆油、豆制品、豆粕等直接产品外，还与养殖、保健、医药、化纤等上百个行业密切相关，并随科技的发展，应用范围不断扩大。大豆生产的集中度很高，美国、巴西和阿根廷三国生产了全球80%的大豆，出口规模占全球出口总量常年保持在85%以上（见图8—22）。2016年亚洲和欧洲的进口之和占全球比重达到92.6%。其中，中国的进口规模从2008年的3956万吨快速上升至2017年的9553万吨，十年间增加了5597万吨，进口量占全球比重也从2008年的50%提升至2016年的65%（见表8—9）。

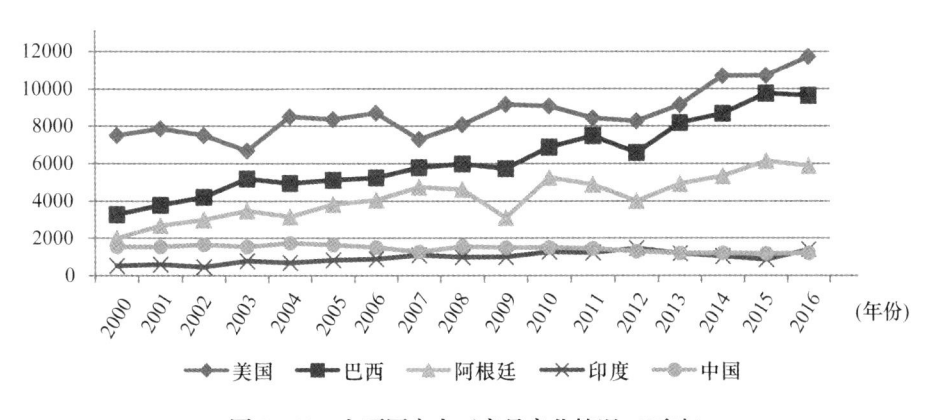

图 8—22　主要国家大豆产量变化情况（万吨）

资料来源：根据 FAO 数据计算。

表8—9　　　各大洲大豆进出口贸易占全球贸易比重变化情况

国际贸易	地区		2000年	2016年
出口	美洲		96.3%	96.7%
	其中	北美	59.0%	46.1%
		其中：美国	57.4%	42.8%
		南美	37.3%	50.6%
		其中：巴西	24.3%	38.2%
		其中：阿根廷	8.7%	6.6%
进口	亚洲		50.3%	78.4%
	其中	中国	26.3%	64.9%
	欧洲		34.6%	14.2%

资料来源：根据FAO数据计算。

作为全球最大的大豆消费国和进口国，我国对全球大豆贸易格局有着重要影响。但受多方面因素影响，近年来我国大豆产业总体上属于"对外依存度高、市场化程度高、产业链外资控制度高"的"三高"产业，产业安全问题较为突出。在中美经贸摩擦背景下，我国已经开始积极主动调整。一是在调减水稻和玉米种植的同时，扩大大豆种植。2018年大豆种植面积达1.27亿亩，比2015年增加近3000万亩，预计2018年产量将接近1600万吨（见图8—23）。二是通过调整饲料中大豆用量占比，来降低大豆用量。三是拓展渠道，加大进口多元化。2017年，我国从俄罗斯进口大豆规模首次超过50万吨，未来有望进一步扩大规模。事实上，2013年以来俄罗斯大豆产量以每年18%的速度增长，其生产的大豆均为非转基因大豆。2017年，俄罗斯大豆产量达到360万吨，未来还有较大增长空间。加拿大近年来大豆产量也快速增长，2018年产量超过700万吨，也为我国多元化进口提供了选择。

（二）棉花：中国纺织产业正在向外转移，带动棉花贸易格局深刻调整

从生产布局来看，受气候条件等因素影响，棉花生产主要集中在中国、印度、巴基斯坦、乌兹别克斯坦等亚洲国家和美国、巴西等美洲国

家，上述六国的棉花总产量占全球产量的80%。其中，中国曾是全球最大的产棉国，2007年产量一度超过800万吨，之后有所下降，2018年的产量为534万吨，排在印度的607万吨之后，居世界第二位，美国则以423万吨的产量排在第三位（见图8—24）。

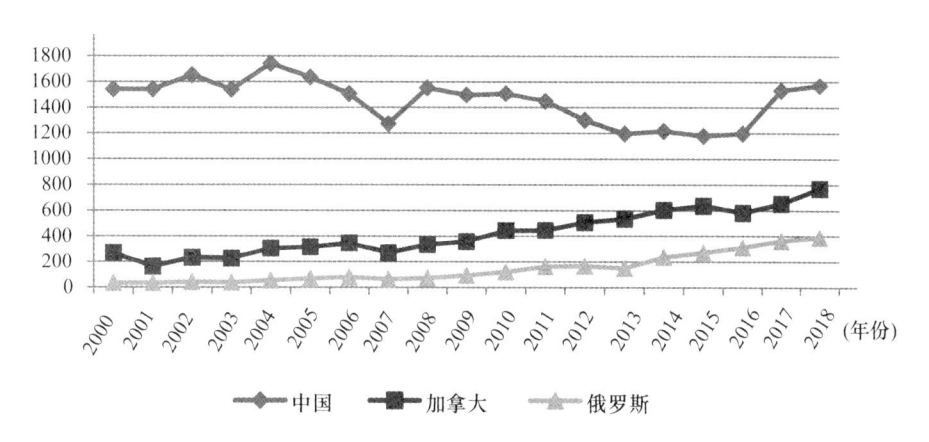

图8—23 中国、加拿大和俄罗斯大豆产量变化情况（万吨）

资料来源：根据FAO数据计算，2017年和2018年数据为机构数据。

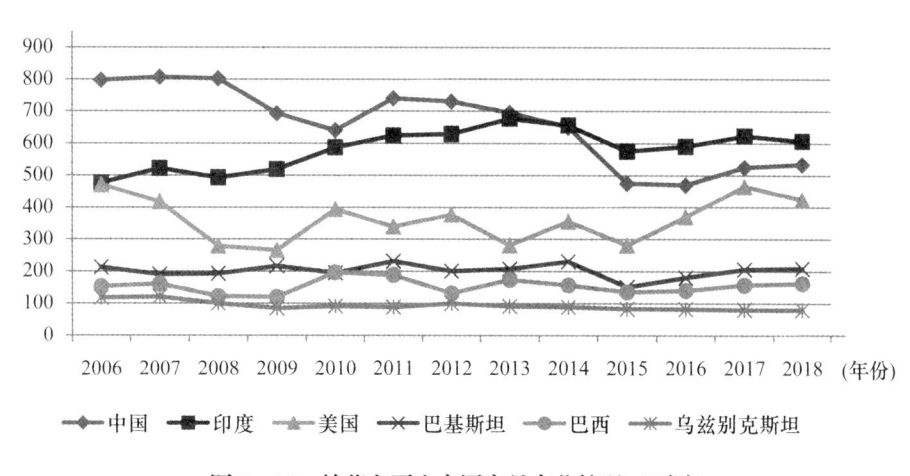

图8—24 棉花主要生产国产量变化情况（万吨）

资料来源：Wind数据。

从出口情况看，美国仍是全球最大的棉花出口国。2018年，美国、印度、巴西、澳大利亚、乌兹别克斯坦五国的出口量之和约占全球出口量的72%（见表8—10）。

表8—10　　　　　　　全球棉花出口总体情况（万吨）

年份	全球	美国	印度	巴西	澳大利亚	乌兹别克斯坦
2006	804.8	282.1	96.0	28.3	46.5	98.0
2007	846.5	296.8	163.0	48.6	26.5	91.5
2008	660.9	288.7	51.5	26.1	59.6	65.0
2009	779.9	262.1	142.0	43.3	46.0	82.0
2010	769.0	313.0	108.5	43.5	54.5	60.0
2011	984.6	252.6	215.9	104.3	101.0	55.0
2012	1006.1	283.6	168.5	93.8	134.3	69.0
2013	901.0	229.3	201.4	48.5	105.7	61.5
2014	773.1	244.9	91.4	85.1	52.0	55.0
2015	749.0	199.0	127.0	94.0	61.0	54.0
2016	741.0	273.5	94.0	78.0	64.0	46.0
2017	815.0	318.0	107.0	65.0	73.0	37.0
2018	914.0	349.0	85.0	90.0	88.0	44.0

资料来源：Wind数据。

作为全球最大的棉花进口国，我国纺织产业的动向与全球棉花贸易格局密切相关。随着劳动力、土地等要素价格的持续上升，我国部分纺织产能近年来逐步向越南、柬埔寨等东南亚国家转移，从而带动棉花国际贸易的方向改变。以越南为例，由于越南本地基本不产棉花，因此其进口规模的变化体现了纺织企业在越南投资建厂的情况。2013年以来，越南棉花进口规模激增，年均增速高达34%。2018年前7个月的进口量就已超过90万吨，接近2017年越南全年的进口规模。预计未来几年，越南的进口规模还会进一步扩大（见图8—25）。

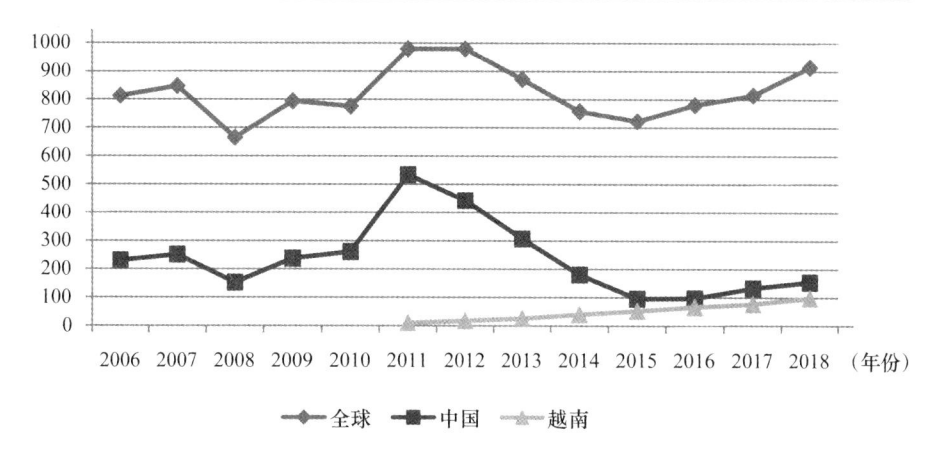

图 8—25　中国和越南棉花进口量变化情况（万吨）

资料来源：Wind 数据，越南 2018 年进口数量为前 7 个月进口累计数量。

值得注意的是，在中美经贸摩擦背景下，中国纺织服装行业加速调整，呈现出新的特征。一是向东南亚转移的步伐加快。近期调研发现，长三角地区纺织相关企业向东南亚转移的倾向越来越明显，步伐越来越快，甚至出现赴越南、柬埔寨等国组团考察的企业家人数超过我国去当地旅游的人数，并且考察的企业是带着较强投资意愿去的。

二是出现向非洲转移的新态势。由于越南等东南亚国家的土地、劳动力等资源有限，大量企业投资建厂直接拉动了当地要素价格的快速上涨。据相关行业协会介绍，越南普通工人的工资已经从几年前的 600—700 元/月上涨到当前的 2000 元/月以上，土地价格也在快速上涨，且环保要求较高。我国一些纺织企业开始大量赴埃及、埃塞俄比亚等非洲国家进行考察，考虑在当地建厂。这些国家有几个方面的优势。首先，土地、劳动力等要素价格便宜，不但低于我国，也低于越南等东南亚国家，且劳动力素质相对较高，可以为阿玛尼西装代工。其次，基础设施条件较好，电价较低，特别是距离一些重要港口较近。再次，当地所得税等各类税收优惠政策力度较大，环保要求和标准较低，社保医保等几乎没有。最后，最重要的是这些国家与美国和欧盟签订了自由贸易协定，双边贸易实行零关税政策，在中美贸易摩擦背景下对我国纺织企业的吸引力较强。

三是我国棉花政策有所调整。棉花目标价格政策不断改进，由一年一定改为三年一定，且在播种前公布，对新疆享受目标价格补贴的棉花数量进行上限管理，搭建了相关专业信息平台，提升了工作效率。同时，重新开启进口滑准税配额，2018年为80万吨，虽然比之前的300万吨要少，但随着库存消费比的下降，未来还有进一步提高的可能性和空间（见图8—26）。

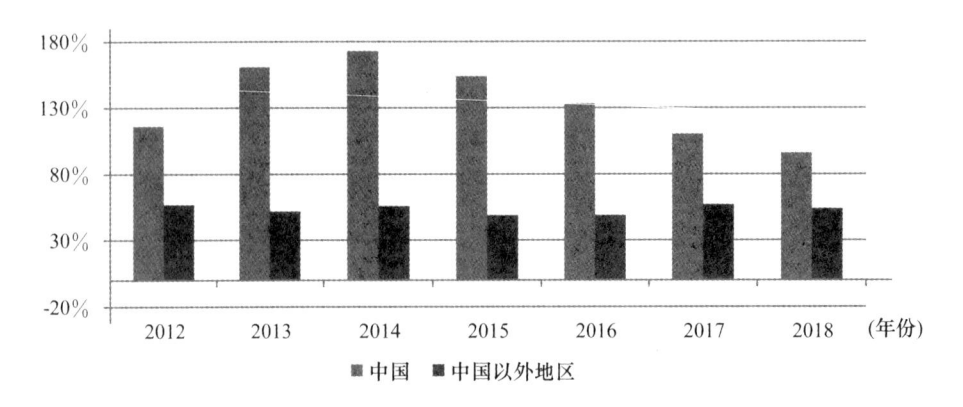

图8—26 中国和中国以外地区棉花库存消费比变化情况

资料来源：Wind数据。

四 国际农产品贸易格局变化背景下我国需要处理好的四大关系

（一）处理好保障粮食安全与农业对外开放的关系

从古至今，确保粮食安全都是治国安邦的首要政务，是一国农业发展的核心目标之一。纵观世界，主要大国均高度重视粮食安全问题，将其视为全球强国的根本前提和重要基础。

一方面，我国是世界上人口最多的国家，吃饭问题必须依靠自己，口粮安全必须绝对保证。应当看到，当前我国面临着耕地资源约束日益增强、资源环境保护压力加大、自然气候条件存在不确定性、补贴政策的边际效用下降等问题，而人口增长、城镇化推进、居民消费水平提升等均会带来对粮食的刚性需求增长。在对外开放程度不断提升的情况下，我国农业将会在越来越广的领域面对全球农业强国的挑战。因此，在农业开放过程中，首先要确保粮食安全这个大前提。

另一方面，随着国内对农产品的需求越来越多样化、个性化，国内耕地、水等资源有限，客观上也需要从国外进口各类农产品，关键是要把握进口的规模、种类和节奏，做好监测和预警工作。同时，随着越来越多的企业"走出去"，我国农业面临着更广阔的全球市场和前所未有的历史机遇，应更科学合理地利用好国外市场和国际资源，像美国那样，通过开放来更有效地提升本国粮食安全保障水平和能力。

（二）处理好纺织服装行业转移与企业有序"走出去"的关系

随着我国传统比较优势的逐步消失，纺织等行业向外转移的态势已初步显现。如何客观看待和有效引导，是我国在开放条件下需要解决好的一个重要问题。

一方面，应顺应市场规律，鼓励两类企业"走出去"。一类是比较优势确实消失，且技术含量较低、对环境污染较大的企业，引导其将部分产能转移出去，在海外建厂生产。另一类是在国内做得较好的企业，鼓励这类企业到海外租地种棉，加快建立海外棉花生产和加工基地。同时，引导企业转变开发方式，从自行经营向订单生产、与当地企业合资联营转变，从租购土地向农业相关仓储、码头、物流、加工领域延伸，逐步打造由我国企业掌握的海外纺织服装行业的全产业生态链。

另一方面，对于纺织服装行业向外转移应统筹谋划。充分考虑到关键环节向外转移对上下游产业链的影响，对于中高端环节和关键核心技术的转移要慎之又慎。应充分发挥我国独有的纺织领域上下游产业链完整、产业配套齐全的优势，通过进一步优化营商环境、精准降税降费、定向补贴、加强劳动力培训等政策措施，将技术含量高、影响范围大、涉及就业广、核心优势明显、配套关键性强等的纺织企业留在本地，或向我国的中西部地区转移。

（三）处理好实施保护政策与提升国际竞争力的关系

由于农业劳动生产率总体上低于二三产业，农业本身又具有保障国家安全、优化生态环境、提供工业基础原料等公共属性，因此各国都对农业实施了支持保护政策。但农业保护政策的方式和力度应随着国内外发展环境的变化而调整，注重在保护中促进本国农业国际竞争力的提升。

一方面，充分发挥好市场在资源配置中的决定性作用。在充分发挥补贴政策引导作用的同时，尽量避免对市场正常运行的影响，特别是在执行方式上，可借鉴相关国际经验，通过更加市场化、商业化的方式实现农业补贴的政策目标。实施主体可以不是各级政府，而是委托相关协会、学会、企业等以市场方式开展。日本对大米的支持补贴政策就是典型的过度保护。多年来，日本政府通过或明或暗的补贴和关税政策，较为有效地保护了国内大米生产，实现了较高的大米自给率，保障了农民收入总体不低于城镇居民。但是，过度的保护政策使得日本农业规模化生产迟迟难以推广，农民兼业化现象普遍，财政负担一直较重，大米价格长期与国际倒挂，国内消费者承受更多负担，产业国际竞争力始终难以得到有效提升。

另一方面，农业补贴政策在设计时应从全球资源配置的视角进行考虑，既要保护国内农业发展，更要利用好国际农业市场和资源。以美国实施多年的粮食对外援助政策为例，该政策既通过补贴对内收购了市场上过剩的粮食，又以粮食援助为抓手，扩大了其在发展中国家的影响力，助其实现全球战略布局。通过粮食援助进一步引导当地居民形成更多食用小麦的习惯，从而扩大其小麦的海外消费市场，反过来又促进国内农业的有效生产和竞争力的提升。这对我们现阶段完善农业对外开放政策有一定借鉴意义。

（四）处理好增加农产品数量与提升产品质量的关系

近年来，我国粮食综合生产能力持续提升，对于粮食安全的保障层次已经跨过"吃得饱"阶段，正从"吃得好"向"吃得健康，吃得安全"的阶段迈进。因此，在增加农产品数量供给的同时，更应注重对产品质量和安全的提升。

一方面，加强高品质农产品供给。重视以消费需求为导向的农业生产，改变长期以来受农产品供给总量不足困扰而实施的、以提高产量为主要目标的政策体系。加快推进农业绿色发展，加强农业科技的研发和推广，推动农业生产方式、经营方式和农产品营销方式等的创新，加强农业标准化生产和农产品品牌建设。

另一方面，加强农产品质量安全和食品安全监管。借鉴国际先进监管经验，完善相关法律法规体系，加强标准信息公共服务平台建设，建立政府有关部门、专家学者、企业代表、行业协会等利益相关方共同参与政策制定的机制，完善监管绩效评价与问责机制。充分运用各种现代化科技手段，加强源头检测和产品追溯体系建设，打造"从农田到餐桌"的全程现代安全监管体系。

第五节　统筹利用两个市场两种资源　提升开放条件下粮食安全保障能力和产业竞争力

中国特色社会主义进入新时代，我国粮食安全面临的形势环境、基础条件、任务要求等，均与以前有所不同。特别是在开放条件下，国内农业市场与国际市场的联系越来越紧密，对于我国粮食安全的认识应越来越有全球视野和思维。

一　大力提升粮食生产能力

（一）有效保护和提升耕地质量，实现藏粮于地

加强农田水利设施建设，加快对中低产田的改造。目前，我国优等地和高等地不到6亿亩，占全部耕地的比重不到30%。未来种植潜力的挖掘还得依靠对中低产田的改造提升。其中，东北三省和河北、山东、安徽等产粮大省的改造潜力较大，这6个省拥有的中等地和低等地面积之和为6.3亿亩，约占全部中低等地面积的58%。对中低产田的改造，要加大农业基础设施投资，改善农田水利设施状况，加快开发多功能、智能化、经济型农业装备设施，推进高标准农田建设工作。同时，加强技术研发和应用，加强耕地污染情况监测，多管齐下，改善土壤质量，将生产潜力转化为现实生产能力。

结合粮食生产功能区和重要农产品生产保护区建设工作，夯实农业生产的耕地基础。坚持底线思维和开放思维，科学规划水稻、小麦、玉米生产功能区以及大豆、棉花、油菜籽、糖料蔗、天然橡胶等生产保护区。特别是在中美经贸摩擦背景下，结合玉米、稻谷去库存进展情况以

及玉米深加工产能快速增长的实际,科学调整水稻、小麦和玉米的种植面积关系。统筹兼顾保障国家安全和提升市场竞争力,以更加市场化和开放的视角,推进"两区"相关工作。

有序推进耕地轮作休耕,实现耕地资源的休养生息和可持续发展。在保障国家粮食安全和农民收入的前提下,坚持耕地不减少、不搞非农化的原则,建立合理的轮作制度,开展大豆、小麦、玉米或水稻、油菜、小麦等作物之间的年间轮作或年内换茬,努力实现经济效益、生态效益和社会效益相统一。总结相关试点经验,结合各地区土壤条件、气候环境、粮食生产能力条件等,有序开展季节性休耕、全年休耕和轮作休耕等工作。建立对轮作休耕相关数据和情况的统计监测与动态跟踪,进一步完善休耕、轮作补贴政策,降低耕地开发利用强度,实现耕地资源的高效持续利用和土地资源生态环境的有效改善。

(二)加大农业科技研发和推广力度,实现藏粮于技

明确研发方向,加大投入力度,提升农业科技研发能力。稳定和适度增加在农业基础性、前瞻性、原创性、公益性科技和理论的研发投入。围绕农业生物技术、基因调控、良种培育、疫病防控、防灾减灾、种养殖技术优化、化肥农药减量投入、资源能源高效利用、农机装备创新、饲料成分调整、农产品质量安全提升等应用性强、发展急需的领域,集中优势力量,开展前沿性技术、关键共性技术、核心技术和系统集成技术的攻关创新。综合运用奖励、补助、税收优惠等政策,鼓励社会资本、学会协会和涉农企业参与农业科技研发工作,探索农业科技研发的商业化发展模式和方向,营造农业创新发展的良好环境。通过农业科技进步,推进农业技术集成化、劳动过程机械化、生产经营信息化。

深化农业科技推广体制机制改革,提升农业科技成果转化率。加强基层农技推广体系建设,落实农技人员待遇,改善工作条件,探索实施政府向社会机构购买农技推广服务的模式。开展多种形式的农业科研院所、高等院校等与涉农企业、科技中介服务机构的对接合作,强化科研工作的市场导向和需求导向,完善农业科技成果评价机制、成果处置和收益管理制度等。健全省市县三级科技成果转化工作网络,加快农业科技成果转化平台建设,利用大数据、云计算等信息技术,多种形式开展

专业化市场化服务，促进创新成果与农业产业有效对接，打造融研发、评估、对接、产业化、利益分享为一体的农业科技成果转化服务体系。

加强农业科技人才队伍建设，强化科技研发和推广的人才支撑。加强农业科研人才队伍和技术推广队伍建设，健全各类人才培养体系，建立长效培训机制，加强新型职业农民培育教育，加大实用专业人才培育力度。改进薪酬和岗位管理制度，改进农业科技成果处置和收益管理方式，建立健全激励机制，允许农技人员通过提供增值服务合理取酬。打破城乡、区域、体制间人才优化配置的各种障碍，鼓励农业科研人员、基层科技推广人员、企业科技研发人员等合理流动。以乡情乡愁为纽带，以情怀敬业为引导，加强懂农业、爱农村、爱农民的"三农"工作队伍建设，实施好大学生村官、"三区"（边远贫困地区、边疆民族地区和革命老区）人才支持计划等人才支撑工作。

（三）加快推进粮食收储制度市场化改革，实现藏粮于民

积极稳妥推进粮食收储制度改革。完善稻谷、小麦最低收购价形成机制，使最低收购价调整能够反映市场供求关系和波动。推进玉米收储制度和大豆目标价格改革，完善玉米和大豆的市场化收购＋补贴机制，进一步优化棉花目标价格政策和油菜籽收购政策，形成从定价到方式再到主体的各环节更加市场化的收储制度。以市场化为导向，对各类农产品收储制度进行改革，一方面，提醒埋头种地的农户增强市场意识，关注市场需求；另一方面，鼓励农户积极主动对接市场，更加灵活地选择种植品种、种植方式、种植品质，加大生产更高品质、更高价格的农产品，实现粮食生产从追求数量型向追求质量型的根本转变。

加快推进粮食收购主体和资金的多元化。在政府主导型粮食储备体系的基础上，通过仓库修建补贴、粮食初加工补贴、储费补贴等方式，引导种粮大户、家庭农场、专业合作社、农业生产加工企业、粮食贸易商等各类涉农主体和包括国有资本、民营资本等在内的各类资本，通过订单收购、预约收购、代收代储等方式，参与粮食收购，推动民间粮食储备发展壮大，实现政府主导与市场导向共同发展、互为补充的粮食收购体系。

二 有效提升满足居民多元化、健康安全需求的能力

(一) 以需求为导向推进农业结构调整

优化种植业生产结构,在玉米种植面积已经调减4500万亩的情况下,稳定玉米生产,科学调减非优势区籽粒玉米,结合稻谷去库存工作调减水稻种植面积,扩大大豆生产规模,促进粮食、经济作物、饲草料三元种植结构协调发展。充分发挥我国不同农业生产区的比较优势,推进农业生产向优势产区集聚,形成优势区域布局和专业化生产格局。充分利用国际国内两个市场、两种资源,在确保主粮安全的情况下,根据国内对其他农产品的需求开展多元化进口,结合我国农业比较优势,鼓励涉农企业"走出去",推动我国农业结构在全球范围内优化资源配置。

(二) 加强农产品质量安全和食品安全监管

完善农兽药残留限量标准体系、农产品质量分级体系和农产品认证体系等,推进农产品生产投入品使用的规范化、标准化。整合相关部门监测资源,建立质量风险监控体系,加强数据共享和互认,建立农资和农产品生产企业信用信息系统。积极推进新技术新模式的应用,构建农产品质量安全监管追溯系统,建立销售者先行赔付制度,明确经营者在产品质量责任诉讼前所承担的赔偿责任。建立信息公开披露与利益公平博弈机制,在重大政策出台或重大问题上,组织政府相关人员、食品安全领域专家、食品加工产业协会、餐饮协会、公众代表等利益相关方召开听证会,平衡消费者和生产者之间的利益,鼓励涉农企业公开相关生产信息和社会责任履行情况。改进食品安全监管绩效评价体系,树立监管政策的"成本—收益"观念,定期或不定期开展第三方评估,努力构建多方参与、透明公开、多元治体的现代农产品质量安全和食品安全监管体系。

三 进一步提升充分利用两个市场、两种资源的能力

(一) 有效提高农业对外合作水平

从中长期看,即使我国粮食自给率保持在90%—95%的高位,但进

口粮食的绝对规模仍较大,特别是国内对主粮之外的其他农产品进口需求较大。因此,有必要更加积极合理地利用国际农产品市场和农业资源,提高统筹利用国内外市场与资源的能力。一方面,努力实现多元化、多样化的农业"走出去"。鼓励各类中小企业、民营企业根据市场规律,有序开展农业对外合作,在实践中逐步增强对国际粮食市场生产、流通和仓储等环节的掌控能力。另一方面,理顺关系,促进优质农产品"运回来"。在海外生产的粮食等农作物不一定要全运回来,但一些优质、有机、国内缺乏的农产品,应通过税收、配额、跨国原材料采购等方式,理顺优质农产品运回的体制机制。

(二) 通过开展对外粮食援助,提升国际影响力

美欧等国在"二战"后不久,就凭借其国内优越的农业地理气候条件以及先进的农业科技装备,成为全球重要的粮食生产国,其产能总体上供大于求。美欧等国既为化解国内粮食产能过剩问题,又为扩大国际影响力,纷纷开展对外粮食援助工作。并且,通过法律法规的形式,形成对外粮食援助的机制化。近年来,我国粮食生产能力处于历史高位,国际地位和国际影响力不断提升,可以通过有针对性地对某些国家和地区开展粮食援助,缓解其粮食危机或粮食短缺问题,提升我们的大国形象和影响力,提高与受援国政府和居民的友好度。

(三) 提升全球农业治理的话语权和影响力

积极参与全球粮农治理,加强与联合国粮农组织、世界粮食计划署、世界粮食安全委员会等国际相关治理机构和平台的合作交流,加强与"一带一路"沿线国家的农业合作,推动全球农业贸易更加公平有序,积极承担我国作为世界大国在化解地区粮食危机和援助贫困国家的责任与义务,彰显大国形象。夯实国内农产品期货市场基础,完善期货法规制度,加强与国际规则的对接,不断推动国内期货市场国际化,合力推动国内农产品期货交易中心从区域定价中心向全球定价中心发展,逐步增强我国在重要农产品国际期货市场上的话语权。积极参与农业领域相关国际规则和标准的制定工作,提升国际规则主导能力和话语权。

第六节 开放条件下保障重要
农产品产业安全研究
——以我国大豆产业为例

作为世界第一大的大豆消费国和进口国，我国对全球大豆生产和贸易格局有着重要影响。但受多方面原因影响，近年来我国大豆产业总体上属于"对外依存度高、市场化程度高、产业链外资控制度高"的"三高"产业，使我国在大豆国际贸易体系中处于被动位置，产业安全问题较为突出。特别是在中美贸易摩擦升级、对美国大豆加征关税的背景下，如何抓住这次机会，未雨绸缪，长短结合，力推我国大豆产业扩规提质升级，从而实现在开放条件下，以市场化手段提升大豆产业安全水平的目标。

一 我国大豆产业发展总体概况

（一）从产量上看，经历了先增长后下降再恢复性增长的过程

我国的大豆生产曾在世界大豆生产格局中占有重要地位。1993 年，我国大豆产量达到 1530 万吨，超过阿根廷成为世界第三大的大豆生产国，占全球大豆总产量的比重约为 13%。当年我国还出口大豆 127 万吨，是全球大豆市场上非常重要的生产国和供给方。但受种植收益、本土加工能力、耕地面积等方面的限制，之后的大豆生产规模一直未能实现较大幅度的增长，十多年来产量始终维持在 1300 万—1600 万吨的水平。在 2004 年达到 1740 万吨的峰值后，产量逐年下降，2015 年仅为 1051 万吨，跌至 1992 年的水平。近几年通过农业供给侧结构性改革，大豆实现了恢复性生产，2017 年产量达到 1530 万吨（见图 8—27）。根据相关部委编制的《全国大宗油料作物生产发展规划（2016—2020 年）》，到 2020 年，我国大豆产量预计达到 1890 万吨。

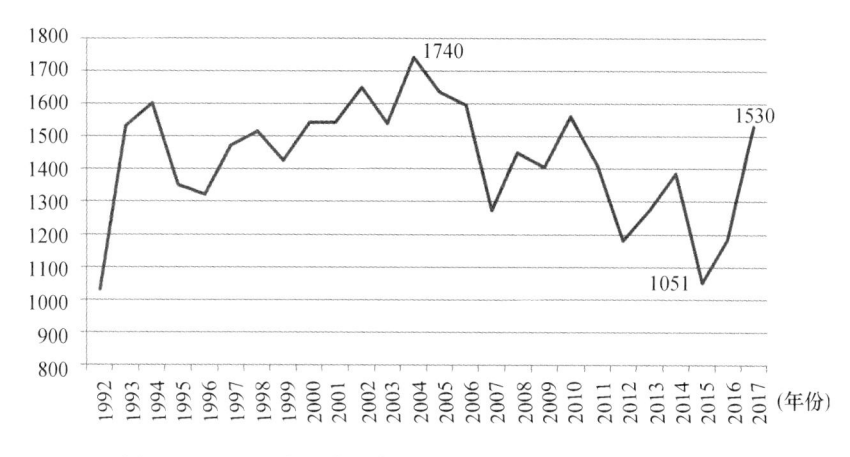

图 8—27　我国大豆产量变化情况（1992—2017 年）（万吨）

资料来源：Wind 数据。

（二）从品种上看，我国是世界上最大的非转基因大豆生产国

我国每年生产的约 1500 万吨大豆均为非转基因产品，这是国产大豆与从美国、巴西、阿根廷等国进口大豆的最本质区别。相对于转基因大豆，国产非转基因大豆具有亩产低、出油率低、脂肪含量低和蛋白质含量高的"三低一高"特点。因此，非转基因大豆在用量最大的压榨领域市场竞争力较弱，主要用于生产豆腐和各类豆制食品，从而限制了其种植和生产规模。2017 年，我国大豆消费中，用作压榨用途的大豆占比高达 83%，食品消耗量占比为 14%。虽然，世界各国无法证明转基因大豆对人体有害，但出于安全角度考虑，我国坚持种植非转基因大豆，严禁在国内开展转基因大豆种植，成为世界上最大的非转基因大豆生产国。

从国内大豆生产布局来看，大豆产能分布较为集中。从地区看，东北三省和内蒙古东部地区的产量之和约占全国的一半。从具体省份看，黑龙江省、内蒙古自治区、安徽省、河南省的大豆产量之和约占全国的 60%，其中，仅黑龙江省的产量就占到近 41.3%（见图 8—28）。

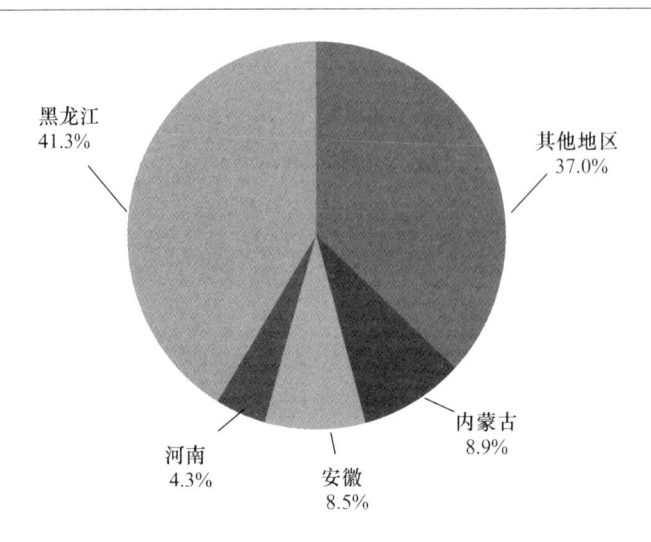

图8—28　2017年我国大豆主产省份产量占比情况

资料来源：艾格农业数据库。

（三）从外贸来看，我国是世界第一大的大豆消费国和第四大生产国

过去十多年，受豆粕、大豆食用油和豆制品等与大豆直接相关产品消费需求的快速增长，全球大豆产业进入快速发展期。全球大豆产量从2008年的2.2亿吨增长至2017年的3.5亿吨，增长了近60%。其中，美国、巴西、阿根廷和中国是前四大生产国，四国产量约占全球产量的86%（见表8—11）。作为第四大生产国，我国还是全球大豆消费量最大的国家，2017年我国大豆消费规模超过1.1亿吨，约占全球消费总量的32%，在全球大豆生产贸易格局中占有重要地位。

表8—11　　2017年全球大豆主要生产国和消费国（万吨）

国家	美国		巴西		阿根廷		中国		四国合计	
	产量	消费量	产量	消费量	产量	消费量	产量	消费量	产量	消费量
绝对量	12044	5664	10800	4570	5700	4945	1530	11080	30074	26259
占全球比重（%）	34.4	16.5	31.0	13.3	16.4	14.2	4.3	32.2	86.1	76.3

资料来源：根据wind相关数据整理。

二 我国大豆产业发展面临的主要问题

（一）受进口冲击和种植面积约束等影响，国内大豆生产规模难以实现较大扩张

从目前情况看，转基因大豆对国内大豆产业已形成较大冲击，加之我国大豆种植面积有限，制约了我国大豆生产能力和潜力的提升。一方面，大规模进口转基因大豆凭借其价格低、出油率高等优势，在我国压榨领域对非转基因大豆形成严重挤压，使得国产大豆的用途不得不集中在用量较小的食品加工领域。而非转基因大豆的蛋白质含量高、口感好、安全性高等优势，却出于各种原因未能发挥出来，限制了市场需求，影响了国内大豆种植的积极性。

另一方面，我国耕地资源有限，在"确保谷物基本自给、口粮绝对安全"的前提下，气候环境适宜且可供大豆种植的面积被限定在一定范围内，限制了国内大豆的生产潜力。虽然近几年开展的农业供给侧结构性改革在对玉米种植面积进行调减的同时，扩大了大豆的种植面积，但从2018年新玉米出现供不足需、玉米库存快速下降、加工产能快速上升等情况看，未来大豆和玉米相互替代轮作的情况将长期存在，大豆种植面积难以实现大规模扩张。根据规划，2020年我国大豆种植面积达到1.4亿亩，仅比2018年增加约1300万亩。

（二）作为世界第一大的大豆进口国，我国虽然进口量大，集中度高，却缺乏国际定价权

近年来，我国大豆消费量快速增长，2017年首次突破11000万吨，而国内产量经历了先降后升的态势。因此，国内大豆供需缺口越来越大，进口规模也快速增长。2012年以来，我国大豆进口依存度一直保持在83%以上的高位，2017年进口规模首次超过9000万吨，创历史新高（见表8—12）。值得注意的是，我国不但大豆的进口规模大，而且进口地非常集中。从巴西、美国和阿根廷三国进口的大豆规模之和，占我国进口大豆总量的比重常年保持在95%以上（见表8—13）。其中，美国作为我国第二大进口国，仅大豆贸易额就占到美国对我国农产品出口总额的近60%。如果这三国中的一国或两国出现突然减产或因贸易摩擦限制出口

等情况，将会对我国大豆产业形成较大影响。

表 8—12　　　　　　我国大豆生产和进口情况（万吨）

年份	产量	进口量	进口依存度
2005	1635	2659	61.9%
2006	1597	2827	63.9%
2007	1273	3082	70.8%
2008	1450	3743	72.1%
2009	1405	4255	75.2%
2010	1560	5480	77.8%
2011	1410	5264	78.9%
2012	1181	5838	83.2%
2013	1275	6335	83.2%
2014	1385	7140	83.8%
2015	1051	8168	88.6%
2016	1300	8391	86.6%
2017	1530	9554	86.2%

资料来源：根据 wind 相关数据整理。

表 8—13　　　　　　我国大豆主要进口国占比情况（万吨）

年份	进口数量	其中						三国合计占比
		美国	占比	巴西	占比	阿根廷	占比	
2005	2659	1105	42%	795	30%	740	28%	100%
2006	2827	988	35%	1164	41%	623	22%	98%
2007	3081	1157	38%	1058	34%	828	27%	99%
2008	3743	1543	41%	1165	31%	985	26%	98%
2009	4255	2181	51%	1599	38%	374	9%	98%
2010	5480	2360	43%	1859	34%	1119	20%	97%
2011	5264	2235	42%	2063	39%	784	15%	96%
2012	5838	2597	44%	2389	41%	590	10%	95%
2013	6335	2221	35%	3181	50%	612	10%	95%
2014	7140	3003	42%	3201	45%	600	8%	95%

续表

年份	进口数量	其中						
		美国	占比	巴西	占比	阿根廷	占比	三国合计占比
2015	8168	2841	35%	4008	49%	944	12%	96%
2016	8391	3417	41%	3821	46%	801	10%	97%
2017	9554	3286	34%	5093	53%	651	7%	94%

资料来源：2005—2016 年数据来自 Wind 数据，2017 年数据来自中国海关部署数据库。

同时，虽然我国进口了世界六成的大豆贸易量，却没有太多的大豆定价权。国内企业不能直接参与国际定价，只能在 CBOT 从事期货交易，被动地接受 CBOT 设定的价格，形成"南美种豆、美国定价、中国买豆"的格局。一旦出现国外低价大豆超量进口的情况，国内传统大豆产业就会遭受重创。2010—2015 年，我国大豆生产连续几年滑坡，自主生产力持续下降，就是明显例子。

（三）外资企业对我国大豆运输、加工等下游产业链的控制程度较高

从运输环节来看，国际运输费用在进口大豆成本中占有较大比重，是国际大豆价格的重要影响因素之一。但多年来，国际大豆的出港、海运等大都被国际粮食巨头控制，国内企业参与度较低。如美国大豆生产集中在伊利诺伊、艾奥瓦、明尼苏达、印第安纳、内布拉斯加、俄亥俄等处于美国中北部的十个州，十州产量之和占美国总产量的 80% 以上。其出口海运主要依靠墨西哥湾港，从该港出口的大豆约占全美大豆出口量的 80%；在 FOB（船上交货价）贸易方式中，该港报价是最重要的报价方。巴西大豆生产集中在马托格罗索、帕拉那和南里奥格兰德三个州，三州产量之和占巴西总产量的 70% 以上。它主要通过桑托斯港、帕拉那瓜港和里奥格兰德港出口，从这三个港口出口的大豆约占巴西出口量的 60%。但多年来，这些重要港口的大豆收购、物流仓储、出港调配、海运报价等环节大都被国际粮商巨头控制，垄断了大豆国际贸易在运输环节的主要利润，国内企业难以参与其中，只能被动接受贸易方式和海运报价。

从加工环节来看，大豆加工行业主要分为食用和压榨两大类，食用

加工主要是制成豆制品，压榨加工主要形成豆油和豆粕。虽然随着科技的发展，大豆蛋白粉、卵磷脂、膳食纤维等深加工产品逐渐增多，但自用量规模看，这些方面对大豆的用量占比还很小。由于人民群众对肉食和油脂的需求日益增长，我国用于压榨的大豆比重越来越高。2017年，我国大豆压榨量约为8700万吨，豆油产量约为1600万吨。但从2004年以来，四大跨国粮商（美国ADM、美国邦吉、美国嘉吉、法国路易达孚）及相关外资企业在国内大豆市场一路"攻城略地"，已实际控制了我国大多数的进口大豆货源和大豆加工能力。同时，他们利用其对原料采购的优势，不断加强对下游油脂压榨（食用油）、饲料加工（豆粕）、畜禽水产养殖等产业的控制，形成"控制全球原料市场、抢占期货市场定价权、借市场开放进入他国、控制他国全产业链"的路线图。据不完全统计，在我国上百家大型油脂企业中，60多家为外资参股或控股，其中包括"益海嘉里"这样年压榨能力超过1000万吨的食用油加工巨头。[①]值得重视的是，近年来，外资企业进一步将控制力向食用浓缩蛋白、组织蛋白、糖蜜、卵磷脂等营养保健高附加值的产品延伸。

三 从六个环节推动大豆产业提升国际竞争力的对策建议

（一）在种植环节，多管齐下提高大豆种植比较收益

针对当前国内大豆种植受进口大豆冲击严重、种植积极性不高等问题，应以提高种植比较收益为核心，激励国内大豆种植，降低大国进口规模，同时实现进口的多元化。一是通过良种选育、密植栽培等技术研发和推广应用，加强新品种培育，增强国内大豆抗旱抗病水平，降低种植成本，提高单产水平。二是加强农机农艺融合，提升生产全程的机械化水平，提升规模效应。三是完善农田水利建设，提高抗灾减灾和可持续发展能力。四是完善农业保险体系，鼓励大豆主产区因地制宜开设灵活多样、分层分类的特色农业保险品种，探索大豆农业保险从保物化成

---

① 益海嘉里集团为新加坡独资企业，在全球15个国家设有500多家工厂。其中，在我国23个省、自治区、直辖市，建立了64个生产基地，130多家生产型实体企业，旗下拥有"金龙鱼""胡姬花""欧丽薇兰"等多个食用油著名品牌。

本向保收入、保价格转变。

(二)在加工环节,推动产业链向精深加工环节延伸

大豆企业应更加注重研发和创新,培育豆类产业新增长点,着力提高企业附加值和竞争力。一是科学谋划产业布局,通过政策引导、技术创新,推动大豆相关产业提质升级。二是有效整合行业协会、科研机构、龙头企业等各方面力量,强化产学研合作,建立大豆产业的协同创新发展机制。三是进一步扩大大豆在生物医药、营养保健、高端食品等方面的应用,推动产业链向精深加工环节延伸。四是培育国内豆类产业新增长点,着力提高企业附加值和竞争力(见图8—29)。以豆粕为例,大豆产出的普遍豆粕价格约在2600元/吨,但通过精加工成高品质豆粕后,再进一步深加工为食用浓缩蛋白,其价格可达到每吨一两万元。

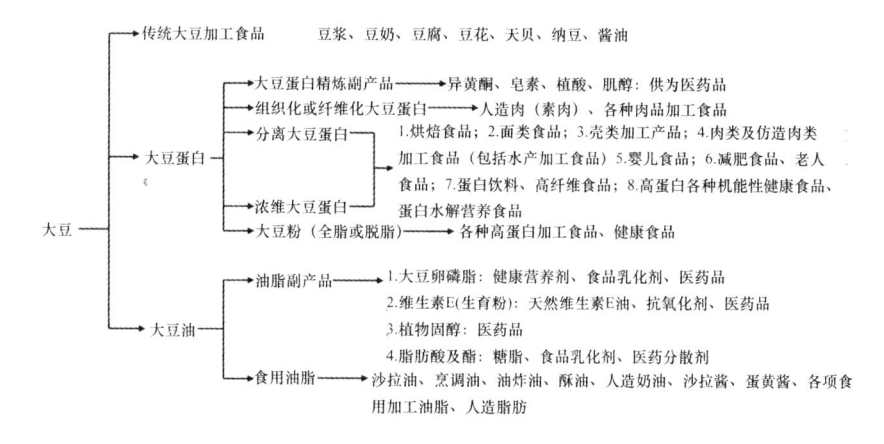

图8—29 大豆产业链及衍生产品示意图

(三)在消费环节,着力打造非转基因大豆的中国品牌

作为世界上最大的非转基因大豆种植国,我们应大力挖掘和宣传非转基因大豆的特点,形成与国外主要大豆生产国的错位发展优势。一是发挥和整合好相关部门、行业协会、大中型企业和媒体舆论等各方作用,突出非转基因大豆的优势和特点,合力打造面向全球的天然基因、蛋白丰富、优质安全、口感更佳的"中国大豆"品牌形象。二是借鉴美欧等国做法,以法律法规形式,强制要求大豆食品生产商对各类豆制

品中的转基因成分及含量进行标注，让消费者知晓并自行选择是否购买含转基因的大豆产品。三是加强对大豆种子研发、生产种植和贸易加工等全过程的监管，确保我国大豆固有的非转基因特性，防止转基因大豆非法进入食品领域。四是随着居民对健康重视程度的不断提升，要加强向居民宣传健康的饮食习惯，多吃蔬菜，减少肉和油的摄入。这样既有利于全民身体健康，减少肥胖、"三高"等疾病发生率，又可减少对肉类的消费量，从而间接降低对大豆、玉米等农产品的消耗。据测算，全国每人每年减少1/10的猪肉消费量，一年就可以减少2000万头生猪消费。

（四）在储备环节，发挥好国家储备作用，探索海外储备基地建设

充分发挥国家储备调节供求、稳定市场的基础作用。一是制定针对国内外大豆市场可能出现各种情况的分类分时应对预案，设计好储备释放的规模和节奏，加强对市场投机炒作行为的打击力度，避免大豆加工企业的原料成本价格出现大幅波动。二是鼓励生产、加工和商贸领域的企业开展商业储备，以更加市场化的方式提升大豆储备的灵活性和有效性。三是完善大豆及相关产品市场综合储备体系，引导并鼓励生产和商贸企业自建储备基地。四是鼓励有条件的企业"走出去"，加强海外大豆种植、加工、运输等方面的能力，并逐步开展海外储备基地建设。

（五）在进口环节，逐步构建进口的多元化方向

由于我国每年超过1.1亿吨的大豆消费量难以完全依靠国内生产，因此，依靠进口一定规模大豆的情况，在短期内难以改变。但我们一方面可以通过扩大国内大豆种植面积、调整饲料中大豆用量占比、压缩不必要消费等方面减少进口规模；另一方面，可从其他国家和地方入手拓宽进口渠道。未来，我们应当通过订单、协议等方式，逐步培育俄罗斯、加拿大等国的大豆生产市场。2017年，我国从俄罗斯进口的非转基因大豆规模首次超过50万吨，未来有望进一步扩大规模，从而形成更加多元、稳定的大豆进口渠道。

（六）在"走出去"环节，提升大豆国际产业链控制力和定价话语权

近年来，我国到海外开展农业生产加工的企业越来越多，特别是与

南美洲国家形成一系列双多边农业合作协议和机制，有利于开展农业合作。但应当看到，我国企业"走出去"的层次不够高，主要采取"海外屯田"的方式，容易引起国际社会的关注和质疑。同时，我国对国际大豆价格的话语权与作为全球最大消费国的地位明显不匹配，应加以改变和提升。一是以大豆产业为抓手，在鼓励各类企业到海外租地种豆、买地种豆之外，加快建立海外大豆生产和加工基地。二是引导企业转变开发方式，从自行经营向订单生产、与当地企业合资联营转变，从收购土地向农业相关仓储、码头、物流、加工领域延伸，形成从种植向上游产业链掌控的态势。三是强化"制度稳市""规则稳市"，完善大豆及相关品种期货交易体系，逐步提升国际市场话语权和定价权。借助这次美国大豆生产可能受到较大冲击的机会，以获取大豆定价权为目标，加快推动国内农产品及衍生品期货、现货市场交易体系建设，建立健全市场供求信息权威发布机制，完善交易规则和风险监测机制。

主要参考文献：

[1] 马晓河：《新形势下的粮食安全问题》，《世界农业》2016年第8期。

[2] 李国祥：《加快构建新时代国家粮食安全保障体系》，《中国粮食经济》2018年第1期。

[3] 罗海平等：《生态安全视阈下的我国粮食安全问题：态势及风险防控》，《农业经济》2018年第11期。

[4] 李怡萌：《"一带一路"沿线国家粮食安全问题及中外合作机遇》《世界农业》2018年第6期。

[5] 崔小娜：《探析中美贸易摩擦对我国粮食安全问题的影响及对策》《山西农经》2018年第18期。

[6] 余志刚、王亚：《供给侧改革背景下国际粮食贸易形势及对中国粮食安全的影响》，《世界农业》2017年第8期。

[7] 张玉娥、朱晶：《农产品贸易顺差的毗邻态势与格局把握》，《改革》2015年第11期。

[8] 徐丽：《我国农产品贸易逆差的市场格局、影响因素及其应对举措》，《农业经济》2016年第6期。

[9] 李延芝：《提高我国大豆品种原始创新能力增强大豆产业综合竞争力》，《中国人

大》2017年第15期。

［10］武舜臣:《粮食安全保障与稻麦"三量齐增"应对:中国玉米和日本稻米改革的经验启示》,《经济学家》2018年第4期。

结 论

乡村振兴战略是在全面建成小康社会目标即将实现、距离农业农村现代化越来越近的历史背景下提出的具有跨时代意义的重大战略。展望2035年，在乡村振兴战略的指引下，我国农业现代化将基本实现，并形成与欧美等国不同的、具有鲜明中国特色和时代特征的新型农业现代化模式。

一是农业人口占比较高的农业现代化。美、德、英、法等欧美发达国家实现农业现代化后，农业人口迅速减少，占全国人口的比重都在3%以下，有的甚至仅占1%左右。我国国情特殊，即使到2035年农业现代化基本实现，农业人口占比仍会在20%以上，绝对规模仍会超过3亿人。① 因此，一方面，要积极推进种类多样的农村一二三产业融合发展的模式和业态，为农业人口提供形式灵活、收入较高的就业岗位；另一方面，大力推进生态宜居的美丽乡村建设工作，持续改善农村人居环境，提高农民生活质量。

二是以适度规模经营为主的农业现代化。我国的农业现代化与美国以大规模农场主为主体的经营模式不同，未来将以适度规模经营为主。适度规模经营既可有效解决小农户模式存在的生产效率效益低下、与市场对接能力较弱、科技推广难度较大等问题，又符合我国地区差异较大、土地资源分布不均衡、集中连片耕地比重较低等实际情况。未来，关键要把握好规模经营的"度"。这一方面要根据各地的实际条件和情况，综合劳动生产率、土地产出率、资源利用率、成本收益率等指标，探索本

---

① 大部分专家学者认为，我国城镇化率的峰值在75%—80%。

地区农业经营规模的合理边界并进行动态调整,实现生产收益、生态环境、社会发展等方面的综合提升;另一方面,构建与适度规模经营相配套的产业链条,打造包括产前研发投入、产中社会化服务、产后加工销售等在内的全产业链,实现生产效率和农产品附加值的同步提升。

三是开放条件下与全球新一轮科技革命交汇融合的农业现代化。在不断扩大开放的背景下,我国农业现代化的实现过程,将是一个统筹利用全球农业要素资源和市场,在开放中持续提升国际竞争力,并逐步代表全球农业先进生产力发展方向的过程。同时,随着全球新一轮科技革命的蓬勃兴起,我国必须抓住这次难得的机遇,依托新兴科技研发和应用基础较好的优势,实现农业与智能化、数字化、网络化等前沿科技的深度融合,从而突破传统的西方农业现代化模式,走出一条代表最新方向、更高科技、更优模式的中国特色农业现代化道路。

我国经济社会发展中的最大结构性问题就是城乡二元结构问题。党的十八大以来,中央对农业农村问题表现出前所未有的重视,先后提出要始终把解决好"三农"问题作为全党工作的重中之重,坚持把推进农业供给侧结构性改革作为推进农业农村现代化的主线,坚持农业农村优先发展(这是党的十九大报告中与"优先发展教育事业""坚持就业优先战略"相并列的"三大优先"之一)等一系列新理念新思想,并在此基础上提出实施乡村振兴战略,将其作为贯彻新发展理念、建设现代化经济体系的六大任务之一,并写入党章。可以说,农业农村迎来新中国成立以来的最大发展机遇。我们必须紧紧把握住这个难得的机遇,科学有序推进乡村振兴战略落地,确保农业现代化如期实现。

合抱之木,生于毫末;九层之台,起于累土。乡村振兴既是中长期的国家战略,又需要通过当前和未来一步一步的扎实推进来实现。这就需要建立科学高效的体制机制作为有效推进落实的长久保证。

从供给侧的视角看,农业"三有"经济体制是确保乡村振兴战略在实施过程中,实现要素、主体和制度三个层面长期高质量供给的制度保障。党的十九大报告提出"市场机制有效、微观主体有活力、宏观调控有度"的"三有"经济体制,其中,市场机制有效的前提是要素的市场化配置,微观主体有活力就是要求培育和发挥好各类市场主体的积极性和主观能动性；宏观调控有度的实现途径主要是依靠科学合理的制度体系来减少人为因素的主观影响。因此，建构农业的"三有"经济体制，是实现要素、主体和制度三个层面有效供给的体制保障。

从要素层面看，关键是要破解各个领域的城乡二元制度安排，建立城乡统一的现代要素市场体系，实现城乡要素的自由流动和平等交换。具体到土地要素市场，关键是要在引导农村土地经营权有序流转的同时，加快农村土地征收、集体经营性建设用地入市和宅基地制度改革，实现农村土地要素以合理价格转化为资本，并在这个过程中，保障好相关各方的合法利益。从资本要素市场看，农业农村经济长期处于货币供应短缺状态，确保乡村振兴的资金保障，既需要建立好农业农村优先发展的财政资金投入机制，又需要通过配套政策体系引导和撬动社会资本有序进入，同时还需要健全适合农业农村特点的农村金融体系，鼓励更多金融资源流向农业农村发展的重点领域和薄弱环节。关于劳动力要素市场，关键是要实现城乡劳动力市场的一体化，使向城镇转移的农村劳动力能够获得合理的收入报酬，享受到与所在地市民同样的各种基本公共服务。同时，引导和鼓励各类人才到农业农村就业创业，实现人力资源的双向流动。从科技要素市场看，科技在农业发展中的作用越来越突出，已成为影响农业发展的最关键因素。未来，要推动农业科技体制改革，加强农业科技的有效供给，同时积极推动各类科技成果的转化应用，为农业发展在新一轮科技革命中抢得先机。

从主体层面看，乡村振兴既要发挥好新型农业经营主体的带动引领作用，同时要正视未来很长一段时间，小农户仍将是我国农业农村发展的重要基础力量，要有效促进小农户和现代农业发展的有机衔接，实现传统小农户向现代小农户的转变。

从制度层面看，乡村振兴的关键在于有效的制度供给。这种制度供给，一方面，要从破除城乡二元体制入手，建立跨越三次产业层面的顶层设计，在中央和有关部门内部真正形成农业农村优先发展的理念和思维；另一方面，强化乡村振兴各类政策的系统性、协调性，形成政策合力，明确政府和市场在农业领域的合理边界。关于农产品价格支持政策和农业补贴政策改革，关键是要以市场化、绿色化为导向，树立政策实施的"成本—收益"理念，从有利于提升全产业链国际竞争力的视角，建立更加科学有效的政策体系。

从古至今，确保粮食安全都是治国安邦的首要政务，是一国农业发展的最重要目标之一。随着我国开放程度的不断提高，如何在开放条件下有效保障粮食安全，提升农业国际竞争力，成为乡村振兴战略需要解决的一个重要问题。总体来看，机遇与挑战并存。一方面，我国农业将会在越来越广的领域面对全球农业强国的挑战；但另一方面，随着越来越多的企业"走出去"，我国农业发展面临着广阔的全球市场和丰富的农业资源，这为我们提升农业全球竞争力和影响力提供了条件和机遇。随着国际农产品贸易格局发生新变化，我国农业发展需要妥善处理好保障粮食安全与农业对外开放、产业向外转移与企业有序"走出去"、实施保护政策与提升产业竞争力、增加农产品数量与提升产品质量四大关系，从而利用开放条件，实现我国粮食安全的保障层次从"吃得好"向"吃得健康，吃得安全"的阶段跃升。

乡村振兴战略从党的十九大提出到现在，虽然仅经过一年多的实践，但受到社会各界的高度关注和广泛热议，不但中央层面出台了相关实施意见和五年规划，各级地方政府也结合本地区实际情况制定了具体实施办法。可以说，乡村振兴战略开局良好。但同时要看到，乡村振兴战略的发展目标与我国社会主义现代化建设2035年和2050年的两个阶段安排是一致的。因此，乡村振兴战略的实施是一个长期过程，不但要看开局如何，更要看未来持续发展的情况如何。

短期靠政策，长期靠制度。基于这样的理念和想法，本人从乡村振兴战略实施的制度建设入手，提出以"三有"经济体制促进乡村振兴战略高质量实施。真心希望在科学的体制机制保驾护航下，乡村振兴战略在未来几年乃至十几年中能够顺利实施。根据规划目标，到2035年我国将基本实现农业农村现代化，我们期待这一天的到来，并愿为如期实现这一伟大目标而奋斗前行。

后　记

　　本人从博士阶段开始专门从事"三农"问题研究,博士毕业论文就是以农村金融为主题开展写作的。2010年,本人有幸进入中国宏观经济研究院工作,有更多机会接触和参与到国家农业农村相关政策的研究和制定工作中,能够听取国内外著名农业专家与学者的观点和意见,更加全面客观地评价和看待各项农业政策的实施与成效。

　　在此期间,本人围绕农业相关问题开展了持续研究。本书的成稿,正是依托多个相关课题的研究成果。主要包括:本人独立主持的2015年农业部软科学课题"我国小规模农户农业保险排斥研究"(获2015年度农业部优秀研究成果三等奖),独立主持的2016年农业部软科学课题"以建立城乡统一的现代要素市场体系为目标　健全城乡要素平等交换机制"(获2016年度农业部优秀研究成果二等奖),独立主持的2018年国家发展改革委农经司委托的"乡村振兴战略规划(2018—2022)研究",以及作为主要完成人参与的2015年宏观院重大课题"农村一二三产业融合发展研究"(获2016年度国家发展改革委优秀研究成果二等奖)、2016年宏观院重大课题"供给侧结构性改革的基本理论与政策框架"(获2017年度国家发展改革委优秀研究成果一等奖)和"我国农业补贴改革思路研究""关于重要农产品价格支持政策改革的建议"等获得时任国务院副总理和国家发改委主任等领导肯定性批示的重大应急任务。

　　本书成稿实属不易!从2017年10月乡村振兴战略提出之后,就已经有了围绕这个主题开展写作的想法。其间,随着认识和思考的不断深入,本人对全书的理论逻辑、主题主线等进行了数次较大修改和调整。同时,由于所在处室工作岗位责任较重、人员较少，重大任务参与、应急事项对接、制度文件起草、科研经费使用、各类课题管理、成果奖项评定等各类事务头绪繁多，纵横交错，天天晚回、月月加班成为常态。因此，本书的写作时间主要集中在夜晚和周末节假日。

相对于时间上的限制，对于逻辑框架和研究内容的修改完善更让人头痛。乡村振兴战略包含农业、农村、农民的各个方面，涉及面很广，涵盖内容非常多，从哪个角度切入开展研究成为一大难点。经过反复琢磨和与专家学者的请教讨论，逻辑主线经历了从农业供给侧结构性改革到农业生产要素市场体系建设、从农业政策体系完善到城乡二元结构改革等多次修改调整，终于确定了从农业"三有"经济体制视角，围绕要素、主体和制度供给开展研究的总体框架。此外，在本书的第一稿中，并没有关于食品安全监管的内容，但随着陆续爆出非洲猪瘟疫情、盒马生鲜过期产品偷换标签、上海某学校用变质食材做学生餐等众多农产品和食品安全问题，怀着强烈的责任感，本人还是挤出时间，从利用先进科技加强市场监管的视角，对民众越来越关切的农产品质量和食品安全监管问题进行了专节研究，希望能够为优化相关部门的监管工作提供一些思路和建议。2018年12月初，本人应邀在"2018中国农业发展年会暨中国农业投资交流发展大会"上就"国际农产品贸易的格局变化及应对策略"做主旨发言，并在随后与专家学者、行业协会、大宗商品交易所、农业企业等相关专业人员的交流过程中，对于开放条件下如何推进农业现代化有了更深的体会和理解。基于此，在本书的第三稿中，又专门增加了一章关于开放条件下如何提升我国粮食安全保障能力和产业竞争力的内容。总之，本书在写作过程中，经历了多次修改、调整和补充工作，力求逻辑更加严密，体系更加完整，表述更加准确，内容更加新鲜。但现实与理想总是有差距的，由于研究水平和占有资料及写作时间有限，本书还存在着一些遗憾和不足，希望在今后的研究中能够不断深化和完善。

在研究和写作过程中，本人得到众多领导和专家的大力支持与帮助。感谢马晓河研究员一直以来的悉心指导，感谢王昌林院长、吴晓华副院长、毕吉耀副院长、林兆木研究员对我的支持和帮助，感谢黄汉权所长在科研部工作期间带领我完成了多项农业重大应急任务,感谢高国力所长、杨萍主任、罗蓉副主任的理解与支持,感谢姜长云副所长的赠书与鼓励,感谢产业所农经室蓝海涛研究员、王为农研究员、涂圣伟副研究员和张义博副研究员多年来的交流指导与合作研究。同时,感谢陈曦博士的支持、鼓励、分担与配合,并对科研部各位同事一并致谢。此外,特别要感谢我的父母、家人和朋友的大力支持和全力帮助。

本书出版正值新中国成立70年之际,怀着对农业发展伟大成就的自豪之情,以此书作为本人学术成长的阶段性印记,希望在未来的研究道路上,能够更上一层,更进一步。

卞　靖

2019年2月于国宏大厦